WEIN IN FRIAUL

Vom Collio bis zur Adria:
Winzer, Wege, Wissenswertes.

Evelyn Rupperti.
Hannes Tschemernjak.

Mit Fotos von Ferdinand Neumüller.

Impressum
© 2009 by Carinthia Verlag
in der Verlagsgruppe Styria GmbH & Co KG, Wien-Graz-Klagenfurt
Alle Rechte vorbehalten
www.carinthiaverlag.at

Fotos: © Ferdinand Neumüller, Klagenfurt
Kartografie: Guida ai Vini del Friuli Venezia Giulia / © 2008 Camera di Commercio IAA Udine - Italy
Gestaltung: Pliessnig/werk1, Klagenfurt
Satz & Repro: werk1, Klagenfurt
Druck & Bindung: Dimograf CV

ISBN 978-3-85378-635-2

Inhalt

Vorwort E. Rupperti	4
Vorwort H. Tschemernjak	5
Wo der Wein zuhause ist	6
- Weingeschichte	8
- Die DOC-Gebiete	9
- Die Weine	16
- Weinklassifizierung	24
- Genussland Friaul	24
- Veranstaltungstipps	29
- Tipps zum Einkauf und Umgang	30
Route 1: Von Ramandolo bis Prepotto	32
- Winzer	36
- Hinein in die Colli Orientali	54
Route 2: Von Buttrio bis Rosazzo	62
- Winzer	66
- Burgen, Schlösser und königliche Weine	78
Route 3: Von Dolegna bis Capriva – im Collio	86
- Winzer	90
- Wallfahrtsorte für Weinfreunde	110
Route 4: Von Oslavia über S. Floriano in die slowenische Brda	116
- Winzer	120
- Köstliches Grenzland zwischen Friaul und Slowenien	134
Route 5: Von Görz über Gradisca nach Ronchi – entlang des Isonzo	140
- Winzer	144
- Genusstour entlang des Isonzo	154
Route 6: Über den Karst nach Triest	160
- Winzer	164
- Unterwegs zu Terrano, Glera, Olivenöl und Triestiner Cafés	173
Route 7: Von Grado nach Latisana – in der Lagune	178
- Winzer	182
- Wo schon die Römer Wein anbauten	190
Route 8: Von der Villa Manin bis San Daniele – entlang des Tagliamento	194
- Winzer	198
- Kunstgenuss und Schlemmer-Adressen	206
Route 9: Von Spilimbergo nach Porcia	212
- Winzer	216
- Sehenswerte Städtchen im Westen Friauls	226
Register	232

Die Weine sind die Stars

Den Stoff über Friauls Winzer und Weine zu liefern ist eine Aufgabe, für die wohl niemand prädestinierter ist als Hannes Tschemernjak, der schon von Jugend auf mit den Winzern dieser Gegend auf Du und Du steht. Meine Aufgabe, aus dieser Fundgrube an Wissen und Informationen ein Buch zu formulieren und es mit eigenen Erfahrungen über Land und Leute zu bereichern, gehört mit Sicherheit zu den interessantesten Projekten meiner bisherigen Autorentätigkeit.

Die begleitenden Streifzüge mit allerlei kulturellen und gastronomischen Highlights zu Papier zu bringen war mir willkommene Gelegenheit, alte Bekanntschaften aufzufrischen und mit neuen Begegnungen zu vertiefen. Die wahre Herausforderung aber waren die schier unergründlichen Tiefen friulanischer Weinmacherkunst, in die mich das Fachwissen und der Erfahrungsschatz meines Co-Autors führten: Es gibt landauf, landab wohl niemand, der mit so viel Know-how ausgestattet ist und so enge Beziehungen zu diesem Landstrich und seinen Winzern pflegt wie er.

Und so kam es, dass das Schwierigste an meiner Arbeit wohl die Aufgabe war, das Essentielle aus diesem Fundus von Hintergrundwissen und Anekdoten herauszuschälen, um den Rahmen des Buchs nicht zu sprengen – und dennoch den Weinen, den eigentlichen Stars, genügend Raum zukommen zu lassen, die Hannes Tschemernjak mit so viel Liebe und Akribie beschreibt, dass man den guten Tropfen förmlich am Gaumen spürt.

Dieses Friaul hat es in Buchform noch nicht gegeben. Daher hoffe ich, dass das Schmökern darin für Sie ebenso eine Bereicherung ist, wie es für mich die Arbeit daran gewesen ist – und Ihnen eine neue, spannende Dimension unseres beliebten südlichen Nachbarn eröffnet!

In diesem Sinne

Evelyn Rupperti

Aus Liebe und Leidenschaft

Im Restaurant „Dama Bianca", die azurblaue Adria in der Bucht von Duino vor Augen, blitzt der Zuani Vigne einfach herrlich im Glas. Auf Porto Buso, unter der Sonne der Lagune von Grado, enfaltet der Sauvignon von Russiz Superiore seine ganze Frische, sein würziges Aroma. Und an den Ufern des Isonzo offenbart der Breg von Francesco „Josko" Gravner eine einzigartige Dramatik zwischen Geschichte und Genuss.

Ja. Ich bin verliebt in die sonnengetränkten Hügel Friauls, verzaubert von den Versuchungen meiner vielen Winzer-Freunde, hingerissen von allen Verlockungen des lustvollen Trink-Genusses. Mein Herzblut und meine große Liebe zu den friulanischen Weinen verlangen es auch, dass ich mich für diese Weinregion einsetze und eventuelle Globalisierungs-Tendenzen, die manche meiner Winzerfreunde in die Irre leiten könnten, rechtzeitig aufzeige.

Liebe Winzer-Freunde! Chardonnay kann überall auf der Welt gekeltert werden. Oder der Chianti Classico zum Beispiel: Er ist eindeutig mit der Toskana verbunden. Das gleiche Potenzial bietet doch Euer Collio Bianco – unverkennbar Collio, authentisch Friaul, eine einzigartige Visitenkarte Eurer Region! Der natürliche Wettbewerb den besten Collio Bianco zu produzieren führt mit Sicherheit zu einer weiteren qualitativen Verbesserung. Nehmt Euch dieses Themas verstärkt an!

Wie Ihr nach einer EU-Klage den einfachen Tocai zum viel beliebteren Friulano geadelt habt, sollte Euch doch zeigen, wie gut man neue Marktchancen nützen kann! Frische Fruchtigkeit und feinnerviges Säurespiel, gepaart mit Finesse, Eleganz, Feinheit und Trinkfluss, munden oft mehr als alkoholschwangere und fette Showweine, die so manchen Weinpapst zu hohen Punktewerten verleiten. 14 Volumens-Prozent und mehr sind ein falsch verstandenes Dogma. Ein Hauch mehr nordischer Stil – und die Weinwelt würde Euch noch mehr zu Füßen liegen.

Bewahrt Traditionen, aber seid offen für Neues! Naturkork sollte den wirklich großen, lagerfähigen Weinen vorbehalten bleiben. Für junge Weißweine gibt es mittlerweile intelligentere Alternativen - wie den ästhetischen Glasstöpsel oder den bequemen Drehverschluss.

Viel Spaß beim Schmökern und Gustieren in diesem Friaul-Almanach und zahlreiche köstliche Entdeckungen wünscht

Hannes Tschemernjak

WO DER WEIN ZUHAUSE IST

Wissenswertes zu Region und Geschichte, Sortenvielfalt und Klassifizierung, Veranstaltungen und Einkauf

Weingeschichte

Weinanbau hat eine lange Tradition im Friaul – vor allem in der Region um Aquileia, wo vielleicht bereits die Kelten, ganz sicher aber die Römer schon im 1. Jh. vor Christus den begehrten Trank herstellten, lange bevor die Franzosen im damaligen Gallien auf den Geschmack kamen.

Aquileia betrieb einen regen Handel mit der begehrten Ware. Entsprechende Gefäße wie riesige Holzfässer, die möglicherweise eine Erfindung der friulanischen Kelten waren, und Amphoren hüteten den flüssigen Schatz.

Unter den Langobarden ließ die Bedeutung des Weinbaus etwas nach, dennoch fanden im Mittelalter Weingärten vom Hügelland des Collio bis zum Tagliamento ihre Verbreitung.

Die Völkerwanderung, der z.B. auch Aquileia zum Opfer fiel, brachte Zerstörung und Not. Die Klöster sollten den Wiederaufschwung am Land fördern – darunter auch die Abbazia di Rosazzo, in die Mönche aus dem Kärntner Kloster Millstatt gerufen wurden. Sie kultivierten neben Oliven und Getreide auch Reben, deren Wein, allen voran der Ribolla di Rosazzo, von den Venezianern überaus geschätzt wurde.

1763 tauchte dann der Picolit auf, der zum gefeierten König der Weine wurde.

Als Friaul unter den Venezianern, die den Westteil erhielten, und den Habsburgern, denen der Osten zugesprochen wurde, aufgeteilt wurde, hatte der unter k. u. k. Verwaltung stehende Teil das weit bessere Los gezogen. Die Habsburger schätzten ihre Länder um Görz und Triest und deren Weine sehr und unternahmen vieles, um optimale Bedingungen für Entwicklung und Prosperität zu schaffen – die Venezianer hingegen, ohnehin verwöhnt von weinträchtigen Regionen, scherten sich wenig um das Fortkommen der ihnen anvertrauten friulanischen Gebiete, sondern bedienten sich der Früchte und der Steuern, ohne das Land zu pflegen; lediglich die Städte verzeichneten einen positiven Einfluss und schmücken sich heute noch mit eleganten venezianischen Bauwerken. In dieser habsburgischen Zeit wurden z.B. bei Görz und Gradisca bereits die Reblagen nach Güteklassen eingeteilt – eine Maßnahme, die bis dahin selbst in Frankreich unbekannt war.

Einen besonderen Beitrag leistete auch ein französischer Graf namens Teodoro de la Tour, der 1869 auf Villa Russiz in Capriva als Erster die fortschrittlichen französischen Weinbau- und Kellertechniken und hochwertige französische Rebsorten wie Merlot und Sauvignon einführte.

Im venezianischen Westen wurden in erster Linie eher gesichtslose Rotweine angebaut, die angesichts starker Konkurrenz aus dem Süden des Landes wenig Anerkennung fanden; nur der Ribolla und besonders der Picolit fanden auch bei den verwöhnten Venezianern großen Anklang. Als der Westen 1866 dem Königreich Italien angegliedert wurde, änderte sich am Weinbau wenig – die Konkurrenz aus dem Süden hatte weiter die Nase vorne.

Die napoleonischen Kriege und der Zerfall des Feudalsystems hinterließen das Land in Scherben und Rechtsunsicherheit über Besitzverhältnisse, die Bevölkerung war dezimiert von Kriegen, Hungersnot und Krankheiten. Eine wahre Katastrophe für die Landwirtschaft im Allgemeinen und den Weinbau im Besonderen ereignete sich Mitte des 19. Jhs., als Krankheiten und Parasiten aus Amerika übertragen wurden und die Reblaus und auch der Mehltau die Rebbestände zum Großteil vernichteten.

Das Grauen des Ersten Weltkrieges fand am Isonzo und dessen Weinbergen einen seiner zerstörerischen Höhepunkte – Friaul wurde in mehreren Wellen zum klassischen Auswanderungsland, denn im Land selbst gab es keine Hoffnung auf ein menschenwürdiges Fortkommen.

1963 war das Geburtsjahr der Region Friaul-Julisch Venetien, die die Förderung von Landwirtschaft und

Industrie zu ihrer zentralen Aufgabe erklärte und zahlreiche Gesetze erließ, die u.a. auch den Weinanbau regelten und förderten.

Es wurden Flurbereinigungsmaßnahmen durchgeführt, Ausgleichszahlungen festgesetzt, neue Böden urbar gemacht und neue Techniken entwickelt, die anfangs in erster Linie das Erreichen bestimmter Produktionsmengen im Visier hatten – Masse war gefragt.

Erst in den 70er Jahren begann man, den internationalen Markttrends folgend, mit dem Umdenken in Richtung Qualität. Waren es vor dieser Zeit noch bis zu 80 % billige, namenlose Rotweine, die im Friaul gekeltert wurden – nur im Collio gab es damals schon eine traditionelle Weißweinkultur –, so setzte man immer mehr auf die weißen Etiketten, um den gegebenen Bedingungen zu entsprechen und sich im Rotweinland Italien zu profilieren.

Das friulanische Winzerwunder mit den Leitfiguren der Felluga-Familien, Dorigo, Volpe Pasini, Rappuzzi und vielen anderen nahm seinen Anfang. Neben einigen Traditionsfamilien machten sich vor allem Quereinsteiger und Weinenthusiasten kompromisslos auf die Suche nach ihren persönlichen Topqualitäten und nahmen sich der alten, autochthonen Sorten an, von denen die meisten vor dem Aussterben standen.

Die Erfahrung der Winzer wuchs; sie erweiterten ihren Horizont durch Reisen ins Ausland, lernten dort neue Anbau- und Kellermethoden kennen, bauten neue internationale Rebsorten an, setzten zunehmend hygienische Stahltanks ein und entdeckten das Barriquefass.

Ein besonderes Schicksal erlitten die Winzer im äußersten Osten des Landes, deren Anbaugebiete im Collio und der heutigen Brda durch die gnadenlose Teilung nach dem Zweiten Weltkrieg in eine italienische und eine jugoslawische Seite gespalten wurden und viele Weinbauern ihre Böden plötzlich im Ausland zu bestellen hatten. Ein kleiner Grenzverkehr ermöglichte ihnen dies mit Einschränkungen, erst seit Slowenien der EU angehört, sind die Grenzen wirklich gefallen.

Heute gehört Friaul-Julisch Venetien zu den großartigsten und anerkanntesten Weißweinproduzenten der Welt – insbesondere die edlen Tropfen aus dem Collio und den Colli Orientali mit dem legendären und unübertroffenen Balanceakt speziell der Weißen zwischen Struktur und Eleganz haben Weltruhm erlangt.

Und auch die Roten brauchen sich nicht zu verstecken: Ausnahmewinzer wie Dorigo, Felluga und etliche mehr finden mit ihren roten Edelkreszenzen auch international begeisterten Zuspruch.

Mittlerweile hat auch bei der internationalen Sortenvielfalt, die in den Pionierjahren der friulanischen Weingeschichte neben den autochthonen Sorten von vielen Winzern angestrebt wurde, ein langsames Umdenken eingesetzt. Es konnte nicht ausbleiben, dass sich diese Tendenz nicht immer zum Vorteil auswirkte, stehen Sorten wie z.B. der Chardonnay doch in unmittelbarer Konkurrenz mit Weinbaugebieten der ganzen Welt, die zum Teil wesentlich kostengünstiger produzieren können (siehe auch Collio Bianco S. 16). In diesem Punkt ist zum Teil heute bereits wieder ein Umdenken im Gange, das die lokalen Stärken wieder mehr in den Mittelpunkt rückt.

Die DOC-Gebiete

Rebfläche insgesamt:
18.500 Hektar

DOC-Rebfläche:
13.500 Hektar, davon sind 55 % mit Weißweinsorten, 45 % mit Rotweinsorten bebaut. Im DOC Grave und im DOC Latisana ist der Anteil an roten Rebsorten mit 58 % bzw. 67 % am höchsten.

Sortenverbreitung:
Spitzenreiter ist der Merlot mit 3.300 Hektar, gefolgt vom Tocai Friulano (2.000 Hektar), weiters Pinot Grigio, Chardonnay und Sauvignon.

Die acht Anbaugebiete mit kontrollierter Herkunftsbezeichnung:
Im Hügelland: Colli Orientali del Friuli, Collio, Carso

In der Ebene: Friuli Grave, Friuli Isonzo, Friuli Latisana, Friuli Annia, Friuli Aquileia. Außerdem gehören ca. 100 Hektar der DOC-Zone Lison Primaggiore, die großteils zu Venetien gehört, zu dem „Vigneto Friuli", dem friulanischen Weingarten.

Colli Orientali del Friuli

Consorzio Tutela Vini D.O.C.
Via Condotti, 3
Cividale del Friuli
Tel. 0432/730129
E-Mail: info@colliorientali.com
www.colliorientali.com

Rebfläche: 2.074 ha

Weinproduktion: 93.000 hl

Rebsortenhitparade:
1. Merlot 350 ha
2. Tocai Friulano 325 ha
3. Pinot Grigio 249 ha
4. Sauvignon 220 ha
5. Cabernet Franc 185 ha

Weitere DOC Colli Orientali-Rebsorten:

Weiß: Chardonnay, Malvasia, Pinot Bianco, Ribolla Gialla, Riesling, Traminer Aromatico, Verduzzo Friulano, Bianco Cialla

DOCG-Weine: Picolit, Ramandolo

Rot: Cabernet Sauvignon, Pinot Nero, Refosco dal peduncolo rosso, Schioppettino, Pignolo, Tazzelenghe

Daraus werden außerdem noch folgende Weine gekeltert: Bianco, Rosso und Rosato Colli Orientali del friuli.

Einem Seepferdchen gleich ringelt sich das DOC-Gebiet der Colli Orientali im Osten gegen die slowenische Grenze hin um die Provinzhauptstadt Udine. Zu dieser Zone gehören Gemeinden von Tarcento, Magnano in Riviera, Nimis, Attimis, Faedis, Povoletto, Cividale del Friuli bis Prepotto, Ipplis, Spessa, Rosazzo, Buttrio, Manzano, Corno di Rosazzo und San Giovanni al Natisone.

Unterzonen: Ramandolo (Verduzzo Friulano, auch Verduzzo Giallo genannt), Rosazzo (Picolit, Pignolo, Verduzzo und Ribolla Gialla), Cialla (Schioppettino, Refosco d.p.r., Verduzzo, Ribolla Gialla, Rosso und Bianco Cialla)

Das besondere Mikroklima der Colli Orientali ergibt sich aus dem milden Adriaeinfluss und der schützenden Wirkung der Julischen Voralpen, die die Reblagen vor kalten Nordwinden schützen. Die Böden entstanden in langen Sedimentationsprozessen aus den Ablagerungen, die im Tertiär ein vorgeschichtliches Meer hinterließ. Sie bestehen aus von Mergel und Kies durchsetztem Sandstein – ein geradezu idealer Nährboden für edle Reben. „Flysch di Cormòns" werden diese Böden genannt, die sich durch Collio und Colli Orientali ziehen. Die Ponca (Mergel auf Friulanisch) speichert den Niederschlag, der hier etwas häufiger als im benachbarten Collio fällt, und sie liefert wichtige Mineralstoffe, die in der ausgeprägten Mineralik der charaktervollen Weine ihren Widerhall finden. Die Weingärten werden zum Schutz gegen die Erosion in Terrassen angelegt (Ronchi genannt) und wechseln sich mit Wäldern und Feldern ab. Im Norden – um Nimis und Ramandolo – sind die Temperaturunterschiede zwischen Tag und Nacht etwas größer, der Niederschlag noch höher und die Weinberge noch steiler. Gegen den Westen hin schließt das Grave-Gebiet mit den Ebenen um Buttrio und Manzano an. Von allen DOC-Gebieten sprechen die Bestimmungen den Colli Orientali die größte Anzahl autochthoner Weine zu.

Buttrio bringt rassige Rotweine hervor: Merlot, Pignolo und Tazzelenghe, aber auch herrlichen Picolit und Verduzzo.

Corno di Rosazzo steht für Ribolla, Picolit und große Rote; auch Tocai, Chardonnay und Pinot Grigio sind großartig.

Die Gegend von Rocca Bernarda steht für Picolit, Tocai Sauvignon und Merlot, Rosazzo für Ribolla Gialla und die Kostbarkeiten Pignolo und Picolit, weiters Verduzzo und bedeutende Merlots und Cabernets.

Cialla, ein eigenes Untergebiet, steht vor allem für die Wiedergeburt des Schioppettino. Vertreten sind aber auch Refosco dal peduncolo rosso, Verduzzo, Picolit sowie der Rosso di Cialla aus Schioppettino und Refosco und der Bianco di Cialla aus Ribolla Gialla, Verduzzo und Picolit.

Der Verduzzo Friulano gewinnt Richtung Norden an Bedeutung. Hochburg ist Ramandolo mit dem gleichnamigen Verduzzo Ramandolo, dem auch eine eigene DOC-Unterzone eingerichtet wurde.

Collio

Consorzio Tutela Vini D.O.C.
Via Gramsci, 2/4
Cormòns
Tel. 0481/630303
E-Mail: info@collio.it
www.collio.it

Rebfläche: 1.400 ha

Weinproduktion: 70.000 hl

Rebsortenhitparade:
1. Pinot Grigio 370 ha
2. Sauvignon 265 ha
3. Tocai Friulano 205 ha
4. Chardonnay 125 ha
5. Merlot 120 ha

Weitere DOC Collio-Weine:
Weiß: Pinot Bianco, Malvasia Istriana, Riesling Reano und Italico, Traminer Aromatico, Müller Thurgau, Ribolla Gialla, Collio Bianco, Collio Picolit
Rot: Cabernet Franc und Sauvignon, Pinot Nero, Collio Rosso, Collio Cabernet
Daraus gekeltert: Collio Bianco und Collio Rosso

Die wohl berühmteste und renommierteste Weinbauregion Friauls liegt im Norden von Görz an der slowenischen Grenze – wobei sich die begehrten Hügellagen weit hinein ins Slowenische ziehen, die sogenannte „Brda".

Zum Collio gehören die Gemeinden zwischen Dolegna di Collio über Ruttars, Plessiva, Brazzano, Cormòns, dem Hauptort, bis hinunter nach Capriva del Friuli und in den Osten hin nach Görz, Richtung Slowenien San Floreano und Oslavia.

Die Collio-Weine gehören zu den berühmtesten und anerkanntesten Weißweinen der Welt:

Die „Klassiker" des Collio trumpfen mit Duftigkeit und Komplexität auf. Ähnliche Bedingungen wie in den Colli Orientali gelten auch für den Collio – wertvolle Ponca oder Flysch aus Schichten von Mergel und Sandstein bieten beste Bedingungen für den Anbau kostbarer Reben. Im Schutz der Julischen Voralpen können auch die kalten Nordwinde den Rebstöcken nichts anhaben, und die nahe Adria macht sich mit milden Luftströmen positiv bemerkbar. Auch hier werden die sanften Hügel terrassiert, um zu vermeiden, dass die Rebwurzeln durch Erosion freigelegt werden.

Nicht nur fruchtbar, auch besonders schön ist diese Hügellandschaft, die sich im Norden von Görz mit hauptsächlich südlich ausgerichteten Rebflächen erstreckt. Um Capriva zeichnen sich die Weine durch eine starke Persönlichkeit aus. In Weiß sind es Pinot Bianco und Grigio sowie Sauvignon, die Furore machen, aber auch der Merlot ist großartig. Gehaltvoll sind auch die Weißen um Cormòns, der Tocai hat hier seine Qualitätshochburg, dazu Pinot Bianco, Malvasia, Sauvignon und auch Merlot.

Dolegna mit etwas kühlerem Klima steht für aromatische Weiße wie Sauvignon, aber auch Chardonnay und Pinot Grigio.

In Oslavia haben sich die revolutionären Grenzwinzer wie Gravner und Radikon den spektakulären üppigen Lagerweinen verschrieben. Lokalfavorit ist der Ribolla Gialla, weiters Chardonnay und Sauvignon. San Floreano schließlich ist Hochburg der frischen, süffigen Weißen mit Ribolla Gialla, Pinot Grigio und Tocai.

Friuli Isonzo

Consorzio Tutela Vini D.O.C.
Via Gramsci, 2/4
Cormòns
Tel. 0481/61833
E-Mail: info@vinidocisonzo.it
www.vinidocisonzo.it

Rebfläche: 1.170 ha

Weinproduktion: 63.000 hl

Rebsortenhitparade:
1. Pinot Grigio 230 ha
2. Merlot 173 ha
3. Tocai Friulano 170 ha
4. Sauvignon 130 ha
5. Chardonnay 127 ha

Weitere DOC Friuli Isonzo-Weine:
Weiß: Malvasia, Moscato Giallo, Pinot Bianco, Riesling Reano, Traminer Aromatico, Verduzzo Friulano
Rot: Cabernet Franc, Cabernet Sauvignon, Franconia, Pinot Nero, Refosco d.p.r., Schioppettino
Daraus gekeltert: Friuli Isonzo Bianco, Rosso und Rosato und Friuli Isonzo Rosso Vendemmia Tardiva (späte Ernte)

Der Isonzo, der diese Region durchfließt, hat ihr auch seinen Namen gegeben. Dieses DOC-Gebiet deckt einen großen Teil der Provinz Görz ab und reicht weit in den Süden bis Monfalcone und San Canzian d´Isonzo. Im Westen bildet der Judrio die Grenze zur Provinz Udine, im Nordwesten grenzt der Collio an.

Es umfasst u.a. Teile von Capriva und Cormòns, Farra d´Isonzo, Görz, Gradisca d´Isonzo, Mariano del Friuli, Medea, Mossa, Ronchi dei Legionari und San Canzian d´Isonzo.

Viel später als in den nördlichen DOC-Gebieten begann hier die Orientierung an qualitätsbewusstem Weinanbau, in den Ebenen mit den schweren, fetten Böden stand lange die Produktion von Massenweinen im Vordergrund. Einer der Pioniere ist Gianfranco Gallo mit der Azienda Vie di Romans in Mariano, der auf dem flachen Isonzo-Schwemmland mit modernen Anbau- und Kellermethoden neue Wege ging und dem nach burgundischem Vorbild große, lagerungsfähige Weißweine von hoher Klasse gelingen.

Von großen Qualitätsunterschieden in Bodenbeschaffenheit, Klima und entsprechend auch der Typologie der Weine ist dieses DOC-Gebiet geprägt, das aus einem nördlichen Hochland und dem flachen südlichen Teil besteht.

Im Gebiet südlich von Cormòns, zwischen Judrio und den Hügeln von Roncada, treffen sich DOC Collio und DOC Isonzo. Auf den kiesigen, eisenhältigen Böden von Giassico und Brazzano werden großartige Tocais gekeltert, die zu den besten ihrer Art zählen.

Um Villanova sind die Böden stark eisenhältig und entsprechend rötlich gefärbt. Dazu kommt der meiste Niederschlag im Isonzogebiet, was diese Gegend für Weißweine mit ausgeprägter Säurestruktur und Persönlichkeit prädestiniert (Tocai, Chardonnay, Malvasia, Pinot Grigio).

Südlich von Gradisca wird es wärmer und trockener und die Rotweine gewinnen die Oberhand, die bei qualitätsorientiertem Anbau rassig und lagerfähig sein können. Bei Ronchi dei Legionari, dessen Lagen teils zum Isontiono und teils zum Karst gehören, ist das Meer mit seinen milden Luftströmungen schon ganz nahe, die Temperaturen hoch und die Böden von unterschiedlichster Qualität – von steinig, sandig bis zu lehmig ist hier alles vertreten. Hier liegt auch die Tenuta di Blasig, über deren Rebgärten schon die Karstwinde streifen und herrliche Rote (Merlot, Cabernet Sauvignon und Franc) und würzige Weiße (Malvasia, Pinot Grigio) gedeihen.

Carso

Consorzio Tutela Vini D.O.C.
Piazza della Borsa, 14
Trieste
Tel. 040/6701243
E-Mail: dino.sturman@tiscali.it
www.vinidoccarso.com

Rebfläche: 70 Hektar
Jährliche Weinproduktion: 3.000 hl
Rebsortenhitparade:
1. Malvasia 17 ha
2. Vitovska 13 ha
3. Terrano 7,6 ha

Weitere DOC Carso-Rebsorten:
Weiß: Chardonnay, Pinot Grigio, Sauvignon, Traminer Aromatico
Rot: Cabernet Franc und Sauvignon, Merlot, Refosco d.p.r.
Daraus gekeltert: Carso Rosso

Die wichtigsten dazugehörigen Gemeinden: in der Provinz Görz Teile von Monfalcone und Ronchi dei Legionari; in der Provinz Triest Duino Aurisina, Sagrado, Savogna, Monrupino, Sgonico Triest und San Dorligo della Valle.

Der Karst ist eine der landschaftlich interessantesten Gegenden Friauls - und gleichzeitig eine Herausforderung für jeden Winzer. Auf der Hochebene aus kalkigem Felsen, die vor 30 Millionen Jahren aus dem Meer emporstieg, herrschen bei aller dramatischen Schönheit der herbstlich rot gefärbten Karstlandschaft raue Bedingungen, die von Trockenheit, Borastürmen, kahl gefegten Felsen und bitterkalten Wintern geprägt sind. Rote, eisenhältige Erde sammelt sich vor allem in den Dolinen, trichterartigen Vertiefungen, die auch Wasser besser speichern als die exponierte Umgebung. Diese Erde wird gehütet wie ein Schatz und mit Wind brechenden Mauern geschützt. Nur in Meeresnähe ist das Klima gemäßigter – bei Prosecco San Dorligo und Muggia werden die Weine geschmeidiger und gefälliger als auf der exponierten Hochebene.

Dort spiegeln die Weine die Sprödigkeit des Landes wider: Kein Wein ist typischer für diese Gegend als der wilde, sperrige Terrano, um dessen Ansehen – und um das des weißen Karstkindes Vitovska – sich der berühmteste aller Karstwinzer, Edi Kante, verdient gemacht hat.

Friuli Annia

Consorzio Tutela Vini D.O.C.
Via Morpurgo, 4
Udine
Tel. 0432/510619
E-Mail: info@docfriuliannia.it
www.docfriuliannia.com

Rebfläche: 72 ha

Jährliche Weinproduktion: 3.500 hl

Rebsortenhitparade:
1. Merlot 19 ha
2. Cabernet Franc 15 ha
3. Pinot Grigio 8 ha

Weitere DOC Annia-Rebsorten:

Weiß: Chardonnay, Malvasia, Pinot Bianco, Sauvignon, Tocai Friulano, Verduzzo Friulano

Rot: Cabernet Sauvignon, Refosco d.p.r.

Daraus gekeltert: Bianco, Rosato und Rosso Friuli Annia

Die wichtigsten dazugehörigen Gemeinden: Porpetto, Carlino, San Giorgio di Nogaro, Marano Lagunare, Torviscosa, Muzzana del Turgnano.

Friuli Annia ist die jüngste DOC-Region Friauls und wurde erst Ende 1995 eingerichtet.

Friuli Aquileia

Consorzio Tutela Vini D.O.C.
Via Zorutti, 9
Cervignano del Friuli
Tel. 0431/34010
E-Mail: info@viniaquileia.it
www.viniaquileia.it

Rebfläche: 823 ha

Jährliche Weinproduktion: 50.000 hl

Rebsortenhitparade:
1. Pinot Grigio 121 ha
2. Refosco d.p.r. 116 ha
3. Merlot 115 ha

Weitere DOC Friuli Aquileia-Rebsorten:

Weiß: Chardonnay, Malvasia, Müller Thurgau, Pinot Bianco, Riesling Reano, Sauvignon, Tocai Friulano, Traminer Aromatico, Verduzzo

Rot: Cabernet Franc, Cabernet Sauvignon

Produziert werden außerdem ein Rosato und ein Sekt Friuli Aquileia Chardonnay.

Die wichtigsten dazugehörigen Gemeinden: Trivignano Udinese, Palmanova, Aiello, Cervignano del Friuli, Aquileia, Terzo d´Aquileia.

Friuli Latisana

Consorzio Tutela Vini D.O.C.
c/o Azienda Isola Augusta
Casali Augusta, 4
Palazzolo della Stella
Tel. 0431/58046
E-Mail: info@docfriulilatisana.com
www.docfriulilatisana.com

Rebfläche: 215 ha

Jährliche Weinproduktion: 13.000 hl

Rebsortenhitparade:
1. Cabernet Franc 55 ha
2. Merlot 37 ha
3. Pinot Grigio 3 ha

Weitere DOC Latisana-Rebsorten:

Weiß: Chardonnay, Malvasia, Pinot Bianco, Riesling Reano, Sauvignon, Tocai Friulano, Traminer Aromatico, Verduzzo Friulano

Rot: Cabernet Sauvignon, Franconia, Pinot Nero, Refosco d.p.r.

Gewonnen werden daraus auch ein Rosato und ein Spumante Friulani Latisana.

Die wichtigsten dazugehörigen Gemeinden: Palazzolo della Stella, Pocenia, Rivignano, Varmo, Latisana, Lignano Sabbiadoro.

Die Weinbaugebiete des südlichen friulanischen Tieflandes erfreuen sich an einem milden Klima, das sie den Einflüssen des nahen Meeres verdanken. Mehr als die Hälfte des Jahres verwöhnen gemäßigt warme Temperaturen das Land, im Sommer setzt sich eine kurze Trockenzeit durch. Die Böden bestehen meist aus sandig-lehmigen Anschwemmungen der großen Gletscherflüsse (Böden, die aus dem Meer gewonnen wurden, sind für den Weinbau nicht geeignet) und bringen duftige, jung zu trinkende, nicht sehr säurehältige Weißweine hervor, die Roten sind süffig und von mittlerem Tanningehalt. Die besten Roten entwickeln sich auf den lehmigen Böden der Region von Palazzolo della Stella bis Muzzana, die reich an Phosphor und Kalium sind und die auch gut lagerfähige Rotweine mit viel Körper hervorbringen.

Im DOC Aquileia liegen die besten Weinanbau-Gebiete zwischen Cervignano und Aquileia mit trockenen, lehmigen Böden, angereichert mit Sand und Mergel aus dem Hügelland, das Torre und Natisone mit hierher brachten.

Auch hier sind die Weißweine einfach und jung zu trinken, bei den Roten, besonders beim Refosco del peduncolo rosso, ergeben qualitätsbewusster An- und Ausbau auch lagerfähige Weine.

Bei Fiumicello und Villa Vicentina verleihen sandige Böden den Weinen einen salzigen, lebhaften Charakter und bemerkenswerten Duft, besonders bei Malvasia, Pinot Bianco und Tocai, die Roten werden alkoholisch und weich.

Friuli Grave

Friauls größtes DOC-Gebiet, das von den friulanischen Dolomiten bis zum Meer und von der venetischen Grenze bis zum Hügelland im Osten reicht, wird nach den beiden Provinzhauptstädten in zwei Zonen geteilt. Die Repräsentanz hat ihren Sitz in Pordenone.

Consorzio Tutela Vini D.O.C.
Via S. Giuliano, 7
Pordenone
Tel. 0434/523654
E-Mail: promozione@docfriuligrave.com
www.docfriuligrave.com

Rebfläche: 5.300 ha

Jährliche Weinproduktion: 385.000 hl

Rebsortenhitparade:
1. Pinot Grigio 1.400 ha
2. Merlot 1.100 ha
3. Cabernet Sauvignon 570 ha
4. Chardonnay 530 ha
5. Cabernet Franc 390 ha

Weitere Grave-Rebsorten:

Weiß: Pinot Bianco, Riesling Reano, Sauvignon, Tocai Friulano, Traminer Aromatico, Verduzzo Friulano

Rot: Cabernet, Pinot Nero, Refosco del peduncolo rosso

Daraus gekeltert: Bianco, Novello, Rosso, Rosato und Spumante DOC Grave

Grave – Provinz Pordenone

Die Grenze zur Grave-Zone Udine bildet der Fluss Tagliamento. Die wichtigsten dazugehörigen Gemeinden: Maniago, Sequals, Spilimbergo, San Quirino, Polcenigo, Sacile, San Giorgio della Richinvelda, Valvasone, Pordenone, San Vito al Tagliamento, Porcia, Prata di Pordenone, Azzano Dezimo, Pasiano di Pordenone.

Die Flüsse Meduna, Cellina und Tagliamento haben im Laufe tausender Jahre riesige Schwemmlandkegel aus den nördlichen Gebirgen hierher transportiert. Stein und Kies bilden im nördlichen Teil die wasserdurchlässigen, kargen Böden der Magredi; gegen Süden, in der Tiefebene, wird das Material immer geschliffener und feiner. Schon viele Jahrhunderte nutzt der Mensch die Fähigkeit dieser kiesigen Böden, tagsüber Wärme zu speichern und diese nachts wieder abzugeben, für den Weinanbau, der hier lange Tradition hat.

Die Magredi um Tauriano und Barbeano sind auch dem frischesten Klima innerhalb des Grave ausgesetzt – ein klarer Fall für Weißweine (berühmt vor allem der Sauvignon!), die hier charaktervoll und mit guter Säurestruktur ausgestattet sind, den Roten gefällt es hier naturgemäß wenig. San Quirino grenzt im Süden an die Magredi, Rot- und Weißweine sind hier schon gleichermaßen vertreten.

Um Casarsa sind die Böden sandig-lehmig, das Klima wärmer – hier regiert der Merlot, aber auch der Tocai. Im Westen um Sacile bringt es der Merlot zu besonderen Qualitäten (siehe Vistorta!), wie hier überhaupt der Rotwein dominiert. Auch um Azzano herum, wo Gebiete des Lison Pramaggiore hineinreichen, ist die Gegend prädestiniert für Rotweine. Ebenso beliebt ist hier der Tocai, der gute Qualität erreicht.

Grave – Provinz Udine

Die wichtigsten Gemeinden sind Buja, Majano, Cassacco, San Daniele del Friuli, Rive d´Arcano, Fagagna, Tavagnacco, Tricesimo, Udine, Pavia di Udine, Mortegliano, Bertiolo, Codroipo.

Vom Tagliamento bis in den Osten in die Ebenen von Buttrio und Manzano hinein reicht das Gebiet des DOC Grave Udine. Zwischen Codroipo, in dessen Nähe auch die berühmte Villa Manin und die Azienda des Weinbaugiganten Pittaro liegt, und dem Fluss Torre bei Risano erstreckt sich ein weitläufiges Weinanbaugebiet, dessen Grundlage karge, eisenhältige Böden sind. Die dürftigen Niederschläge machen eine künstliche Bewässerung notwendig – die dazu nötigen Wasservorräte stehen praktisch einen Stock tiefer mit dem abgesickerten Schichtwasser des Tagliamento zur Verfügung.

Dieses Gebiet eignet sich sowohl für den Anbau von Weiß- als auch von Rotweinen, insbesondere der Pinot Grigio und Tocai erreichen hier beste Qualität. Die Weine werden kräftig mit gutem Säure- und Alkoholgehalt. Risano punktet nicht nur mit charaktervollen Sauvignons, Tocais und Pinot Biancos, sondern auch mit Refosco, dessen Kultivierung hier lange Tradition hat.

Lison Pramaggiore

Consorzio Tutela Vini D.O.C.
Via Cavalieri di Vittorio Venteo, 13/B
Pramaggiore VE
Tel. 0421/799256
E-Mail: info@lison-pramaggiore.it
www.lison-pramaggiore.it

Diese DOC-Zone ist eine interregionale, das heißt, sie liegt sowohl in Venetien als auch im Friaul – allerdings nur zu einem sehr geringen Teil: Nur 109 Hektar sind friulanisch, die meist der Einfachheit halber – und weil die Zuordnungsverfahren noch laufen – dem Grave zugerechnet werden.

Weingüter wie Principi di Porcia e Brugnera und Villa Frattina haben Teile ihrer Weingärten im Lison Pramaggiore, dessen Böden von Sandstein geprägt sind und sich daher im Kontext mit dem warmen Klima besonders für Rotweine anbieten. Neben Merlot, Cabernet Sauvignon und Cabernet Franc wird hier auch der seltene Malbeck angebaut, ein trockener, eleganter Roter (siehe Principe di Porcia S. 223).

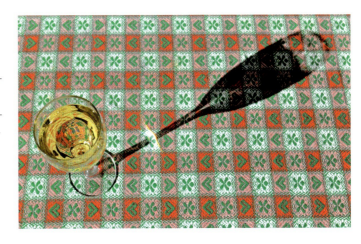

Die Weine

In einigen Weinbaugebieten gehört es praktisch zum guten Ton, eine Vielzahl von unterschiedlichen Weinsorten anzubauen – so zum Beispiel in Südtirol, in der Südsteiermark und eben auch im Friaul. Das ergibt bei einigen Betrieben unter Berücksichtigung mancher Cru-Lagen bis zu 20 Weine, die es zu vermarkten gilt.

Doch es gibt gute Gründe gegen eine solche Sortenvielfalt, denn in Zeiten von Rationalisierung und Fokussierung spricht vieles dafür, sich auf das Wesentliche zu konzentrieren – nämlich auf die lokalen Sorten und die Besinnung auf die unverwechselbaren „Weinstärken" des Landes. Der Anbau so mancher internationalen Rebsorte erweist sich im direkten und weltweiten Vergleich als wenig sinnvoll, zumal z.B. Chardonnay in vielen Regionen der Welt um ein Vielfaches billiger produziert werden kann als gerade in den Hügellagen des Collio.

Diesen „Regionalismus" als Chance zu sehen zeugt durchaus von Weitblick, auch wenn er spät kommt, denn optimalerweise hätte dieser Prozess schon vor 20 Jahren, in der Goldgräberzeit des Friulaner Weinbaus, beginnen sollen:

Weniger Rebsorten im Weingarten, das „Zusammenfassen" im Stil des Collio Bianco und die Selektierung und Weiterentwicklung der jeweils besten Klone auf den dafür geeigneten Böden kennzeichnen diesen Weg.

Andernorts hat man es bereits vorgezeigt: Rebsorten- und gebietsübergreifende Schöpfungen wie der Chianti Classico, der Barolo, der Barbaresco, der Brunello di Montalcino, aber auch ein Vino nobile di Montepulciano sind in ihrer Art unverwechselbar, eindeutig am Markt definiert und von niemandem kopierbar.

Collio Bianco

Diesem Beispiel folgend schlägt Friaul mit dem Collio Bianco ein neues Kapitel auf, das wegweisend für eine neue Generation von jungen Weinbauern sein kann und als Weißweinprojekt für ganz Italien einen Solitär darstellt.

Die Produktion des Collio Bianco hat erst in den letzten Jahren deutlich zugelegt – quantitativ und qualitativ. Der Collio Bianco ist eine hochklassige Weißwein-Cuvée, die aus den Trauben der im DOC Collio zugelassenen Sorten hergestellt wird und zu den besten Weißweinen Italiens zählt. Fast scheint es so, als setzten die Weinbauern ihren ganzen Ehrgeiz daran, mit seiner Topcuvée die Visitenkarte des Hauses zu definieren.

Diese erfreuliche Entwicklung hat nicht nur den Vorteil einer allgemeinen Qualitätsförderung, die das Land weiterhin in die Charts moderner und hochklassiger Weißweine katapultiert, sondern erzielt auch marketingstrategisch einen immensen Effekt.

Einige der edelsten Collio Bianco-Vertreter/Cuvées von internationalem Format:
Col Disore, Russiz Superiore
Gräfin de la Tour, Villa Russiz
Terre Alte, Livio Felluga
Braide Alte, Livon
Studio di Bianco, Borgo del Tiglio
Blanc di Rosis, Schiopetto
Vintage Tunin, Jermann
Capo Martino, Jermann u.a.

Die ersten Boten des neuen Jahrgangs:

Turbolino. Der erste Süßmost eines neuen Jahrgangs, meist aus Ribolla Gialla, ist der Vorbote des künftigen Weines.

Der leicht angegorene Traubenmost schmeckt aufgrund des noch großteils unvergorenen Traubenzuckers wunderbar süß. Durch die bereits eingeleitete Gärung wird die Süße von der begleitenden Kohlensäure etwas „gemildert" und erfrischt den Gaumen traubig, ungestüm und leicht alkoholisch.

Diese Tradition, mit der in Österreich dem „Sturm", in Deutschland dem „Sauser" oder auch dem „Federweißen" gehuldigt wird, hat auch im Friaul einen beachtlichen Stellenwert; wie bei uns ist auch die Kombination mit ofenwarmen Kastanien legendär – und leider ebenso die Nachwirkungen nach zu großzügigem Genuss am nächsten Morgen ...

Novello. Seit dem Ende der achtziger Jahre des vorigen Jahrhunderts wird im Friaul auch ein roter Jungwein nach dem Vorbild des Beaujolais Primeur produziert – der Vino Novello, der laut italienischer Gesetzgebung erst ab dem 6. November auf den Markt gebracht werden darf. (Einige Weinbarone des Landes wie die Familie Brisotto von San Simone verzichten auf die Bezeichnung Novello und nennen ihren Jungwein z.B. „Il Primo". Dadurch werden starre gesetzliche Auslieferungszwänge umgangen und der Jungwein kommt in gleicher Qualität oft bis zu 14 Tage früher auf den Markt!)

In der Nacht vor dem 6.11. werden die Minuten bis Mitternacht rückwärts gezählt: Gastwirte warten mit dem Korkenzieher in der Hand auf den Mitternachtsschlag, um die Gläser der ringsum wartenden Weinfreunde füllen zu können. Kein Wunder, dass die Begehrlichkeit hoch ist, ist doch der Novello Friulaner Lebensfreude pur, eine Entdeckungsreise durch die typischsten Aromen der Region.

Er ist von violetter Farbe, die in manchen Jahren ins Purpur neigt, sein Duft energisch, von fruchtiger Cabernet-Intensität: Maraska-Kirsche, Johannisbeer, Walderdbeeren und ein Korb reifer Himbeeren, der sich mit dem Duft frisch gepresster Weintrauben vermählt.

Der charaktervolle und vollmundige Geschmack eines guten Novello begeistert mit angenehmer Frische und Fruchtigkeit, in der keinerlei tanninische Noten stören, da der Wein mit Beerenhaut, Kernen und Stielen der Traube kaum in Berührung kommt. Der Vino Novello sollte stets mit einer frischen Kellertemperatur zwischengelagert und um die 15° C getrunken werden, da so seine unnachahmliche Frische und Lebendigkeit am besten zur Geltung kommt.

So wird er gemacht: Die reifen, gesunden und ganzen Trauben, die für die Herstellung des Novello bestimmt sind (meist Merlot, Cabernet und Refosco), werden unmittelbar nach der Lese im Keller in spezielle Stahltanks gebracht, die hermetisch verschlossen werden. Die unteren Trauben, die von dem Gewicht der darüber liegenden schonend zerdrückt werden, beginnen so Kohlensäure freizusetzen. Beim folgenden Prozess spricht der Fachmann von der „maceration carbonique": Die Zellen der einzelnen Trauben reagieren auf die austretende Kohlensäure, indem sie ihren Stoffwechsel beschleunigen. Dank der natürlichen Hefe und dem Fehlen von Luft beginnen die in den Trauben enthaltenen Zuckerstoffe zu vergären. Die alkoholische Gärung dauert nur wenige Tage, die anschließende malolaktische Gärung, bei der die etwas spitze Apfelsäure in die mildere Milchsäure umgewandelt wird, dauert bei ähnlicher Wärme kaum mehr als eine Woche. In dieser Phase mit Temperaturen um die 25 bis 30° C ist die richtige Dauer ausschlaggebend für die Fülle von Düften und Aromen, die einen guten Novello Jahr für Jahr auszeichnen.

Danach wird der Novello nur noch durch Kühlung und Filtration geklärt – es soll möglichst wenig eingegriffen werden – und ab geht's in die Flasche.

Die autochthonen Reben:
Rot

Schioppettino (Ribolla Nera). Er wuchs nur im Umkreis von wenigen Kilometern zwischen Prepotto und Cialla und war schon nahezu ausgestorben. Die Familie Rapuzzi von Ronchi di Cialla hat ihn nicht nur gerettet, sondern auch grundlegend neu definiert. Der Schioppettino wurde bereits in Quellen aus 1282 urkundlich im Cialltal erwähnt, die Reblauskatastrophe hatte anfangs dieser beachtlichen Rebsorte schwer zugesetzt.

Bis zum Jahr 1977, in dem auf Ronchi di Cialla unter Konsulenz von Walter Filiputti diese Rebsorte erstmals in Barriques ausgebaut wurde, kannte man den Schioppettino nur als restsüßen Rotwein.

Das Wort Schioppettino selbst entstammt dem Dialekt: „schiopettare" heißt soviel wie knallen oder prasseln und rührt von einem Geräusch, das die Gärung begleitete, die ursprünglich sehr kurz, aber umso heftiger und lautstark verlief, so dass es in den Fässern prasselte.

Moderne Schioppettini sind eigenwillige, aber sehr elegante, fast feminine Weine mit einem Duft nach Gewürzen, vor allem weißer und grüner Pfeffer stechen aus der Fruchtbasis von Waldbeeren und Kirschnoten hervor. Ein Rebsortenjuwel mit einer ausgewogenen Tanninstruktur, typischen Tabaknoten und der unnachahmlichen Würzigkeit im Ausdruck.

Ein Wein, der beim Schioppettino-Wirt „Da Mario" (siehe S. 60, Wirt Marco veranstaltet auch alljährlich im Mai eine Schioppettino-Messe!) gerne zum köstlichen Maialata (Schweinernem) serviert wird!

Refosco dal peduncolo rosso (mit dem roten Stiel). Diese Rebsorte wächst vorrangig in den Colli Orientali und in der Ebene um Aquileia.

Bevor die Reblaus die Weinbestände Friauls stark dezimierte, war diese die am weitesten verbreitete Rebe. Der Weinstock selbst ist kraftvoll und produktiv. Die besten Ergebnisse bringt natürlich eine stark reduzierte Produktion – also wenige Trauben pro Stock, das ergibt einen Wein, der sich bestens zum Ausbau in Barrique oder als farbgebender und charaktervoller Cuvéepartner eignet.

Die Trauben sind lang und unregelmäßig, die Beeren wachsen dicht und sind fleischig mittelgroß. Gute Refoschi duften herb nach Veilchen und sind sehr lagerfähig. Die Farbe ist intensiv rubinrot, mit violetten Reflexen, die mit der Länge der Lagerung schwächer werden. Der Geschmack angenehm erdig und tanninhaltig.

Terrano. Der Terrano ist eine Spielart des Refosco und gedeiht ausschließlich im Karst, oberhalb der Triestiner Costiera. Der eigenwillige Wein zeigt sich herb-würzig, im Duft nach Himbeeren und Erde, mit relativ viel Säure, aber relativ wenig Alkohol – und er ist niemals ein Wein für den ersten Schluck! Der Ausbau im Holz lässt ihn an Körper gewinnen und rundet seine Kanten etwas ab. Als Kind des Karstes passt er auch am besten zu bäuerlicher Küche, Schweinefleisch und Jotasuppe.

Weil der Terrano in den Dolinen des Karstes auf stark eisenhältiger Erde wächst, wurde er früher gegen Blutarmut empfohlen.

Pignolo. Die Geschichte des Pignolo ist untrennbar mit der Abbazia di Rosazzo verbunden: Diese seltene und äußerst edle Rebsorte, deren Heimat die Hügel um die Abbazia sind, wurde schon 1398 erstmals urkundlich erwähnt.

1939 wurde auf der Abbazia der Pignolo von Abate Giobatta Michieli vor dem Aussterben bewahrt. In alten Schriften als „vino di lusso" (Luxuswein) geadelt, wurde die fast ausgestorbene lokale Kuriosität erst 1978 von der EU wieder offiziell in der Provinz Udine zugelassen.

Die große Stunde des Pignolo schlug um das Jahr 1979, als Walter Filiputti einige Edelreiser vermehrte und diese auf alte Tocaistöcke aufpfropfte. Am 15. Jänner 1983 ehrte die Familie Nonino (siehe S. 84) diese Tat mit dem „Risit d´aur", einer Auszeichnung von nationaler Bedeutung.

Der erste Jahrgang 1984, wenn auch aus einem kleinen Jahr, erregte Aufsehen. Der Jahrgang 1985 geriet geradezu phänomenal und zeigte erstmals die Anlagen für ein großes Lagerungspotenzial. Der Rest ist Friulaner Weinbaugeschichte: Prominente Winzer wie Girolamo Dorigo widmen sich heute dem Pignolo.

Der Pignolo bringt nur sehr unsichere Erträge, jedoch können daraus große, dichte, gut strukturierte Weine mit markanter Säure und sehr viel Tannin entstehen. Große Pignoli zeigen sich intensiv mit einem Aroma von Amarenakirschen, Rumtopffrüchten, Nelken, Zimt, Zedernholz. Eine mächtige Sorte, voller Kraft und Saft, die immer wieder mit den begehrten 3 Gläsern im Gambero Rosso ausgezeichnet wird.

Tazzelenghe. Der Tazzelenghe ist ein spezieller Wein, der Zeit braucht, um die Gerbsäure zu zähmen – er bleibt aber immer ein rustikalerer Weintyp von intensiver Farbe. Nicht umsonst heißt er „Zungenbeißer"! Er ist herb, mit viel Säure, die in Barrique geschult werden muss, und mit hohem Tanningehalt, der mitunter an Piemonteser Weine erinnert. Der Duft kann mit der Zeit auch deutliche Goudronnoten aufweisen, einem Barolo nicht unähnlich.

Diese Rebsorte, die nur in den größten Jahren zu vollkommener Reife gelangt, hat eine ähnliche Geschichte wie der Schioppettino und der Pignolo – er war also vom Aussterben bedroht und sein Anbau vor der EU-Regelung von 1978 sogar ungesetzmäßig, denn er gehörte nicht zu den zugelassenen Rebsorten.

Der Gralshüter und Wiederentdecker alter Friulaner Rebsorten, Walter Filiputti, erinnert sich noch heute an den ersten großen Tazzelenghe der jüngsten Friulaner Weinbaugeschichte:

Es war um das Jahr 1987 im Keller des genialen Tullio Zamò. Dieser kelterte ca. 500 Flaschen des großartigen Jahrgangs 1985 eines reinsortigen Tazzelenghe, in unglaublicher neuer Qualität und Definition. Beim Transport zwischen der Abfüllanlage und dem Lagerkeller kippte die Flaschenladung auf die Steinplatten – nahezu alle Flaschen gingen dabei zu Bruch. Filiputti: „Der Hof war erfüllt von einem unglaublich weinigen und würzigen Duft, ein letzter Gruß eines Weines, der buchstäblich in Luft aufging."

Weiß

Tocai Friulano oder Friulano. Der am weitesten verbreitete Wein Friauls – mit dem leidigen Problem der Namensgebung, denn die Ungarn machen den Friulanern das Recht am Namen Tocai streitig.

Kam der Tocai vom Friaul nach Ungarn oder war es genau umgekehrt? Eigentlich eine überflüssige Diskussion, denn der ungarische Tocai hat mit dem friulanischen nichts weiter gemeinsam als den Namen (der zugegebenermaßen als „ungarischer Tokaji" berühmter geworden ist!).

Der ungarische Wein wird nämlich aus den getrockneten oder von Botrytis befallenen Trauben des Furmint bzw. des Gelben Muskateller gewonnen, entsprechend süß und schwer ist das Ergebnis im Unterschied zum unkomplizierten und immer trocken ausgebauten Friulaner Namensbruder.

Verwandt bzw. ident ist der Tocai hingegen mit der alten französischen Rebsorte Sauvigonasse, die es in Frankreich nicht mehr gibt. Die Friulaner hingegen haben die anpassungsfähige Rebe quasi „adoptiert" – seine Klasse durch jahrhundertelange Kultur auf entsprechendem Terroir herausgearbeitet und ihn zu ihrem allgegenwärtigen Hauswein entwickelt, der bei jeder Gelegenheit und vor allem auch als Tajut-Klassiker getrunken wird.

Die erste gerichtliche Instanz in der EU ging für die Italiener verloren, aber noch ist nichts endgültig entschieden. Die halbherzige Zwischenregelung in dieser never-ending Story: Der Ersatzname Friulano muss am internationalen Markt verwendet werden, national dürfen die Winzer zwischen Tocai und Friulano wählen. Auch keine befriedigende Lösung für eine durchgreifende Platzierung am Markt – und außerdem nicht aus Rom stammend, sondern von den Friulanern hausgemacht und damit nicht einmal italienweit anerkannt …

Der Wein selbst ist in der perfekten Erscheinungsform ausgewogen in Geruch und Geschmack, angenehm und unkompliziert, er hat wenig Säure und macht ordentlich Druck am Gaumen.

Seine Farbe ist meist strohgelb mit leicht grünen Reflexen, der Duft blumig floreal (Löwenzahn …), aber auch fruchtig (Apfel, Melone, Pfirsich …), am Gaumen fruchtig mit einem Unterton von Bittermandel. Er verträgt bei entsprechend reduziertem Anbau (worauf er sehr sensibel reagiert) und guten Lagen den Ausbau in Barrique, die Tocai der Colli sind höher im Alkoholgehalt und ausgeprägt intensiver im Mandelton.

Ribolla Gialla. Die Ribolla Gialla ist eine uralte, autochthone weiße Rebsorte aus Friaul-Julisch Venetien, die im slowenischen Teil des Collio auch Rebulla genannt wird. Ribolla Gialla rangiert zurzeit in der Publikumsgunst ob ihrer zitronenhaften Frische unter den modernen Weinen, obwohl der Ursprung antiker nicht sein kann. Die ersten Zeichen für den Anbau reichen bis ins Jahr 1300 zurück, aber schon die alten Römer sollen die Rebe unter dem Namen Evola gekannt haben. Bis der Picolit ihm den Rang ablief, war der Ribolla der Paradewein Friauls, der auch von den Venezianern sehr geschätzt wurde. Die Sorte war bis ins 19. Jahrhundert weithin verbreitet, nach der Reblaus-Katastrophe ging der Bestand aber stark zurück.

Die Sorte wird fast ausschließlich in der hügeligen Grenzregion zwischen Italien und Slowenien – von Tarcento über den Karst bis nach Istrien – angebaut. In der Ebene hat sie sich nie verbreitet, da sich die Böden nicht für den Anbau eignen. Die Sorte findet immer mehr Freunde als (sortenreiner, sehr trockener Wein). Jung getrunken ist ein Ribolla Gialla ein fruchtiger, frischer und eleganter, kräuterwürziger Wein mit Pfiff. Ob sich diese Sorte zum Ausbau im Barrique eignet, ist sehr umstritten – die „Schule von Oslavia" z.B. steckt den Wein lange ins Holz, wodurch er an Struktur und Lagerfähigkeit gewinnt, das Holz aber spürbar wird. Seine Farbe ist blass strohgelb, mit schwachen grünlichen Reflexen, der delikate Geruch erinnert an die Blüten der Akazie, Kastanie und Eiche. Im Geschmack ist er trocken, frisch, zitronig, mit durchschnittlichem Alkoholgehalt, bekömmlich und einladend.

Vitovska. Vitovska ist ein typischer Wein des Carso – wahrscheinlich aus Slowenien stammend –, der ursprünglich gerne mit anderen Weinen verschnitten wurde, um ihnen Frische und Leichtigkeit zu verleihen. Er gewann erst in jüngerer Zeit sortenrein wieder an Bedeutung, nicht zuletzt durch das Engagement des Winzers Edi Kante, der sich seiner annahm und ihn bekannt machte. Der Wein wirkt knochentrocken, dabei aber auch sehr fein. Er präsentiert sich sehr hell in seinem Gelb mit einem fruchtigen Duft und sollte auf jeden Fall jung getrunken werden. Als Speisenbegleiter passt er zu Fisch und Meeresfrüchten, er wird aber auch gerne als Aperitif getrunken.

Picolit. Schon der legendäre Veronelli befand, dass Italien keinen edleren Wein aufzubieten habe als den Picolit – und dennoch wäre er fast verschwunden. Den Bemühungen der Familie Perusini auf Rocca Bernarda ist seine Erhaltung zu verdanken. Heute ist der berühmte und seltene Dessertwein in den Hügeln zwischen Torre und Isonzo anzutreffen.

Was heute die Winzer mit viel Aufwand zu erreichen trachten, erreicht beim Picolit die Natur selbst: geringe Erträge pro Pflanze bei hoher Geschmackskonzentration. Viele Blüten des Picolit bleiben durch eine Missbildung unbefruchtet, die Trauben tragen dementsprechend nur wenig Beeren.

Er wird spät gelesen, seine Beeren angetrocknet und der Most lange in Holzfässern vergoren. Er braucht warme, sonnige Weinberglagen und reagiert sehr auf klimatische Schwankungen, was die einzelnen Jahrgänge sehr unterschiedlich ausfallen lässt.

Er ist goldgelb, mit elegantem, aber kräftigem Duft mit Anklängen an Wiesenblumen und Veilchen. Der Geschmack ist süß, aber nie unangenehm, lange anhaltend, mit einem Hauch von Akazienhonig und reifen Früchten wie Feigen und Marillen. Ein Meditationswein, wie es die Friulaner gerne nennen, ein Wein zum „Nachdenken", der im Glas stundenlang Düfte und Geschmäcker ausströmt und sich nicht ganz leicht kombinieren lässt – am besten mit würzigen, ausgereiften Käsesorten (Gorgonzola!) und Gebäck. Ebenfalls köstlich und großartig: die Kombination mit Gänseleber!

Verduzzo Friulano (Synonym Ramandolo). Er gehört zu den ältesten friulanischen Rebsorten, die schon im Jahre 1409 beim Besuch des Papstes kredenzt wurden. Den Verduzzo gibt es in zweierlei Ausprägung: Der grüne Verduzzo wird trocken ausgebaut, auf ihn trifft man in erster Linie in den Weinbaugebieten der Ebene.

Und dann gibt es den süßen Verduzzo Giallo, für viele der einzig wahre Verduzzo, der es zu bemerkenswerter Berühmtheit gebracht hat:

Er wird vor allem zwischen Nimis und Tarcento angebaut, im DOC-Untergebiet Ramandolo wechselt er seinen Namen und wird dann zum legendären Ramandolo gekeltert, der der erste friulanische Wein war, der die Bezeichnung DOCG tragen durfte.

Er ist ein Dessertwein, köstlich auch als Aperitif, von einem intensiven Goldgelb und dem Duft von reifen Marillen oder Pflaume und Kastanienhonig. In seiner Bestform ist er harmonisch, warm, körperreich, elegant und raffiniert mit einem zart unterstützenden Tanninschleier.

Edelsüße Verduzzi sollten 5–6 Jahre nach der Lese getrunken werden, großartige Ausprägungen wie der Il Roncat – Ramandolo von Giovanni Dri entwickeln sich über gut 10 Jahre zu unerreichter Perfektion.

Klassisch zu trockenem Gebäck und zu prall gefüllter Gubana.

In Nimis tunkt man die Uessuz, spezielle trockene Kekse, in den Ramandolo.

Glera. Dottore Vitjan Sancin gilt als Retter des sehr raren, weißen Glera aus dem Karst. Der Glera, eine Art Prosecco Bianco, war schon fast verschwunden, bis Sancin einzelne Stöcke in brachen Weingärten rund um das kleine Karstdorf Prosecco aufspürte und schließlich daraus einen ganzen Weingarten ziehen konnte. Der Glera ergibt einen sehr fruchtbetonten und ungewöhnlichen Weißwein mit zarten Mandeltönen.

RARITÄTEN DES WINZERS EMILIO BULFON:

In der schönen Hügellandschaft nördlich von Spilimbergo liegt in Valeriano das Rebland eines Winzers, der einige der alten, fast schon verschwundenen Sorten, deren Namen kaum noch bekannt sind, wieder belebt hat.

Auf 10 Hektar hat er seltene Trauben angepflanzt, beschrieben und auch offiziell in das italienische Rebsortenregister aufnehmen lassen – stets auf der Suche nach neuen Entdeckungen. Die neuen, alten Sorten werden in markanten Flaschen mit dem Bild des letzten Abendmahls abgefüllt (siehe auch S. 220).

UCELUT Eine Weißweinrebe, die die Vögel (uccelli) gerne verspeisten, daher sein Name. Er ist strohgelb und fruchtig, erinnert an Akazienblüten und Feldblumen. Am besten lieblich ausgebaut mit guter Struktur und samtigem Geschmack. In Hügellagen kommt der Charakter der Rebsorte besonders zur Geltung.

SCIAGLIN Ebenfalls eine Weißweinrebe, die sich in Hügellagen am wohlsten fühlt. Das Dialektwort „s`ciale" bedeutet soviel wie Terrassierung, ein Hinweis auf die der Rebsorte liebste Expositur.

Die Weine präsentieren sich strohgelb, fruchtig und fein im Geschmack. Holunder- und Akazienblüten schwingen mit, genauso wie Aromanoten von gelbem Paprika. Gut strukturiert und vollmundig.

PICULIT NERI Diese Rotweinsorte pflegt Emilio Bulfon seit den Anfängen der siebziger Jahre des vorigen Jahrhunderts. Er vermehrte sie aus dem nahezu hundertjährigen Rebbestand des Cencio Bassutti. Die sehr seltene Rebsorte ergibt eine rubinrote bis rosagetönte Farbe. Jung zu trinken, weich und wenig Säure. Zu zarten Vanilletönen gesellen sich Kastanienblüten und bei zunehmender Lagerung auch Rauchtöne.

FORGIARIN Man weiß nicht viel über den Ursprung dieser alten Rotweinsorte. 1836 wurde sie bei einer regionalen Weinbauschau in San Daniele das erste Mal präsentiert. Die im Umland von Spilimbergo mitunter anzutreffende Rebsorte präsentiert sich in jungen Jahren rubinrot, später ziegelrot. Intensiv, leicht fruchtig, weich, auch leicht lieblich mit Anklängen an geröstete Mandeln, Unterholz oder Moschus.

Die wichtigsten internationalen Rebsorten mit langer friulanischer Tradition:
Rot
Cabernet Franc. Der im Friaul allseits beliebte Cabernet Franc wurde von den Friulanern von den Franzosen quasi „adoptiert" – dort stammte er aus der Gironde, wurde aber nicht weiter kultiviert.

Bei den Norditalienern machte das ungeliebte Kind, das Wärme liebt, wieder Karriere. Er wurde bald im ganzen Land angebaut und auch dem Cabernet Sauvignon, seinem engen Verwandten, lange vorgezogen. Typisch für ihn sind vor allem in der Jugend die Grasnoten, die tiefrote Farbe und eine durchaus eigene Persönlichkeit.

Cabernet Sauvignon. Obwohl der aus dem Bordeaux stammende Verwandte des Cabernet Franc relativ anspruchslos ist, ist er ein ausgesprochen edler Wein, vollmundig mit großem Körper, tanninreich und in warmen Zonen auch sehr alkoholreich. Schwarze Johannisbeere ist sein typisches Aroma. Auch als junger Wein ist er fruchtig gefällig und aromatisch und mundet zu Wurst und leichten Fleischgerichten.

Er ist der klassische Kandidat für große Lagerweine, reinsortig oder im Verschnitt und ist dann der ideale Begleiter zu dunklem, schwerem Fleisch.

Er gedeiht sowohl auf den mageren Kiesböden der Ebene als auch in den niedrigeren Colliolagen und findet überall im Friaul geeignete Lagen.

Merlot. Ein französischer Klassiker aus dem Bordelais, der sowohl jung getrunken als auch in Spitzenqualitäten in Barrique ausgebaut ansprechend ist. Er ist weich im Tannin und kann Aromen von dunklen Beeren bis hin zur schwarzen Olive entwickeln. Jung ist er angenehm und anpassungsfähig an alle Speisen. Aus dem Holz kann er höchstes Niveau erreichen, würzig, kräftig und dennoch weich, mit einer Lagerfähigkeit bis zu 15 Jahren. Er wird seit 1880 erfolgreich im gesamten Friaul angebaut und gehört zu den gängigsten Sorten – nicht umsonst wird er auch als die dunkle Tajut-Variante getrunken.

Weitere nennenswerte rote Rebsorten: *Franconia* (Blaufränkisch), *Pinot Nero* (Blauburgunder).

Weiß
Malvasia Istriana. Eine Rebsorte, die ihren Ursprung entgegen weit verbreiteter Meinung nicht im Friaul hat, ihr Stammbaum wuchs einst auf dem Peloponnes.

Wahrscheinlich waren es die Seefahrer der Serenissima, die den Malvasia vom griechischen Städtchen Monembasia aus im gesamten Mittelmeerraum verstreut anpflanzten.

Im Karst hat der Malvasia eine zusätzliche Heimat gefunden. In der trocken ausgebauten Variante ist dieser Weißwein die optimale Ergänzung zum Fisch.

Pinot Grigio/Grauburgunder. Sein Urahn ist der anspruchsvolle französische Pinot Noir. Seine Traube ist nicht gelb oder grün, sondern leicht rötlich, was auch dem Wein kupferfarbene Reflexe verleihen kann, wenn der Winzer ihn kurz auf den Schalen mazerieren lässt und ihm so neben der Farbe auch noch mehr Struktur zukommen lässt.

Ansonsten ist er strohgelb, gefällig und ausgewogen, bisweilen sehr körperreich, im Aroma aber eher zurückhaltend und vor allem gereift an Walnüsse und Karamell erinnernd. Im Friaul ist er sehr beliebt und wird praktisch überall angebaut. Nach dem Tocai Friulano ist er die häufigste Weißweinsorte.

Pinot Bianco/Weißburgunder. Der aus Frankreich stammende Pinot Bianco (Pinot Blanc, Weißburgunder) ist eine Spielart des Pinot Gris (Pinot Grigio, Grauburgunder). Dieser stammt wiederum vom Pinot Noir ab, der also die Mutterrebe all dieser edlen Weinsorten darstellt. Er wurde in der Vergangenheit oft mit dem Chardonnay verwechselt, auch im Friaul wurden die ersten Chardonnay-Gewächse in Görz für Pinot Bianco gehalten. Er liebt auch die gleichen Lagen, die auch noch heißer und trockener sein dürfen, und macht sich im Verschnitt mit ihm hervorragend.

Das Bouquet ist oft würzig-pikant mit grünen Apfelaromen, er ist elegant, erreicht höchste Qualitätsstufen. Gut bekommt ihm auch der Ausbau in Barrique, der ihm einen großen Körper verleiht.

Ins Friaul gelangte er mit dem Grafen de La Tour in sein Gut Villa Russiz in Capriva, sein Höhenflug begann mit der Wiederbepflanzung der Weingärten nach der Reblauskatastrophe und er gehört mit Sicherheit zu denjenigen internationalen Sorten, die sich am besten mit den Bedingungen im Friaul zurechtfinden.

Sauvignon Blanc. Eine Rebsorte französischen Ursprungs, die sehr charaktervolle und hochwertige Weißweine liefert. Erst nur in den Hügeln Friauls angebaut, gelangte er später auch in die Ebenen.

Er ist kräftig im Aroma mit einer erfrischenden Note, die an grüne Früchte erinnert: Paprika, Magnolie, Salbei und Holunder. Frisch und würzig bis pfeffrig im Mund.

Der fruchtige Charakter kann durch den Ausbau in Barrique positiv verstärkt werden.

Genial zu Scampi und anderen Krustentieren, Fisch und Risotti.

Im Friaul finden sich weit verstreut hervorragende Lagen – von den Colli Orientali über das Collio, vom Karst übers Isonzo bis ins Grave, Aquileia und Latisana.

Chardonnay. Sein Heimatland ist das Burgund, jedoch ist er weltweit verbreitet.

Frisch, fruchtig, teilweise rassig präsentieren sich Weine aus der Chardonnay-Traube, deren hochwertige Vertreter sich auch bestens für den Ausbau in Barrique eignen und dann auch 10 Jahre lagern können.

Der Duft erinnert an nicht ganz reife Äpfel, im Aroma schwingen Zitrusfrüchte und Banane mit. Der junge Chardonnay ist ein Klassiker zu Fischgerichten.

In Barrique ausgebaut wird er cremig und füllig, im Duft spielen edle Noten wie Vanille und Honig mit. Im Friaul werden die besten ihrer Art im Collio, den Colli Orientali und dem DOC Isonzo gekeltert. Die frische und junge Variante findet sich auch in den Ebenen des Westens und in den südlichen DOC-Gebieten.

Im Friaul fand er nach dem Krieg große Verbreitung, er wurde aber bereits ab dem späten 19. Jh. um Görz angebaut.

Weitere nennenswerte weiße Rebsorten: **Müller Thurgau** (Riesling Sylvaner), **Riesling Italico** (Welschriesling), **Riesling Renano** (Rheinriesling), **Traminer** und **Traminer Aromatico** (Gewürztraminer).

Weinklassifizierung

1. Vini da Tavola:
Land- und Tafelweine ohne Herkunftsbezeichnung
Einfache Weine, die nur den Namen des abfüllenden Betriebes aufweisen und eine Mischung aus Trauben oder Weinen aus verschiedenen Sorten, Gebieten und Jahrgängen sein können.

2. VINI IGT:
Weine mit geografischer Ursprungsbezeichnung „Indicazione Geografica Tipica" IGT
Hier müssen bereits das Herkunftsgebiet, die Hauptrebsorte und der Jahrgang angegeben sein. Für zugelassene Reben, Maximalertrag der Trauben pro Hektar, Ertrag aus den Trauben und Alkoholgehalt gibt es Produktionsrichtlinien, die allerdings weniger streng sind als in den höheren Klassen.

3. VINI DOC:
Weine mit kontrollierter Ursprungsbezeichnung „Denominazione di Origine Controllata"
Bei diesen Weinen gibt es strenge Vorschriften zu den zugelassenen Anbaugebieten, önologischen Eigenschaften, Produktionsrichtlinien, Ertrag pro Hektar (z.B. in den Colli Orientali 28 Hektoliter/Hektar für den Picolit, hingegen 91 Hektoliter/Hektar im DOC Friuli Latisana für Chardonnay und Merlot), Reb- und Weinsorten, Mindestalkoholgehalt sowie evtl. Reifegrad und -art.

Diese Weine werden durch Handelskammerkommissionen laufend kontrolliert und das Prädikat am Etikett vermerkt.

4. VINI DOCG:
Weine mit kontrollierter und garantierter Ursprungsbezeichnung „Denominazione di Origine Controllata e Garantita"
Die höchste Qualitätsstufe, die nur für Weine vergeben wird, die mindestens 5 Jahre zu den DOC-Weinen gehört haben und sich zwei Kontrollen unterziehen. Eine offizielle Banderole der Italienischen Republik weist diese Weine aus. Im Friaul sind nur der Ramandolo aus drei Colli Orientali-Gemeinden, der Picolit aus dem gesamten DOC-Gebiet und der Colli Orientali del Friuli zugelassene DOCG-Weine.

Genussland Friaul

Gewiss, dies ist ein Buch über den Wein und das Weinland Friaul-Julisch Venetien – keine Frage.

Doch da Wein Genuss bedeutet, der in der Regel auch immer ein kongenialer Begleiter zu den kulinarischen Herrlichkeiten der Region ist, führt kein Weg vorbei an den lukullischen Versuchungen des Landes, die – gestehen wir es ein – ja oft genug wichtigster und einziger Grund für einen Besuch sind.

Rein geografisch gesehen ist Friaul-Julisch Venetien ein Land der Vielfalt – eine bunte Palette von Mosaiksteinchen, die im Grün der Wälder und Felder, im Grau der Berg- und Karstfelsen und im Blau seiner Flüsse und des Meeres schillern.

Die Früchte dieser Erde folgen der Charakteristik des Landes, und so ist es nur schlüssig, dass in den Kochtöpfen der Hausfrauen der Carnia andere Leckereien schmoren als im Süden.

Was immer und überall im Friaul ins Auge sticht: Der kleinste Bauer, Metzger, Winzer, Wirt ist hundertprozentig überzeugt von seinem Produkt, das er mit stolzgeschwellter Brust präsentiert.

Jede Wurst, jeder Wein, jeder Käse ist etwas Besonderes, etwas, was seinen Erzeuger einzigartig und stolz macht. Jeder gute Wirt ist ein wahrer Padrone, der seine kleine Osteria führt wie eine Schatzkammer der Genüsse, Genüsse, die selbstverständlich aus der Umgebung und selbstverständlich frisch und saisongerecht sein müssen – und das lässt er seine Gäste auf charmante, aber unaufdringliche Art auch wissen.

Nicht anders verhält es sich mit den Winzern: Jeder Einzelne ist ein König seiner Rieden, ob bäuerlicher oder adeliger Herkunft, ob Großgrundbesitzer oder Pächter weniger Hektar. Er kultiviert mit Leidenschaft, mit seinem Fachwissen – oder besser gesagt mit seiner Kunstfertigkeit – und Respekt vor der Natur den für ihn besten Tropfen.

Dieses Selbstbewusstsein und dieser unbändige Stolz machen die einfachsten Produkte zu etwas Außergewöhnlichem – und darin liegt auch die Kunst des Genusses im Friaul, nämlich das Ehrliche, Bodenständige zu erkennen und es unverfälscht zu genießen.

In der Wirte-Kooperation „Friuli Via dei Sapori" haben sich Gastgeber gefunden, die diese Grundsätze ganz besonders leben. Wer ein Lokal findet, das dieser Vereinigung angehört, mag getrost einkehren und das Beste erwarten, was Land und Küche hergeben. Eine Vereinigung übrigens, die von der obersten friulanischen Wein- und Genussinstanz Walter Filiputti als deren Präsident mit viel Fachkenntnis und Herzblut geleitet wird.

Insbesondere dort, wo der Wein wächst – und das ist ab der Höhe von Tarcento bis hinunter zum Meer der Fall –, hat sich auch die Produktion von anderen, mittlerweile kostbaren und hoch gehandelten Köstlichkeiten herauskristallisiert, die, wie z.B. die Grappaproduktion, mehr oder weniger unmittelbar mit dem Wein zusammenhängen.

Die Grappe von Nonino, des Pioniers aus Percoto südlich von Udine, der als Erster aus der ganzen Frucht und sortenreine edelste Destillate auf den Markt brachte, haben mittlerweile Weltruf erlangt. Doch ist er bei weitem nicht der einzige Meister seines Fachs: Tenuta Villanova in Villanova di Farra, Domenis bei Cividale oder die Distilleria Aquileia Di Flavio Comar in Aquileia sind nur einige Namen aus der Reihe der friulanischen Qualitätsbrennereien.

Nicht überall, wo Wein wächst, gedeiht auch der Olivenbaum, aber überall, wo der Olivenbaum wächst, gedeiht Wein: Die Olivenölproduktion (siehe S. 174) war im Friaul schon seit Römerzeiten bekannt und unterlag einem wechselhaften Schicksal, das sie fast zum Verschwinden brachte. Rein mengenmäßig hat Friaul neben den großen Produzenten der Welt noch immer wenig zu bestellen, aber die Qualität kann sich sehen lassen: Winzer wie Giovanni Dri, Livon, Felluga und besonders Sancin in der südlichen Ölhochburg San Dorligo della Valle beschreiten kompromisslos den Weg der höchsten Güteklasse.

Friauls Klasseschinken und Wurstwaren (siehe S. 209/210) gedeihen unabhängig vom Weinland – von Sauris über San Daniele über Cormòns bis Triest; der beste Mais, der „Blave di Mortean", für die beliebte Polenta wächst in der Gegend um Mortegliano.

Wo regionale Spitzenprodukte mit unserer Weinroute und den Winzern zusammentreffen – von den Enten- und Gänseleckereien der Jolanda Colo bis Balsamico von Midolini –, finden sich nähere Hinweise in den einzelnen Kapiteln, ganz abgesehen natürlich von Enotece, Trattorien und Ristorante, die sich mit viel Herzblut und voller Überzeugung den regionalen und saisonalen Erzeugnissen der Umgebung widmen.

Kleiner Genuss-Wegweiser: Welcher Wein passt wozu?

Nicht immer liegt es auf der Hand, welche dieser vielfältigen Genüsse am besten miteinander harmonieren. Wenn Sie nicht sicher sind: Im Ristorante oder der Osteria fahren Sie prinzipiell immer gut, wenn Sie sich vom Wirt einen passenden Speisenbegleiter empfehlen lassen.

Ansonsten gilt: Grundsätzlich entscheidet natürlich Ihr ganz persönlicher Geschmack oder auch der Anlass über die Wahl des Weines. Richtig ist in jedem Fall, was Ihnen schmeckt – und bestimmt nicht, was „Experten" als das einzig Wahre empfinden.

Hilfreich auf dem Weg zum optimalen Weingenuss könnten die Angaben zu den Trinktemperaturen sein, die allerdings nur ungefähr sein können und in erster Linie von der Jahreszeit abhängen. Gerade in den heißeren Sommermonaten wird man die Weine naturgemäß etwas kühler genießen. Denken Sie daran, dass der Wein grundsätzlich etwas kälter serviert werden sollte, denn schon allein beim Füllen der Gläser erwärmt er sich und nimmt im Glas schnell eine um 1–2 Grad wärmere Temperatur an als in der Flasche.

Zu warme Weine, und das ist insbesondere bei Rotweinen zu beachten, die oft zu warm getrunken werden, verderben jeden Trinkgenuss – wohl auch durch die dann hervorstechenden alkoholischen (brandigen) Noten.

Eine kleine Orientierungshilfe, insbesondere auch zur Abstimmung mit Friulaner Traditionsgerichten, wollen wir Ihnen – bei allem Respekt vor Ihren persönlichen Vorlieben – mit auf den Weg geben:

Weißweine:

Tocai oder Friulano: Zum Aperitif oder als weißen Tajut zwischendurch, zu Fisch (auch Baccalà), unerlässlich zu Prosciutto di San Daniele und Spargel aus Tavagnacco mit Ei, als Suppe oder Risotto, zu Risotto mit Radicchio oder Hopfenspargel, zu typischem „orzo e fagioli", jungem Käse, wie dem Latteria oder auch Montasio fresco ... Trinktemperatur: 8–10° C

Pinot Grigio/Grauburgunder: Perfekt zu allen Gerichten mit Tomaten (pomodoro), wie z.B. Pasta mit Pomodoro & basilico, Parmigiana di melanzane oder auch Gnocchi mit Pomodoro, zum gekochten Prosciutto (Praga) und Mortadella. Ideal auch als Aperitifwein oder ganzen Meeresfischen aus dem Ofen.

Perfekt zu Gradeser Brodeto (Fischeintopf, ungewöhnlicherweise ohne Pomodori!), anderen Fischsuppen, aber auch zu Polenta mit jungem, geschmolzenem Käse ... Trinktemperatur: 8–10° C

Pinot Bianco/Weißburgunder: Diese Rebsorte liebt die Kombination mit Fisch-Antipasti, aber auch die kleinen frittierten Lagunenfische (fritto misto) mit Gamberetti und Canestrelli (Kammmuschel); Gnocchi mit gesalzenem Käse (Formaggio salato di Travesio), Reis & Kohlsuppe (minestra di riso e verze), Zucchinicreme mit Cape sante (Jakobsmuscheln). Großartig zu Branzino (Wolfsbarsch) in der Salzkruste ... Trinktemperatur: 8–10° C

Chardonnay (Stahltankausbau): Antipasti di Pesce, insbesondere Muscheln wie Capelonghe/Canolicchi (Scheidenmuschel) mit Petersilie, Canoce/Cicale di mare (Meeresheuschrecke), Polipo con patate (Polyp/Tintenfischsalat mit Kartoffel); Minestra di piselli (Erbsensuppe), Minestre di porro e patate (Lauchsuppe mit Kartoffel), Risotti und Pasta mit Meeresfrüchten und Torta di asparagi con rane (Spargelauflauf mit Froschschenkel). Trinktemperatur: 8–10° C

Chardonnay (Barriqueausbau): Im Holz ausgebaute Chardonnays oder auch die großen weißen Cuvées (Collio Bianco etc.) haben einen enorm großen Einsatzbereich. Aalgerichte (anguilla), Kalbfleischkreationen und -innereien wie Animelle di vitello (Kalbsbries), Ravioli di faraona e tartufo (Perlhuhnravioli mit Trüffel), Tonno (Thunfischgerichte), Risotto alla milanese (das berühmte Safranrisotto mit Markscheiben), Zotui/Seppiole in umido con polenta (geschmorter Tintenfisch mit Polenta), Carnisches Kartoffelfrico ... Trinktemperatur: 10–12° C

Sauvignon Blanc: Der perfekte Partner zu Scampi oder Astice alla busara (Hummer mit Tomaten und Peperoncino), Rombo al Sauvignon (Steinbutt in Weißwein, im Ofen gegart), Vongole (Venusmuschel), Marzancolle (Riesengarnelen), Spaghettini con l'aragosta (feine Spaghetti mit Languste), Risotti mit Kräutern, gebackene Wildkräuter wie Salbei ... Trinktemperatur: 8° C

Ribolla Gialla: Der Aperitifwein schlechthin. Aber auch hervorragend zu Fritto misto di pesce (kleine gebackene Fische und Krebse). Unverzichtbar zu Ostriche (Austern) und den delikateren Dondoli/Tartufi di mare, zu Scampi crudi (frische, rohe Scampi oder rohes Fischcarpaccio). Interessante Alternative zu Süßwasserfischen … Trinktemperatur: 8° C

Malvasia Istriana: Der klassische Wein zu Fisch. Ravioli ripieni di grancevola (Ravioli mit Meeresspinne), Fischsuppen, Fische vom Grill mit istrianischen Aromen (Knoblauch, Petersilie) wie Cefalo (Meeräsche), Cernia (Sägebarsch), Dentici (Zahnbrasse) und Orate (Goldbrasse) … Trinktemperatur: 7–8° C

Müller-Thurgau: Die delikate, elegante Note des Riesling-Sylvaners harmoniert mit leichten Gerichten wie Süßwasserfischen, Antipasti di mare, pochiertem Fisch (al vapore) wie Pesce spada (Schwertfisch), Scorfano (Drachenkopf) und Merluzzo (Kabeljau). Zu Pasta mit Fisch (pesce) oder Pasta mit Gemüse (verdure). Trinktemperatur: 7–8° C

Riesling Renano/Rheinriesling oder Riesling Italico/Welschriesling: Top zu Frutti di mare (Meeresfrüchten in allen Variationen), Zuppa di pesce (Fischsuppe), Tagliolini con rucola e marzancolle (Tagliolini mit Riesengarnelen), Trancio di salmone in pasta sfoglia (Lachs im Blätterteigmantel), Triglie al limone (Meerbarbe mit Limettenaroma) … Trinktemperatur: 7–8° C

Traminer Aromatico: Der trockene Traminer passt ungewöhnlich gut zu Affetato (Aufgeschnittenes wie Prosciutto, Mortadella, Salami, Speck aus Sauris …). Klingt ungewöhnlich, aber ein Versuch lohnt sich!
 Zur Fegato grasso (Gänsestopfleber) sollte der Traminer schon leicht restsüß sein. Zu Gnocchi di patate con ricotta affumicata, ein Gericht der Carnia mit Kartoffelgnocchi, geräuchertem Topfen (Quark) und haselnussbrauner Butter. Zu Cremesuppen, gereiftem Käse (Montasio stravecchio) und Primi piatti (Zwischengerichten) mit üppigen Sahne-Soßen. Trinktemperatur: 8–10° C

Rotweine:

Schioppettino/im Holz ausgebaut: Kraftvolle, aromatische Fleischgerichte und herzhafte Ragouts. Idealkombination zu friulanischer Gersten-Bohnensuppe (Minestra orzo e fagioli), Kuttel/Pansen-Gerichten (Trippe), Agnolotti con fegato di maiale (Teigtaschen mit Schweinsleber), Coniglio ripieno alle erbe con porcini (Kaninchen mit Kräutern gefüllt und Steinpilzen), Fegato di vitello (Kalbsleber), Seppie con polenta (Tintenfisch mit Polenta), Edelfedervieh wild oder gezüchtet (vom Perlhuhn bis zur Ente) wie Petto di fagiano con tartufo (Fasanbrüstchen mit Trüffel) … Trinktemperatur: 15–16° C (etwas kühler, um die Eleganz zu unterstreichen)

Tazzelenghe/im Holz ausgebaut: Zu rustikalen Gerichten rund ums Schwein. Stufato di fagioli e salsiccia (Bohnenauflauf), Spezzatino di maiale con funghi porcini (Schweinsragout mit Steinpilzen), Brovada e musetto (Rüben mit gekochter Wurst), Coscia di cervo (Hirschkeule) … Trinktemperatur: 16–18° C

Refosco del peduncolo rosso: Ideal zu rustikaleren Gerichten. Salame fresco con aceto (frische, weiche und wenig gereifte Salami, in Essig gegart mit Polenta), Carne di maiale bollita (gedämpftes Schweinefleisch, wie es in den Buffets von Triest gereicht wird), Anguilla alle brace (Aal vom Grill), Lenticchie con musetto (Linseneintopf mit gekochter Wurst) oder das berühmte Musetto e brovada (Rüben mit gekochter Wurst), Salsiccia (Schweinswürste) … Trinktemperatur: 15–16° C

Merlot: Ein sehr universeller Begleiter. Einfache Merlots bilden den roten Part des Friulaner Tajut am Nachmittag, gut auch zu Triestiner Gulasch. Kraftvolle Merlots passen zur Hochlandküche wie Capretto di montagna (Bergkitz), Cappone al forno von castagne (Kapaun, aus dem Rohr mit Kastanien), Stincho di maiale con la canella (Schweinsstelze nach karnischer Tradition mit Zimt), Nocette di capriolo (Rehnüsschen) … Trinktemperatur: 14–16° C (einfache, süffige Merlots); 16–18° C (kraftvolle, barriquegereifte Varianten)

Cabernet Franc/im Holz ausgebaut: Ideal zu Wildgerichten wie Capriolo o Lepre in salmi (geschmortes Reh oder Hase), kräftigen Gerichten vom Schwein am Spieß, Spezzatino di guanciale di maiale con polenta e funghi (Ragout von Schweinsbackerl mit Polenta und Pilzen … Trinktemperatur: 14–16° C (einfache, süffige Cabernets); 16–18° C (kraftvolle, barriquegereifte Varianten)

Cabernet Sauvignon/im Holz ausgebaut: Passt hervorragend zu rustikaleren Gerichten, aber auch zu raffinierten Köstlichkeiten. Brasato di manzo al Cabernet (in Cabernet geschmorter Rinderbraten), Anatra al forno (Ente aus dem Rohr), Agnello al forno (Lamm aus dem Rohr), Costolette di maiale (Schweinskotelettes), Cinghiale (Wildschwein) … Trinktemperatur: 16–18° C

Pinot Nero/Blauburgunder/im Holz ausgebaut: Diese Rebsorte verlangt nach raffinierten Gerichten, wie Maltagliati al ragù di anatra (Pastafleckerln mit Entenragout), Anatra (Entenbraten), Tagliolini con fegatini di pollo (Tagliolini mit Hühnerleber), Risotto con piccione (Taubenrisotto), Trippe alla parmigiana (Kutteln/Pansen) … Trinktemperatur: 15–16° C

Pignolo/im Holz ausgebaut: Der große, kostbare Wein für ganz besondere Anlässe – köstlich zu Federwild wie Pernici tartufati (getrüffeltes Rebhuhn) oder Germano reale allo spiedo (Stockente), Carré d'agenello (Lammkarree), warmem Roastbeef, Stinco di vitello (Kalbsstelze), Spezzatino di manzo (Rindsragout). Trinktemperatur: 16–18° C

Terrano: Zur traditionellen, rustikalen Küche des Karstes. Jung getrunken zu fettem Fisch wie z.B. Aal, gereifter zu Wurst und Schinken und anderen typischen Gerichten in den Karster Osmize.

Zur traditionellen Triestiner Jota (Kraut-Bohnensuppe), sämtlichen Gerichten vom Schwein wie Gelatina di maiale (Schweinskopfsülze) … Trinktemperatur: 14–16° C (eher kühler)

Süßweine:
Picolit: Er ist genau das, was die Friulaner „Meditationswein" nennen. Andächtig und pur getrunken, macht er sich aber auch vorzüglich zur Gänseleber (fegato grasso)!

Ungewöhnlich, aber sensationell: zu Ostriche (Austern) oder Tartufi di mare. Zu großartigem Käse, insbesondere Blauschimmel wie Gorgonzola, aber auch Taleggio. Und natürlich zu edlen Desserts, Bratäpfeln mit Marzipan und biscotti … Trinktemperatur: 7–8° C (je süßer, desto kühler servieren)

Verduzzo/Ramandolo: Eine Offenbarung zu Culatello con mostarda (besonderer luftgetrockneter Schinken aus der Po-Ebene mit Senffrüchten), zu Prosciutto di San Daniele mit reifen Feigen, Gnocchi di patate von susine (Zwetschkenknödel), zu Pecorino fresco con pere (Schaffrischkäse mit Birnen).

Zu Desserts mit Rum, Kaffee, Schokolade, Früchten, Cremes, Blätterteig, Bratäpfeln, Kastanien, süßen Oster- und Weihnachtsbäckereien – und natürlich auch ganz solo als Abschluss … Trinktemperatur: 8–10° C

Veranstaltungstipps
Letztes Wochenende im Mai – Cantine Aperte

„Die geöffneten Keller" sind die Paradeveranstaltung der friulanischen Weintourismus-Bewegung, des „Movimento Turismo del Vino del Friuli Venezia Giulia". In dieser Organisation sind ca. 120 Weingüter vertreten, die sich am letzten Sonntag im Mai zu den Weinverkostungen zwischen 10 und 18 Uhr auch schöne Begleitprogramme mit Kultur und Kulinarik einfallen lassen.

Einige der Weinkeller laden auch schon am Samstag tagsüber ein – der Höhepunkt ist dann die abendliche Tafelrunde, bei der die Weine kommentiert von den Winzern zu ausgesuchten regionalen Spezialitäten genossen werden.

Anmeldung nicht vergessen!

Das Movimento organisiert auch andere Events und Reisen zum Thema Wein wie z.B. „Cantine Aperte Bike" (Radtour ab Cormòns) und die „Trofeo di Golf Cantine Aperte" am Wochenende der Cantine Aperte, im Sommer die „Calici di Stelle" auf Schlössern in den historischen Städten, im November den „Novellino in Cantina", bei dem die neuen Weine direkt beim Winzer zu verkosten sind, und einiges mehr.

Info:

Movimento Turismo del Vino Friuli Venezia Giulia
Piazzale Cella, 22
Udine
Tel. 0432/289540
E-Mail: infoqmtvfriulivg.it
www.mtvfriulivg.it

Weitere Feste, Messen und Veranstaltungen rund um den Wein:

März:

Bertiolo, UD: Fest „Risorgive Medio Friuli" zu Ehren des San Giuseppe. Gleichzeitig findet auch die „Mostra Concorso Vini DOC" statt.

April/Mai:

Buttrio, UD: Regionale Weinmesse, Zentrum in der Villa di Toppo Florio. Mit Olivenöl- und Montasiomesse. Beim „Corsa dai Caratei" werden Weinfässer um die Wette durch die Straßen gerollt – in historischen Kostümen.

Corno di Rosazzo, UD: Fiera dei Vini mit Preisverleihung an den besten Tocai Friulano und Picolit

Manzano, UD: „Olio e dintorni" – drei Tage im Zeichen des Olivenöls, Villa Maseri

Camino al Tagliamento, UD: Feste del Vino e del Toro. Mittelalterliches Fest mit traditionellen Stiergerichten und Weinen.

Gradisca d'Isonzo, GO: Wein-Ausstellung und Verleihung des „Premio Noé" in diversen Kategorien in der Enoteca Serenissima

Ipplis: Weinfest

Mai/Juni:

Prepotto, UD: Schioppettinofest in der Trattoria „Da Mario"

Faedis, UD: Wein- und Erdbeerenfest

Sgonico, TS: Mostra dei Vini. Ausstellung rund um Wein, Honig, Käse mit vielen Rahmenveranstaltungen

Monfalcone, GO: Festa del Vino

Juni:

Manzano, UD: Piazza in Vin-Ritmo; Jazz, Swing und Wein auf der Piazza

Faedis, UD: Colloredo in Festa. Im Mittelpunkt steht das Olivenöl.

Nimis: Messe der Weine der Colli Orientali

Lignano Sabbiadoro, UD: Festival dei Vini del Friuli Venezia Giulia

San Daniele del Friuli, UD: Aria di Festa – DAS Prosciutto-Fest!

Juli:

Manzano, UD: Wein- und Pfirsichfest

August:

Cormòns, GO: „Jazz & Wine of Peace – Estate"

Calici di Stelle in Attimis, Faedis, Buttrio, Carsarsa della Delizia, Corno di Rosazzo, Gorizia, Latisana. Weinverkostung, Kulturevents, Feste (siehe Movimento oben)

September:

Cormòns: Festa della Uva am zweiten Sonntag im Oktober

Cervignano: Festa dell'Uva – das Fest der Weintraube, bei dem die Früchte nach alter Tradition barfuß gestampft werden.

Udine: Friuli DOC

Oktober:

Udine: Vinum Loci; Messe für antike und autochthone Weinsorten

Cormòns: Jazz & Wine

Mossa: Weintraubenfest

Gradisca d'Isonzo: Grappe- und Destillatemesse

November:

Treppo Grande, UD: Vino Novello, Castagne e Sapori Antichi. Ein Fest im Zeichen des jungen Weins, der Kastanien und lokaltypischer Speisen.

Mortegliano, UD: Fest der Gans und des Novello an San Martino

Görz: Bianco & Bianco – Ausstellung großer mitteleuropäischer Weißweine

Gradisca d'Isonzo: Messe der Vini Frizzanti und Spumanti

November/Dezember:

Tarvis, UD: „Ein Prosit in Tarvis". Die besten autochthonen Weine und Spezialitäten des Landes stellen sich vor.

Tipps für Wein-Einkauf und Umgang mit friulanischen Weinmachern:

Melden Sie sich grundsätzlich vor Ihrem Besuch telefonisch an und vereinbaren Sie einen Termin!

Spontanbesuche können zwar funktionieren, die Anmeldung ist aber erstens eine Frage der Höflichkeit und zweitens kann man vor allem am Wochenende durchaus vor verschlossenen Türen stehen.

Gerade der Sonntag ist bei kleinen und mittleren Aziendas, die keine eigene Besucher-Infrastruktur haben, kein idealer Tag – auch den Winzern sollte man einen Ruhetag vergönnen.

Sprache: Italienisch ist von Vorteil, fast überall spricht jemand englisch (lieber und besser allerdings französisch), seltener deutsch.

Denken Sie daran:

Weinbauern leben nicht von Gratisverkostungen, sondern vom Verkauf. Ernsthafte Kaufabsichten sollten also vorhanden sein.

Nicht mehr Zeit in Anspruch nehmen als nötig – der Winzer hat noch andere Arbeit.

Große Aziendas haben auch Verkaufsstellen eingerichtet, die abgekoppelt vom Produktionsbetrieb funktionieren (z.B. Isola Augusta, Tenuta Bolani usw.).

Erntezeit ist vor allem bei kleineren Winzern eine ungünstige Zeit (viel Arbeit im Weingarten).

Viele Winzer organisieren auch Verkostungen für größere und kleinere Gruppen mit Verpflegung, meist in stilvoller Umgebung – dann kann auch die Unterhaltung im Mittelpunkt stehen. Natürlich vororganisieren!

Veranstaltungen nutzen: Die Veranstaltung „Cantina aperte" des Movimento Turismo del Vino z.B. bietet Zugang zu den Kellereien, bei der es auch Extras in Form von Diners und Kulturprogramm gibt.

Weine kann man natürlich auch in den Enotece verkosten und kaufen (wie z.B. in Cormòns und in Gradisca d'Isonzo). Es gibt aber auch eine ganze Reihe von Winzern, die eigene Trattorien führen und wo man zu einem gemütlichen Mahl seinen persönlichen Weingeschmack in Ruhe erkunden kann (z.B. Al Parco/Meroi, Chiosco al Ponte/Comelli usw.).

Nehmen Sie Ihre Weinreservierung ernst und holen Sie Ihre Flaschen auch wirklich ab! Immer wieder passiert es zum Verdruss der Weinbauern, dass Bestellungen einfach liegen bleiben.

Wo man friulanische Weine noch erstehen kann:

Lokale Enotece haben oft ein gutes Angebot – und die Preise können mit den Ab-Hof-Preisen durchaus mithalten!

Spezialitätengeschäfte/Alimentari haben meist eine kleine Auswahl, sind aber in der Regel durchaus fair kalkuliert.

Italienische Supermärkte sind – im Gegensatz zu österreichischen, die durchaus auch Hochwertiges bieten – kein Eldorado für Feinspitze. Sie führen eher Massenware, an der Autobahn mit Zusatzaufschlag.

Internet: Wer einen bekannten Wein bei einem seriösen Händler bestellt, fährt ziemlich sicher gut damit. Problematisch wird es nur bei privaten und somit unkontrollierbaren Anbietern.

Grundregel: Je mehr Zwischenhändler, desto teurer wird die Flasche! Folglich kaufen Sie am günstigsten bei großen Direktimporteuren, die in der Lage sind, beim Weinbauern größere Mengen zu entsprechend niedrigen Preisen einzukaufen – mit dem Ergebnis, dass Ihr Lieblingsflascherl oft sogar günstiger als beim Ab-Hof-Kauf beim Winzer ist! (Winzer-Homepages helfen beim Preisvergleich.)

VON RAMANDOLO BIS PREPOTTO
Route 1

GIOVANNI DRI
Il RONCAT

Via Pescia, 7, Ramandolo
Nimis
Tel. 0432/790260
E-Mail: info@drironcat.com
www.drironcat.com

WEINTIPPS:

Der *Ramandolo Uve dicembrine* lagert gut 18 Monate in Eichenfässern. Bedingt durch die späte Ernte im Dezember entströmt dem Glas ein betörender Duft nach getrockneten Feigen, Bratapfel, reifen Marillen, Karamell und Honig, am Gaumen sehr fleischig, reiche Aromen und angenehme Süße. Unser Tipp: köstlich zur Gänseleber!

Der *Ramandolo Il Roncat*, ebenfalls aus 100 % Verduzzo, besticht mit leuchtendem Goldgelb, süßen Zitrusnoten, Datteln und kandierten Orangen.

In der Königsklasse spielt auch der rare *Picolit* (Honig, Datteln, viel Frucht, schönes Säurespiel).

Neben dem *Sauvignon Il Roncat* legt Giovanni Dri auch ein Augenmerk auf zwei charaktervolle Rotweine. Der *Cabernet* gefällt durch harmonische Finesse und weiche Tannine mit kräuterwürzigem Finale.

Der *Rosso del Monte dei Carpini*, eine Komposition aus Schioppettino und Refosco, begeistert mit Weichseln-, Waldbeeren- und Bitterkakaonoten.

Auch die Grappe aus Ramandolo, Fragolino, Schioppettino und Picolit (UVE DRI) zählen zu den besten ihrer Art, sein charaktervolles Olivenöl „Uéli" (2 Linien: Uéli Bianchera und Uéli Olivaggio) ist durch seinen Preis und die geringen Mengen ein ausgesprochenes Liebhaberöl mit erstaunlich niedrigem Säurewert.

Kein anderer Betrieb hat sich um den Ausbau, die Weiterentwicklung und die Anerkennung des Ramandolo so verdient gemacht wie Giovanni Dri. Als sein Vater 1968 starb, fand sich Giovanni als Eigentümer von pflegebedürftigen Weingärten und vollen Fässern von Wein wieder.

Die Abnehmer saßen damals vor allem in Venedig. Die Verkaufsausflüge im klapprigen Kleinlastwagen wurden zum Abenteuer, das mit einer mühsamen Bootsfahrt zu den venezianischen Händlern endete.

Die verwöhnten Gaumen der Serenissima begeisterten sich zusehends für den immer vorzüglicher werdenden Ramandolo und den Refosco, den der junge Querkopf aus dem Norden lieferte – bis der famose friulanische Weinjournalist Isi Benini seine Weine beim italienischen Sommelierkongress in der Villa Manin verkosten ließ und ihm damit alle Türen öffnete.

Anfang der 80er brach Dri auf, um Erfahrungen in der internationalen Weinwelt zu sammeln – im französischen Sauternes lernte er damals revolutionäre Techniken, in Kalifornien die Vision eines neuen Weintourismus, der in der Cantina auch immer einen Ort der Begegnung sieht.

Diese Vision hat er mit seinem extravaganten und doch schlichten Anwesen aus Stein, Stahl und Glas verwirklicht. Die Liebe zu moderner Kunst zeigt sich auch in der grünen Roboter-Skulptur vor der großzügigen Verkostungshalle und der Galerie zeitgenössischer Kunst.

Trotz – oder gerade wegen – seiner internationalen Erfahrungen wurde er zum leidenschaftlichen Verfechter autochthoner alter Rebsorten – vor allem des Verduzzo, aber auch des Picolit, Refosco und Schioppettino – und bewies damit Weitblick und Scharfsinn.

Es war die Zeit einer dynamischen Entwicklung der friulanischen Weinkultur, die von Persönlichkeiten wie den Fellugas, den Schiopettos, den Vescovos und anderen vorangetrieben wurde – eine Entwicklung, die Giovanni Dri neben Paolo Rapuzzi von Ronchi di Cialla für die Wiedergeburt des Verduzzo (Ramandolo) und des sagenumwobenen Picolit geschickt zu nutzen wussten.

Heute ist Giovanni Dri der Inbegriff für extravagante italienische Süßweine von großer Eleganz und Klasse. Auch dass der Ramandolo im Jahre 2001 die erste DOCG-Klassifikation im Friaul erhielt, ist zweifelsohne sein persönlicher Erfolg.

VOLPE PASINI

Via Cividale, 16
Togliano di Torreano, Udine
Tel. 0432/715151
www.volpepasini.net

WEINTIPPS:

Die begehrte Linie „Zuc de Volpe" steht für die Spitzenqualität des Gutes, nur in den größten Jahrgängen und in kleinen Mengen gekeltert:

Der *Sauvignon Zuc di Volpe* gehört Jahr für Jahr zu den besten seiner Art: Holunder, Paprika, Stachelbeere und grasige Noten vereinen sich in schönster Harmonie, nordischer Touch durch angenehm erfrischende Säurestruktur.

Neben dem *Pinot Grigio Zuc di Volpe* zeigt die Interpretation *Ipso*, ebenfalls aus Pinot Grigio, wie ein großer Pinot sein kann. Ein „dramatischer" Wein, der mindestens 1 Jahr zeitversetzt auf den Markt gebracht wird: toller, warmer Duft nach Sommerblumen, Apfel, Pfirsich und Haselnuss. Saftig-ruhig am Gaumen, sehr harmonisch mit viel Druck.

Konzentriert zeigt sich auch der *Ribolla Zuc di Volpe*, mit Wildkräuteraromen und einer zitrusfrischen Säurestruktur, eine angenehme Hausstilistik, die auch im formidablen *Tocai Friulano*, dem *Pinot Bianco* (weiße Rosen, gelbe Ribiseln) und dem cremigen *Chardonnay* (große Struktur, elegant) zu finden ist.

Der hervorragende *Cabernet Zuc di Volpe*, aus 90 % Cabernet Sauvignon und 10 % Cabernet Franc, stammt aus den älteren Rebbeständen der Azienda, ebenso der *Refosco dal peduncolo rosso* mit der typischen Charakteristik nach schwarzem Pfeffer, Brombeeren und Lakritze.

Der 100 % *Merlot Focus* ist das Ergebnis einer Zusammenarbeit mit dem Merlotspezialisten Riccardo Cotarella, einem der begnadetsten Önologen Italiens: eindrucksvoll tiefe Farbe, reife Amarenakirschen, süßer Kakao, rote Rosen und Lakritze im Duftspiel, mächtig, weiche Tannine, Weichheit und Cremigkeit.

Die Einstiegsweine sind oftmals besser als anderswo die Lagenweine. Gerade der meistproduzierte Wein des Gutes, der *Pinot Grigio Grivò*, besticht durch eine unglaubliche Konstanz, die der Gambero Rosso mit dem Weinoscar für einen der besten Preis/Leistungsweine Italiens würdigte.

Ähnlich wie der Stern der Fellugas am Weinfirmament des Collio leuchtete, strahlte der von Onorevole Gianpaolo Volpe Pasini Anfang der 70er Jahre in den Colli Orientali und setzte Maßstäbe für eine ganze Generation von Winzern.

Das historische Weingut lieferte Picolit schon an die Päpste, die Zaren des 18. und 19. Jhs. und an den Hof Maria Theresias. Mit dem spektakulären Weißwein „Roverelle" machte das alte Adelsgeschlecht der Volpe Pasini erstmals auf sich aufmerksam – es war eine der ersten weißen Cuvées Italiens, die ausschließlich in Barriques ausgebaut wurde. Die Weingartenflächen wurden terrassiert und durch terroirspezifische Unterscheidungen eine neue Kategorisierung ermöglicht.

Die herrschaftliche Villa aus 1596, umgeben von weiteren Gebäuden, Parkanlagen und einem kleinen Weingarten aus Ribolla Gialla wurden ebenso renoviert wie die Kellereianlagen. 7 wunderschöne Appartements in der Villa, wunderbar ruhig in einem 20.000 qm großen Park gelegen, laden zum Verweilen ein. Der Tod des Patriarchen und die Fortführung durch seinen Sohn Diego stürzten das Gut in eine tiefe Krise, aus der es sich wirtschaftlich aus eigener Kraft nicht mehr erholen konnte. Erst als Emilio Rotolo, ein kalabresischer Mediziner, das Gut erwarb, zeigte die Erfolgskurve wieder steil nach oben.

Die anfänglichen Akzeptanzprobleme – er kam ja aus Süditalien – meisterte der charismatische Qualitätsfanatiker durch die Brillanz der „neuen" Weine, die nach wenigen Jahren auch die größten Zweifler überzeugten.

Der Absatz der rund 300.000 Flaschen geht bis zu 50 % ins Ausland, vor allem innerhalb Europas und natürlich in die USA.

RONCHI DI CIALLA

Cialla de Prepotto
Tel. 0432/731679
E-Mail: info@ronchidicialla.com
www.ronchidicialla.it

WEINTIPPS:

Schioppettino: Die lange Lagerung wird belohnt mit einem rubinroten, charaktervollen Wein mit Anklängen an Unterholz und schwarzen Pfeffer, saftig im Antrunk, mit schöner Frische und weichen präsenten Tanninen.

Der *Refosco dal peduncolo rosso* zeigt violette Reflexe im Glas, weicher warmer Duft nach Brombeeren und Gewürzen, stoffig mit Eleganz und Nerv.

Der *Picolit* von Ronchi di Cialla ist ein Ausnahmewein seiner Gattung. Kandierte Früchte, getrocknete Marillen und Akazienhonig in der Nase – ein Edel-Süßwein von großer Struktur, Persönlichkeit und anhaltend langem Abgang. Die vollreifen Trauben werden bis in den Dezember hinein getrocknet. Langsame Fermentation und lange Reifung in Barriques sind Standard.

Im philosophischen Gegensatz dazu steht der quietschvergnügte und unkomplizierte *Ciallabianco* – ein säurebetonter, junger Weißwein aus großteils Ribolla Gialla mit Verduzzo und Picolit, der einfach nur Spaß macht.

Paolo und Dina Rapuzzi führten vor ca. 30 Jahren eine große Olivetti-Niederlassung in Cividale – bis die beiden Freidenker die gesicherte Existenz gegen das Weinabenteuer Cialla tauschten und damit einen lang gehegten Traum verwirklichten.

Das größte Risiko bestand dabei in der Besinnung auf die damals schon fast vergessenen Rebsorten wie den Refosco oder den Schioppettino. Die friulanischen Weinbauern suchten in dieser Zeit ihr Heil in internationaleren Sorten – nicht so die Rapuzzis, die genau das Gegenteil von dem pflanzten, was am Weinmarkt gerade als „in" galt.

Das heutige 16,5 ha große Musterweingut hat viel dazu beigetragen, dass 1985 das Ciallatal als eine von drei Unterzonen innerhalb der DOC Colli Orientali del Friuli anerkannt wurde – Bestätigung einer Arbeit, die 1977 mit dem ersten Jahrgang des Schioppettino begann. Als einer der Ersten Italiens versuchte man sich hier auch im Ausbau von Weißwein in Barriques.

Heute steht Ronchi di Cialla für große autochthone Weine, strukturiert und von enormer Lagerfähigkeit, mit Hauptaugenmerk auf dem Schioppettino, der sich wie kein anderer Rotwein der Gegend für lange Lagerung und Reife eignet.

Bei allen großen Weinen von Cialla wird nur ein Teil der Weine sofort verkauft. Der Großteil lagert am Weingut bis zur optimalen Trinkreife, daher gibt's hier auch immer große ausgereifte Weine ab Hof zu kaufen.

DARIO COOS
Via Ramandolo, 5
Nimis
Tel. 0432/790320
E-Mail: info@dariocoos.it
www.dariocoos.it

Coos ist schon seit nunmehr 5 Generationen ein besonderes Weingut. Auf nur 7 ha werden edle Süßweine gekeltert, mit großem Wissen um die Eigenheiten der Böden und des Klimas. Die alte Weisheit „Jeder hat die Traube, die er verdient" gereicht den Coos zur Ehre, denn ihre Trauben gehören stets zu den besten der Region. Nun liegt die Azienda in den Händen von Dario, der Tradition mit moderner Technik, neuem Keller und neu strukturierten Weingärten bereichert hat. Sein *Picolit* z.B. hat in den letzten Jahren enorm zugelegt und ist sehr raffiniert und elegant geworden. Er präsentiert sich im Duft mit großer Finesse und Komplexität in einem Konzert von Honig, kandierten Zitrusfrüchten und Karamell.

Der *Ramandolo Romandus* aus Verduzzo Friulano besticht mit seinem raffinierten, süßlichen Duft nach Orangenschale, Karamell und Datteln. Sehr fett am Gaumen, fast seidig, mit langem Nachhall.

Der „normale" *Ramandolo*, ausgebaut in Eichen- und Akazienhölzern, ist ein verlässlicher Edel-Süßwein: Intensives goldgelb, süßer, sauberer, eleganter Duft nach Bratäpfeln, gerösteten Mandeln und Marillen. Süß, aber durch die schöne Säurestruktur nicht pappig.

LA RONCAIA
Via Verdi, 26
Cergneu – Nimis
Tel. 0432/790280
E-Mail: info@laroncaia.com
www.fantinel.com

La Roncaia ist ein relativ junges Mustergut aus dem Jahr 1998 und gehört der Familie Fantinel. Für die gut 22 ha zeichnete in der Anfangsphase der ungarische Önologe Tibor Gal verantwortlich. Er verunglückte leider in Südafrika, die bestechende Qualität seiner Weine ist jedoch unvergänglich. Marco Fantinel investiert nach wie vor, mehr als 600 Tonneaux und Barriques zeugen von gewaltigen Dimensionen.

Topwein ist der *Picolit,* der aus dem größten zusammenhängenden Picolit-Weinberg (6,5 ha) bei Attimis stammt, dicht gefolgt vom edelsüßen und besonders dichten Ramandolo aus 100 % Verduzzo mit seinem typisch-zarten Tanninschleier.

La Roncaia lässt sich jedoch nicht nur auf Süßweine reduzieren:

Der *Bianco Eclisse* aus Sauvignon und Picolit wird schon im Duft von Sauvignon beherrscht: grüne Paprika, Holunder und Pfirsich.

Bei den Rotweinen gefällt vor allem der aromatisch-würzige *Refosco* mit weichem Tannin und perfekter Ausgeglichenheit.

RONCO VIERI
Strada interpoderale della Maddalena
Ramandolo, Nimis
Tel. 0432/904726
E-Mail: roncovieri@libero.it

Was hier produziert wird: Ramandolo, Ramandolo und Ramandolo. Und dann noch Picolit und Refosco. Auf diese drei Weine haben sich die vier Önologen beschränkt, die hier gemeinsam einen erstklassigen, kraftvollen Ramandolo produzieren, der, wie es sich gehört, intensiv nach Marille und einem Hauch von Berghonig duftet. Alvano Morale und sein Sohn Stefano, Piero Pittaro und Trinco Pittaro haben sich darangemacht, sich hier auf 6 ha ihren Lebenstraum vom vollkommenen *Ramandolo* zu erfüllen. Gerade bei ihrem Spitzenprodukt, dem Ramandolo, kommen sie der Vorstellung von Perfektion recht nahe: Bratäpfel, ein Hauch Muskatnuss, Marillen und Marzipan. Ebenso exzellent der fruchtintensive *Picolit.* Weiters herausragend und gebietstypisch der ebenfalls fruchtbetonte *Refosco* mit seinen Würznoten nach Nelken und Lakritze.

AQUILA DEL TORRE
Fam. Ciani
Via Attimis, 25
Savorgnano de Torre, Povoletto
Tel. 0432/666428
E-Mail: info@aquiladeltorre.it
www.aquiladeltorre.it

Eingebettet in ein außergewöhnliches Mikroklima liegt die Azienda Aquila del Torre in einem natürlichen Amphitheater in Savorgnano del Torre. Gegründet wurde das Gut von der Familie Ciani, die auch das Projekt „Oasipicolit" zur Erhaltung und Dokumentation dieser speziellen Landschaft ins Leben gerufen hat. Mehr als 80 ha des Grundes hängen in einem Stück zusammen, der Großteil der Fläche ist von Wäldern gesäumt, doch bleiben noch immer 25 ha für Weinanbau, die die Önologen Marco Simonit und Pierpaolo Sirch geschickt zu nutzen wissen. Die enormen Investitionen der Familie Ciani in Weingärten und Keller zeigen deutlich erste Früchte:

Außergewöhnlich der *Picolit,* der neben Bittermandelnoten auch viel Frucht von der Marille und Quitte mitbringt. Der *Tocai Friulano Vocalis* (elegant, komplex) und der *Sauvignon Vocalis* (Holunder, Stachelbeere) zeugen vom Können der Weinmacher.

Der reinsortige *Merlot Vocalis* bringt durch den 14-monatigen Barriqueausbau viel Ausdruck mit.

TERESA RAIZ
Paolo, Alessandro und Riccardo Tosolini
Via della Roggia, 22
Povoletto
Tel. 0432/679556
E-Mail: info@teresaraiz.it
www.teresaraiz.it

Die Brüder Tosolino führten neben dem Weingut Teresa Raiz – benannt nach der Großmutter – die legendäre Grappabrennerei Camel gemeinsam. Nun ist Giovanni allein für die Destillerie zuständig, Paolo, der jetzt von seinen Lehrjahren bei Top-Winzern profitiert, für das Weingut.

Mit bescheidenen 4 ha begannen die ersten Tosolini'schen Weinbauschritte in Marsure di Povoletto. Heute gehören 13 Hektar im Grave und fast 7 Hektar in den Colli Orientali zum Gut der friulanischen Grappa- und Weinkönige. Der neue Stil der beiden Weinlinien präsentiert sich schwungvoll und erfrischend: Die *Marsure-Weine* wirken einladender, leichter, säurebetonter und süffiger denn je. Als Wein mit top Preis/Leistung brilliert der *Pinot Grigio,* dessen einladende Frucht mit elegant-cremigem Charakter gefällt. Aushängeschild in der „roten" Abteilung der Colli Orientali-Weine ist der *Decano Rosso,* ein barriquegeschulter Bordeauxblend mit viel roter Frucht und zartem Eichenholzflair.

COMELLI
Comelli Pierluigi
Via della Chiesa, 8
Faedis
Tel. 0432/711226
E-Mail: comelli@comelli.it
www.comelli.it

Pierluigi – genannt Pigi – Comelli, gelernter Jurist und Notar, brachte frischen Wind in die 14 ha Weinbaufläche seines Vaters. Anstelle wie hier üblich Verduzzo anzubauen, investierte er in Chardonnay, Pinot, Sauvignon und Tocai Friulano und versuchte sich erfolgreich an Rotweinen im Bordeauxstil. Im Friaul scheinen in den letzten Jahren die Weingärten immer gepflegter zu wirken als anderswo, doch Comellis Weingärten stechen nochmals heraus.

Die Arbeit mit verschiedenen Klonen, die dicht gesetzten Rebzeilen und die bedeutsamen Investitionen in den Keller haben sich gelohnt:

Von großartiger Struktur und Kraft ist immer der *Tocai Friulano:* strohgelb mit grünlichen Reflexen, florealen Noten, fruchtig mit zartem Minzetouch, Thymian und getrockneten Kräutern, perfekt harmonisch ausgeglichen mit zartem Bittermandelton im Finale.

Der *Pinot Grigio* (Holunder, gelbe Zwetschkenfrucht, Akazienhonig) wie auch der Merlot (kräuterwürzige Frucht, Amarena und Schwarzbeeren) sind Jahr für Jahr ganz vorne dabei.

Der *Bianco Locum Nostrum* aus Chardonnay, Tocai Friulano, Sauvignon ist anspruchs- und kraftvoll, viel Frucht wird von zarten Vanillenoten begleitet.

Die *Esprimo-Linie* ist als junger Wein für Einsteiger gedacht – aber nicht nur für diese!

L´Uva e le Stelle: Auch nächtigen kann man bei den Comellis – in den gepflegten Appartements des liebevoll renovierten friulanischen Landhauses wohnt es sich komfortabel und stilgerecht.

Chiosco al Ponte: Für den leichten Zugang zu Comellis Weinen und friulanischen Tafelfreuden sorgt die einfache Gaststätte in der Holzhütte an der Hauptstraße nach Cividale.

JACÙSS
Iacuzzi Sandro e Andrea
Viale Kennedy, 35/A
Torreano
Tel. 0432/715147
E-Mail: jacuss@jacuss.com
www.jacuss.com

Erst vor 10 Jahren beschlossen die Brüder Sandro und Andrea, sich mit ihrer Landwirtschaft mit den alten Kellergewölben zur Gänze auf den Weinbau zu konzentrieren und verhalfen auf ihren 10 ha den Stöcken mit reduziertem Schnitt zu besserer Qualität. Mit großem Erfolg produziert man die klassischen Rebsorten der Region und vor allem den *Picolit,* der quasi als Symbol für die Azienda fungiert: Er gibt sich goldgelb mit ocker Reflexen, warmem Duft nach getrockneten Feigen, Bratäpfeln, reifen Marillen, Rosinen und einem Hauch Karamell.

Außerdem: *Tocai Friulano* (Birne, Kräuter), ein nobler *Pinot Bianco,* bis zu 10 % in neuen Allier-Eichhölzern ausgebaut, natürlich die roten, lokalen Kuriositäten wie der tanninstrenge und oftmals schwierig zu produzierende *Tazzelenghe,* der *Schioppettino* und der *Refosco dal peduncolo rosso,* der mit mächtigem Tannin, aber auch durch viel Würze auffällt.

Für den Stil des Hauses besonders repräsentativ ist der *Rosso Lindi Uá* aus Merlot, Cabernet Sauvignon, Cabernet Franc und Refosco.

DAVIDE MOSCHIONI
Via Doria, 30
Cividale del Friuli, Loc. Gagliano
Tel. 0432/730210
E-Mail: vinimoschioni@libero.it

Michele Moschioni wird als exzentrisches Genie mit Prinzipien gehandelt – Pestizide und Filtration sind für ihn z.B. kein Thema. Er produziert nur geringe Mengen aus seinem 11 Hektar großen Gut, das er bereits von Vater Davide übernommen hat. Wurden früher noch Rot und Weiß im Verhältnis 50:50 produziert, haben jetzt die Roten das Sagen. In den dunklen Kellerräumen schlummern sie ohne Zeitdruck ihrer optimalen Trinkreife entgegen.

Seine autochthonen Rotweine sind extrem konzentriert und robust wie z.B. der außergewöhnliche *Pignolo,* dessen Trauben teilgetrocknet werden und der ca. 2 Jahre in Barriques liegt. Kräftig im Tannin und im Alkoholgehalt (15,5 %!) entspricht er einem modernen

Amarone, mit dem ihn auch geübte Gaumen bei Blindverkostungen leicht verwechseln: Anklänge an Trüffel, Tabak und Cassis, enorm stoffig und samtig-weich.

Der *Rosso Celtico* aus Merlot und Cabernet Sauvignon glänzt mit einem kräftigen Rubinrot. Goudron (Teer) und rote Waldbeeren charakterisieren die Nase. Am Gaumen sehr fein, warm und rund in perfektem Austausch von Kraft und Weichheit.

Von schöner Machart zeugen auch der *Schioppettino* und der *Refosco dal peduncolo rosso* mit weichen Tanninen und seinem einschmeichelnd-weichem Bouquet nach Cassis und Brombeeren.

Weiß: Noch immer sehr begehrt ist der *Picolit* (Datteln, Milchschokolade).

DAL FARI
Renzo und Laura Largajolli Toffolutti
Via Darnazacco
Gagliano di Cividale
Tel. 0432/706726
E-Mail: vini@dalfari.com
www.dalfari.com

14 ha Weinberge umfasst die Azienda Dal Fari, die nun auch über ein komfortables Gästehaus verfügt. Renzo Toffolutti hat mittlerweile die Leitung in die Hände seiner Frau Laura gelegt.

In der modernen, in den Hang gebauten Kellerei ist man Verfechter modernster Technologien. Ab dem Jahrgang 2002 sind die großen Investitionen auch wirklich spürbar: Der *Schioppettino Rutilum* ist alternativer und moderner geworden, er präsentiert sich elegant geschliffen, weich, rund und voller Extrakt. Die Aromatik nach Gewürzen, Tabak, Pfeffer und Kaffeenoten wird von Waldbeerenaromen begleitet.

Der beste Weißwein des Gutes ist der *Bianco delle Grazie* aus Chardonnay, Sauvignon, Tocai und Riesling. Die Hälfte des Chardonnayanteils vergärt in Barrique, die dadurch gewonnene Cremigkeit mit zartem Vanilletouch bildet den Unterbau des Weines. Der zarte Mandelton des *Tocai Friulano* sorgt für einen interessanten, zusätzlichen Aspekt. Der *Chardonnay Oro* ist ebenfalls eine barriquegeschulte Variante, die viel exotische Frucht (Banane, Ananas) aufweist und stoffig, aber überaus elegant wirkt.

Der *Rosso d'Orsone* (Cabernet Franc und Cabernet Sauvignon, Merlot, Schioppettino) gefällt mit den Aromen von Tabak, Vanille und Waldfrüchten. Neben den soliden Basisweinen (Pinot Grigio, Sauvignon, Merlot ...) konzentriert man sich nun auf die Produktion eines großen Picolits. Und wer Laura kennt, weiß, dass dieser Wein sicher außergewöhnlich wird.

RODARO
Paolo Rodaro
Via Cormons, 60, Spessa
Cividale del Friuli
Tel./Fax 0432/716066
E-Mail: paolorodaro@yahoo.it

Paolo Rodaro gehört zweifelsohne zu den Speerspitzen der Colli Orientali. Seine Weine folgen keiner Modeerscheinung, sondern der Typizität der Rebsorte, verbunden mit möglichst hoher Reife des Rebmaterials.

Schon das historische Gebäude der Rodaros verrät Tradition: Seit 1846 betreibt die Familie Weinbau, ursprünglich hauptsächlich für das kleine Familiengasthaus. Zur bäuerlichen Vergangenheit steht die Familie auch heute noch voller Stolz, auch wenn der Besitz inzwischen zum Mustergut geworden ist, das sogar mit einer Sammlung des naiven Malers Jacun Pictor aufwarten kann. Paolo selbst bezeichnet sich gerne als Bauer in Spessa! Seit Paolo Rodaro das Gut um die Liegenschaft „Conte Romano" erweitert hat, zählt es stolze 42 Hektar. Der *Ronc*, einer der besten Weißen der Region aus Pinot Bianco und Chardonnay, wartet in seiner aktuellen Fassung mit rauchig-floralen Duftnoten auf, vervollständigt von Banane und Ananas, weich-aromatisch, harmonisch-ausgeglichen am Gaumen endend.

In manchen Jahren bekommt er hausinterne Konkurrenz von einem betörenden Sauvignon aus der Selektion *Bosc Romain*, der auch schon im Gambero Rosso mit den begehrten 3 Gläsern geadelt wurde. Der *Merlot Romain* startet mit einem Auftakt nach Minze, eine Note, die oftmals in großen Pomerols zu finden ist. Deutlich merkbar die hohe Reife: balsamische Noten und großartige Länge. Ebenbürtig der *Schioppettino Romain*, der neben viel Power auch ausreichend Eleganz mitbringt und in seiner würzig-aromatischen Natur und unglaublichen Konzentration gefällt.

Paolo versteht es nicht nur, die „einfachen" Rebsortenweine, wie den fantastischen *Tocai Friulano* (Heublumen, zarter Mandelton), zu vinifizieren, sondern hat auch eine sichere Hand für edelsüße Weine, wie den Verduzzo Friulano *Pra Zenar* und einen exemplarischen *Picolit* (tolle Länge, fantastisches Finale), der gut 12 Monate in Barriques weilt und seinem königlichen Mythos alle Ehre erweist.

IL RONCAL

Zorzettig Roberto Eredi di Moreale Martina
Via Fornalis, 148
Cividale
Tel. 0432/730138
E-Mail: info@ilroncal.it
www.ilroncal.it

Ein zauberhaftes Anwesen inmitten von 20 ha Weinbergen auf dem Montebello unweit der Rocca Bernarda. Ein Glück für Gäste, dass auf der kleinen, gepflegten Azienda an einem der schönsten Flecken der Colli Orientali auch sieben komfortable Doppelzimmer mit traumhafter Aussicht auf die Weingärten zum Verweilen einladen.

Als Winzer setzen die Zorzettigs wie viele Friulaner auf eine Symbiose zwischen Tradition und Fortschritt.

Der *Pinot Grigio* (viel Frucht, frischer Duft) wurde erst 1996 mit mehr als 5000 Setzlingen pro Hektar gepflanzt.

Die weiße, vollmundige *Cuvée Ploe di Stelis* (Chardonnay/Riesling/Sauvignon) wird zu 70 % in Barrique ausgebaut und behauptet sich besonders gut zu Friulaner Wurst, reifem Montasio und Prosciutto.

Von hoher Klasse auch der *Ribolla Gialla*, wie auch der *Sauvignon*, ebenso der rare *Pignolo* (besonders späte Lese, mineralische Noten, 14-monatiger Barriqueausbau). Lakritze, Goudron (Teer), Tabak und Bitterkakaonoten prägen das Duftspiel des potent-robusten *Schioppettino*. Die rote Haus-Cuvée *Rosso Civon* aus Schioppettino und Refosco d.p.r. gibt bei süßen, weichen Tanninen kräuterwürzige Noten, untermalt von schwarzem Pfeffer und roten Waldfrüchten, preis.

ERMACORA

Dario und Luciano Ermacora
Via Solzaredo, 9
Ipplis di Premariacco
Tel. 0432/716250
E-Mail: info@ermacora.it
www.ermacora.it

Schon vor einigen Jahren stand der Entschluss der Brüder Ermacora fest: Der größte Wein des Gutes müsse der Pignolo sein! Schon die Premiere mit dem Jahrgang 1999 geriet zu einem Triumph, der von den Nachfolgern durchaus getoppt wurde und an Kraft, Eleganz und Lagerfähigkeit noch zulegen konnte. Am Fuß der Hügel von Rocca Bernarda liegt das propere Gut von schlichter, bäuerlicher Schönheit der Brüder Dario und Luciano. Ursprünglich war es ein Bauernhof, erst in den 60er Jahren hat sich die Familie auf den Weinbau spezialisiert. Seit 1982 werden 18 ha bewirtschaftet, neu ist die moderne Kellerei, in der ansprechende und klare, saubere Weine voller Persönlichkeit entstehen.

Die Palette der neben dem großartigen *Pignolo* angebotenen Weine ist groß und reicht vom *Verduzzo* (kernigsüß), *Picolit* (komplex, pralle Frucht, Orangenmarmelade und Pfirsich), *Pinot Bianco* (eine ganze, blühende Sommerwiese, duftende Weißbrotkruste) über *Sauvignon* (reife, fleischige Paprika, Holunderblüte) bis hin zu einem tanninbetonten *Rosso Riul*, der schon aufgrund seiner Zusammensetzung aus Refosco, Merlot und Cabernet Sauvignon charaktervolle Züge aufweist.

Von mächtiger Persönlichkeit auch der *Merlot*, dessen Fruchtspiel nach Brombeeren, Cassis und reifen Weichseln zum Genießen einlädt.

SCUBLA
Scubla Roberto
Via Rocca Bernarda, 22
Ipplis Premariacco
Tel. 0432/716258
E-Mail: info@scubla.com
www.scubla.com

Roberto Scubla, einst Banker, jetzt Winzer aus Leidenschaft, macht seit Jahren Weine großer Klasse. Sein Gut in den begnadeten Hügeln um Rocca Bernarda hat sich seit 1991 prächtig entwickelt: Neue Rebkulturen wurden gepflanzt – insgesamt sind es jetzt ca. 11 Hektar. Das historische Herrenhaus auf dem Hügel wurde restauriert, der unterirdische Keller bietet mit seiner konstant bleibenden Temperatur beste Voraussetzungen für die Fassreifung großer Weine wie den *Rosso Scuro*, ein Uvaggio aus Merlot und Cabernet Sauvignon (Amarena, rote Rosen, rund, perfekt eingebundene Noten von französischen Hölzern), aber auch die weiße *Cuvée Pomédes* (Pinot Bianco, Tocai, Riesling Renano), deren Komponenten separat vergoren werden und nach langem Hefekontakt zu einem exotischen, mit Vanilleflair untermalten Weißwein assembliert werden.

Verduzzo Friulano *Cràtis*: Die Trauben werden auf Gittern den Bora-Winden ausgesetzt und werden so in kalter, trockener Luft getrocknet. Noch vor Weihnachten werden die Trauben gepresst und in Barrique ausgebaut. Tipp: Der 2004 ist besonders ausgezeichnet! Die Beratung des genialen Önologen Gianni Menotti merkt man auch in einem kraftvollen *Tocai Friulano* sowie im duftverspielten *Pinot Bianco*.

BASTIANICH
Joseph und Lidia Bastianich
Via Darnazzacco, 44/2
Gagliano - Cividale del Friuli
Tel. 0432/700943
www.bastianich.com

Joseph, in den Staaten geborener Sohn der Italienerin Lidia, machte in New York mit etlichen italienischen Restaurants Furore, bevor er sich mit Gütern in Argentinien und in Italien selbst der Wein- und Olivenölerzeugung widmete. Bekannt ist er durch preisgekrönte Weinführer und Auftritte auf NBC.

Seit 1997 sind Joe und Lidia Eigentümer der vor allem im Ausland bekannten Azienda Bastianich. Valter Scarbolo (siehe Weingut S. 70), assistiert von Maurizio Castelli aus der Toscana, ist das önologische Mastermind des Gutes. Unter ihrer Regie entstehen so großartige Weine wie z.B. der ungewöhnliche *Tocai-Plus*, ein „Grande Tocai" mit einem wahren Turbo-Plus-Effekt: kräftiges Strohgelb, opulenter Duft mit „warmen" Fruchtnoten, Almheu und Rosmarin. Außergewöhnlich auch im Geschmack, fast fett, aber auch saftig-frisch und dennoch einladend harmonisch (10-monatiger Ausbau in Stahltanks, 1 Jahr Flaschenreife).

Der *Vespa Bianco* (Chardonnay, Sauvignon und 10 % Picolit) ist intern seine größte Konkurrenz: Dem Glas entströmen Fruchttöne nach gelbem Paprika, aromatischen Kräutern und einem Hauch exotischer Frucht. Am Gaumen samtig weich mit einladender Frische.

Ungewöhnlich fürs Friaul der fruchtintensive und „rotweinige" *Rosato* aus 100 % Refosco.

Der rubinrote *Vespa Rosso* ist eine Cuvée aus Merlot, Cabernet Franc und Refosco. Zigarre, Brombeer, Bitterkakao und Lakritze charakterisieren das eigenwillige Bouquet. Wie auch der rote *Calabrone* (nur in besonderen Jahrgängen!) verfügt er über weiche, sanfte Tannine, eine saftig-einladende Fülle und einen Anteil von kostbarem Pignolo.

LA TUNELLA
Zorzettig Massimo e Marco
Via del Collio, 14
Ipplis di Premariacco
Tel. 0432/716030
E-Mail: info@latunella.it
www.latunella.it

Nahezu 80 Hektar gehören heute zu La Tunella – Livio Zorzettig brachte das Gut zur Blüte, dessen Söhne Massimo und Marco halten nun gemeinsam mit der Mutter erfolgreich die Zügel in der Hand. Sie haben die Azienda, die Weine und das Marketing von Grund auf modernisiert.

Die Zorzettigs keltern einerseits klassische Weißweine wie den Sauvignon, Chardonnay (Zitrusfrucht, weißer Pfirsich, Banane) und Pinot Grigio (Apfel und Quitte), die zur Erhaltung ihrer Typizität, Eleganz und Feinheit in Stahltanks ausgebaut werden.

Anderseits gibt es die anspruchsvolle Serie *Le Selènze*: gewonnen aus Tocai für den *Friulano Selènze* (floreal, Birne, Bittermandel) und aus Ribolla Gialla für den *Rjgialla Selènze*.

Bei den großen Weißwein-Cuvées gefällt der *Campo Marzio* zu je 50 % aus Tocai und Ribolla Gialla (18 Monate in französischer Eiche).

Die roten Klassiker *Pinot Nero*, *Merlot* und *Cabernet Franc* reifen teils in Tonneaux und teils in gebrauchten Barriques. Der stoffige *Schioppettino* und der charaktervolle *Refosco* d.p.r. firmieren unter der Linie *Le Selènze*. Ein Erlebnis die Cuvée *L´Arcione* aus gleichen Teilen Pignolo und Schioppettino, wie auch die drei fruchtintensiven Edelsüßen *Verduzzo Friulano*, *Picolit* und der noble *Noans* aus Riesling, Sauvignon und Traminer.

ROCCA BERNARDA
Paolo Dolce
Via Rocca Bernarda, 27
Ipplis di Premariacco
Tel. 0432/716914
E-Mail: info@roccabernarda.com
www.roccabernarda.com

Die aristokratische Rocca Bernarda, gegründet 1567 und seit dem Tod des letzten Perusini 1977 im Besitz des Malteserordens, hat nach dem Abgang des Impulsgebers Mario Zuliani wieder einen Topmann an der Front, den Önologen Paolo Dolce.

Hier hatte der süße, kostbare Picolit seinen Ursprung, pflanzte doch zu Beginn des 19. Jahrhunderts Giacomo Perusini die ersten Weinstöcke. Der Picolit ist heute noch der wichtigste Wein des Gutes von überwältigendem Ruf: Er brilliert in Goldgelb, mit raffiniertem, süßlichem Duft nach Orangenschale, Marillenmarmelade, Würznoten nach gelbem Paprika. Weich und süß im Geschmack, beeindruckend. Auf den Ausbau im Stahltank folgt ein 15-monatiger Ausbau in Barriques, der ihm einen Hauch von gebrannten Haselnüssen verleiht.

Andere Weine sind darüber sind nicht zu vergessen: Neben einem füllingen *Pinot Grigio* und mediterran anmutenden, kräuterwürzigen *Ribolla Gialla* ist besonders der *Merlot Centis* von bemerkenswerter Machart: Er stammt von den ältesten Merlot-Weingärten rund die Rocca. Dieser Powerwein, ausgebaut in französischen Hölzern, besticht mit einem Duft nach Amarenakirschen, Johannisbeeren und Schwarzbeeren, kompakt am Gaumen, viel Klasse und Persönlichkeit.

Ebenso qualitätsvoll sein weißes Pendant, der *Bianco Vineis*, der hauptsächlich aus Tocai Friulano mit kleinen Anteilen an Sauvignon und Chardonnay besteht.

VIGNA PETRUSSA

Hilde Petrussa Mecchia
Via Albana, 47
Prepotto
Tel. 0432/713021
E-Mail: info@vignapetrussa.it
www.vignapetrussa.it

Hilde Petrussa Meccia kehrte mit ihrem Mann nach vielen Jahren im Veneto auf das nur 5 Hektar große Weingut in Albana zurück, um die Familientradition fortzusetzen.

Als Präsidentin der Associazione Produttori di Schioppettino di Prepotto hat sie sich um die Weiterentwicklung und Verbreitung dieser lokalen Rebsorte verdient gemacht, dem Schioppettino sind auch ihre eigenen Weinberge in erster Linie gewidmet.

Petrussas *Schioppettino*trauben werden bis zu 40 Tage angetrocknet, das Ergebnis nach 16 Monaten im Holz zeigt intensive Würzigkeit und lang anhaltendes Finale.

La Richenza, eine weiße Cuvée aus Trauben der ältesten Rebstöcke, ist nach einer langobardischen Prinzessin benannt. Der Wein erweist sich seines Namens würdig, ist er doch ein Kind edler Rebsorten: Tocai Friulano, Riesling Renano, Malvasia Istriana, Verduzzo, Picolit.

Schon in der Nase ist er von sonnigen, aromatischen Noten geprägt.

Der *Picolit* wächst hier auf den sonnigen Hängen des Santo Spirito, nachgetrocknet in kleinen Holzsteigen. Ausgebaut in Eichenfässern entwickelt er einen intensiven Geruch nach Wiesenblumen und Akazien und ist von samtigem, weichem und süßem Geschmack, der in einer schönen Säurestruktur Rückhalt findet.

LA VIARTE
Ceschin Giulio
Via Novacuzzo, 51
Prepotto
Tel. 0432/759458
E-Mail: laviarte@laviarte.it
www.laviarte.it

1973 hat sich Giuseppe Ceschin auf 21 Hektar seinen eigenen Traum vom Frühling (Viarte auf Friulanisch) erfüllt. Mittlerweile hat er an Sohn Giulio übergeben, der weitere 6 ha kultiviert hat. Verkostet wird hier in einer eigenen Taverne. Ein Spitzenprodukt ist z.B. der Rói Rosso, eine preisgekrönte Kreation aus Merlot und Cabernet, die nur in den besten Jahren gekeltert wird.

Der neu geschaffene Süßwein *Siùm* (Traum) ist wahrlich ein Traum von Honigtönen und viel reifer Frucht, eingefangen in einer Cuvée aus Picolit und Verduzzo. Eine beachtliche – trockene – Cuvée aus Tocai, Pinot Bianco, Ribolla, Riesling und Chardonnay ist der *Liende Bianco* DOC, eine wahre „Legende" des Gutes: weiße Blüten, Apfel, Akazien und frisch gebackenes Weißbrot. Am Gaumen vollmundig, elegant und persistent mit einiger Struktur und Charakter.

Giulio brilliert aber auch mit autochthonen Kuriositäten wie dem aromatischen Schioppettino und dem tanninmarkanten, raren *Tazzelenghe*, der nur in den besten Jahren und durch absolute Ausreifung der Trauben gute Qualitäten bringt. Um die mächtigen Tannine zu zähmen, lagert er bis zu 2 Jahre in Barriques. Brombeeren, Marascakirschen sowie etwas Tabak und Holzflair charakterisieren den erdig anmutenden Wein, der strukturiert und zupackend am Gaumen beeindruckt.

LE DUE TERRE
Sivana Forte und Flavio Basilicata
Via Roma, 68/B
Prepotto
Tel. 0432/713189

Le Due Terre ist zu einer der Qualitätsspitzen Friauls geworden, seit Mitte der 80er führen Silvana Forte und Flavio Basilicata das Gut mit viel Gespür für die regionalen Besonderheiten. Schon der Name – zwei Böden, zwei Länder – vergegenwärtigt die Philosophie, nämlich die Vereinigung zweier Welten, zweier Regionen und zweier Menschen zu einer Idee, von Femininem und Maskulinem im Wein. Auch zwei Arten von Böden hat das Gut – aus Mergel der eine, aus Ton der andere.

Flavio war früher Berater in der Weinproduktion. Sein Ziel als Weinbauer ist es, einheimische Rebsorten und traditionelle Methoden lebendig zu erhalten und trotzdem modern anmutende Weine zu produzieren. Dem Refosco und dem Schioppettino gilt von jeher die besondere Aufmerksamkeit, die ihren schönsten Aus-

druck im *Sacrisassi Rosso* findet: rauchig untermalte, würzige Aromen, etwas reife Kirschen. Am Gaumen voll, rund und fleischig – ein Feuerwerk an Aromen und eine punktgenaue Tanninstruktur, die dem mächtigen Körper etwas einladende Frische verleiht.

Neben dem ungewöhnlich dichten Pinot Nero (Himbeere, Zwetschke, schwarzer Pfeffer, samtig-weich) glänzt der respektable reinsortige *Merlot* mit seiner seidigen Struktur und seiner erfrischend-eleganten Machart.

Der *Sacrisassi bianco* aus 70 % Tocai Friulano, Sauvignon und Ribolla Gialla verfügt über intensive, komplexe und elegante Aromen.

IOLE GRILLO
Anna Muzzolini
Via Albana, 60
Prepotto
Tel. 0432/713201
E-Mail: info@vinigrillo.it
www.vinigrillo.it

Die Tochter des Hauses, Anna Muzzolini, ist in die Fußstapfen ihres Vaters getreten und bearbeitet gemeinsam mit Pasqualino Casella die 9 Hektar Weinberge. Es ist ein ansehnliches Weingut mit Agriturismobetrieb, das schon mit der imposanten Toreinfahrt und dem schönen Innenhof Eindruck macht. Das Mikroklima, zu dem auch der Judrio beiträgt, tut den Weinbergen in Albana gut. Bei Grillo ist alles dem *Schioppettino* untergeordnet. Er spielt die Hauptrolle in einem Konzert toller Weiß- und Rotweine und auch bei den gut 2 ha Neupflanzungen wurde ausschließlich der lokale Star gesetzt. Der Grillo-Schioppettino geizt nicht mit einladendem Beerenduft, Tabaknoten, schwarzem Pfeffer, und mitunter gesellen sich weihnachtliche Aromen dazu.

Der *Bianco Santa Justina* aus Chardonnay, Malvasia und Ribolla Gialla gefällt mit seinem komplexen Bouquet, eine Duftfusion von Banane, Biskotten, Zimt und Haselnuss. Am Gaumen trocken, mit einem lebendigen Finale, frisch und aromatisch.

Der *Guardafuoco* aus 60 % Cabernet Sauvignon und 40 % Merlot stammt vom gleichnamigen Weinberg: rubin-granat in der Farbe, schon die Nase deutet auf einen hochkomplexen Wein hin, dessen Trauben lang mazeriert und für gut 24 Monate in Barriques ausgebaut wurden.

Grundsolide und blitzsauber die gesamte Produktion von Tocai Friulano, Sauvignon und *Pinot Grigio* über *Cabernet Franc* bis hin zu einem sehr einladenden *Picolit*.

PETRUSSA

Gianni und Paolo Petrussa
Via Albana, 49
Albana, Prepotto
Tel. 0432/713192
E-Mail: petrussa@petrussa.it
www.petrussa.it

Petrussa ist ein kleiner, handwerklicher Familienbetrieb mit viel Potenzial für große Weine. Natürlich ist bei Petrussa der Schioppettino die Nr. 1. Gianni und Paolo haben ein bequemes Angestelltenverhältnis gegen ein freies Winzerdasein eingetauscht und bearbeiten nun 10 Hektar Weinbaufläche mit mergeligem Hügelland und lehmigen, ebenen Flächen.

Neben dem Schioppettino gefällt auch der *Rosso Petrussa* aus Merlot, Cabernet und Schioppettino mit seiner warmen und mächtigen Struktur. Ein Wein, der Jahr für Jahr zunehmend an Potenz zulegt und dem reinsortigen Schioppettino aus dem gleichen Keller ordentlich Konkurrenz macht. Begehrt ist auch der *Bianco Petrussa* (aromatisch, mineralisch, tolle Frucht), eine Komposition aus Tocai Friulano und Chardonnay, zu gleichen Teilen, mit etwas Sauvignon.

Der *Pensiero* ist ein edelsüßer Weißwein aus der Verduzzo-Traube, der für 18 Monate in Barriques ausgebaut wird und oftmals das Glück hat, durch den seltenen Befall der Edelfäule an Konzentration und Struktur gewaltig zuzulegen.

RONCO DEI PINI

Claudio und Giuseppe Novello
Via Ronchi, 94
Prepotto
Tel. 0432/713239
E-Mail: info@roncodeipini.com
www.roncodeipini.com

Die Novellos bearbeiten Weinflächen in den Colli Orientali und im noch berühmteren Collio auf einem qualitativen Standard, der Respekt verdient: 7 Hektar in Prepotto, dem Gutssitz, und weitere 6 Hektar in Zegla.

Den Prinzipien des Vaters Vito folgend erzeugt Claudio Wein von überzeugender Qualität zu einem ehrlichen, erschwinglichen Preis. Auch wenn er sich der Tradition verpflichtet fühlt – immerhin macht die Familie seit 1863 Wein –, haben moderne Techniken Einzug gehalten, wobei die grundehrliche Haltung auch in den schnörkellosen Weinen spürbar wird.

Der *Tocai* ist außergewöhnlich gut, mit einem tiefen Duftspiel an grünen Äpfeln, Thymian, Lindenblüten und Pistazien. Der *Leucós Bianco* aus Pinot Bianco, Tocai Friulano und Verduzzo blitzt gelblich im Glas. Intensiv der Duft, der an gelben Pfirsich, reife Äpfel, Melonen und etwas Banane erinnert. Der Ausbau erfolgt in Tonneaux und Barriques aus französischer Eiche.

Der *Limes Rosso* ist ein großer Roter im Bordeaux-Stil, aus Cabernet Sauvignon (70 %) und Merlot (30 %) komponiert. Mittleres Rubinrot, der Duft weckt Erinnerungen an Zwetschke, Veilchen und Lakritze mit einem würzigen Hauch von Nelken und Muskatnuss. Am Gaumen bestätigt der edle Rotwein die Aromenvielfalt und begeistert mit weichem Tannin.

Steile Weingärten im Norden

Schon im Feber offenbart die Landschaft des „Dolce Nord-Est" dem Besucher überaus reizvolle Ansichten: Der schneebedeckte Rücken des Monte Musi im Hintergrund gibt eine hinreißende Kulisse für die schönen Villen und verfallenen Burgruinen ab, die hier vielerorts inmitten der dicht besiedelten Ebene, auf Hügeln und auf steilen Bergrücken für optische Highlights sorgen.

Hier heißt es, sich Zeit zu nehmen, denn die Reize dieser Ecke wollen erst erobert werden!

Tarcento

Von Gemona ist es nur ein Katzensprung nach Tarcento und Glustfüchse sollten hier erstmals auf die Bremse steigen: Der ansprechende Ort, der sich an die Bergflanken des Monte Bernadia schmiegt, wurde vom großen Erdbeben 1976 arg gebeutelt. Sein zentraler Park und die zahlreichen angrenzenden Cafés ziehen jede Menge Müßiggänger an, die bei einem feinen Espresso die Sonne genießen. Weinkenner wandern jedoch ein paar Schritte weiter in die Via Angeli, wo die Enoteca Tarcentina allerlei Feines aus der Welt der Weine und der Spirituosen aufzuwarten hat – und das in einer urgemütlichen Atmosphäre, die zum Verkosten und Verweilen einlädt.

Auch die Dichte an bemerkenswerten Lokalen ist groß: An der Ostseite des Ortes am Fluss Torre hat das Ristorante „Al Mulin Vieri" Berühmtheit erlangt, den Torre weiter flussaufwärts hat sich in einer engen Schlucht am Flussübergang mit der Trattoria „Da Gaspar" ein weiterer Dauerbrenner etabliert.

Und vor den Toren Tarcentos liegen in den Ortsteilen Segnacco und Ioneriacco mit dem „Al Gjal Blanc" und der romantisch-schönen „Osteria di Villafredda" zwei weitere gastronomische Offenbarungen.

Die reizvollen Naturschauspiele kommen angesichts der kulinarischen Versuchungen oft zu kurz – dabei wäre die Grotte von Villanova in der Gemeinde Lusévera durchaus einen Besuch wert!

Sie ist eine der bekanntesten Höhlen Italiens mit geheimnisvollen Grotten und weiß schimmernden Stalaktiten und Stalagmiten und kann in einem einstündigen Rundgang besichtigt werden.

Wer auf den Spuren des Weines wandelt, wird sich weiter in Richtung Nimis schlagen – und weiter ins Mekka aller Süßweinfans, nach Ramandolo.

EINKEHREN

Enoteca Tarcentino
Via Angeli, 6
Tarcento

Sehr schöne und gemütliche Enoteca, in der man gut hängen bleiben kann. Weine und Destillate, auch international, dafür fehlt manch großer Name der direkten Umgebung. Glasweise Verkostung, dazu kleine Happen.

Gleich daneben lockt ein Spezialitätengeschäft mit Käse und anderen Leckereien der Region.

Ristorante Al Mulin Vieri
Via di Molini, 10
Tarcento
Tel. 0432/785076
Im Winter Montagabend und Dienstag Ruhetag

Das beliebte Restaurant befindet sich am tief liegenden Flussufer des Torre, mitten in der Stadt. Vom Erdbeben 1976 wurden die alte Mühle und das Restaurant zerstört, das sich jetzt wieder in neuem Kleid präsentiert. Nette Sommerterrasse über dem Fluss. Kreative und anspruchsvolle Küche.

Trattoria Da Gaspar
Via Gaspar, 1
Zomeais, Tarcento
Tel. 0432/785950
Mo, Di Ruhetag

Die Straße vor dem Fluss Torre nach links ab führt zum Lokal in einer ehemaligen Mühle in einer engen Schlucht. Ein kleiner Balkon und eine Veranda eröffnen einen schönen Ausblick über den Fluss Torre. Gekocht wird köstlich deftig-regional, äußerst umfangreiche Weinkarte mit mehr als 300 friulanischen und italienischen Etiketten. Würste stammen aus hauseigener Erzeugung.

DAS WEINLAND

Das Gebiet von Ramandolo mit dem DOCG-Siegel ist der nördlichste Punkt friulanischen Weinanbaus und gleichzeitig eine der besten Lagen innerhalb der DOC Colli Orientali del Friuli. Der Verduzzo Friulano, hier Verduzzo Giallo oder Dorato genannt, erreicht hier eine ganz besondere Qualität. Die steilen Weingärten mit einem Gefälle von über 30 % schmiegen sich südlich ausgerichtet an den Monte Bernadia, der die Rebstöcke mit seinem mächtigen Massiv vor den kalten Nordwinden abschirmt. Bis zu 370 m Höhe wächst der kostbare Tropfen hier in schmalen Terrassen auf klassischen Mergelböden und trotzt sowohl den hohen Niederschlagsmengen als auch den großen Temperaturunterschieden zwischen Tag und Nacht. Gegen den häufigen Hagel werden oft Netze über die kostbaren Stöcke gespannt. Das Klima bringt eine späte Lese mit sich, die Traube kann lange am Stock bleiben. Die goldfarbenen Beeren werden anschließend getrocknet.

Der Verduzzo ist durch seinen hohen Tanningehalt ausgezeichnet lagerfähig und wird immer häufiger in Barrique ausgebaut (früher kamen dafür Fässer aus Kastanienholz zum Einsatz). Reifes Obst wie Marillen und Pflaume sowie würziger Berghonig prägen den Duft des Verduzzo, er hat einen kräftigen Körper und einen ausgeprägten Charakter und mundet vorzüglich zu deftigen Köstlichkeiten wie Bauchspeck und Salami, feiner Gänseleber, aber auch zu trockenen Süßigkeiten wie den Uessuz – Keksen aus Nimis – und Gubana.

Legendäre Weingüter wie Il Roncat von Giovanni Dri, der sich hier sein schnörkelloses Denkmal gebaut hat, Dario Coos oder Roncho Vieri widmen sich hier mit Hingabe dem Ramandolo und haben ihm zu dem Ruf verholfen, den er heute genießt.

Nimis und Ramandolo

Wer auf dem Weg zu Giovanni Dri die Straße weiter den Berg hinauf verfolgt, landet bald bei der Antica Osteria Ramandolo, die seit einiger Zeit Sergio Berra unter seinen Fittichen hat. Es gibt im Sommer keinen schöneren Ort, als auf der Terrasse unter Bäumen zu sitzen und hinunter ins Tal zu schauen – bei sehr klarem Himmel sogar bis zum Meer! Der leutselige Wirt schließt auch gerne die kleine, sagenumwobene Kirche auf, die von der Osteria bewacht wird – und außerdem serviert er deftig Friulanisches, Bodenständiges wie z.B. die traditionsreiche Bovada e muset (Schweine-Kochwurst mit Rübengemüse), aber auch vertrautere Köstlichkeiten, die sich unserem Gaumen vielleicht leichter erschließen …

Übrigens führt von hier eine kleine, kurvenreiche Straße den Berg entlang direkt nach Tarcento – eine nette Abwechslung, die recht drastisch die Steilheit der kleinen Weingärten vor Augen führt. Unten im Tal präsentiert sich Nimis als Hauptstadt des Ramandolo recht nüchtern und schmucklos – Stopps

---

Al Gjal Blanc
Via Alfieri, 18
Segnacco di Tarcento (wenige km südlich von Tarcento Richtung Tricesimo)
Tel. 0432/793260
Mo, Mi Ruhetag

Romantisches kleines Restaurant im hübschen Dorf Segnacco, bei der Kirche. Im kleinen Speiseraum brennt das Feuer, im Sommer finden vor der Türe ein paar Tische Platz. Der Empfang ist freundlich, die Karte ist klein, aber kreativ und umspannt Produkte aus Land und Meer.

La Balotarie
Via Natisone, 22
Loneriacco
Tel. 0432/784088

Schilder führen von der Hauptstraße zwischen Tarcento und Tricesimo die Hügel hinauf – in herrlicher Lage trifft man auf die recht große Trattoria mit dem etwas veraltet anmutenden Ambiente, in der man sommers schön im Freien und drinnen beim Fogolar Platz nehmen kann. Serviert wird bodenständige friulanische Kost.

Osteria di Villafredda
Via Liruti, 7
in Loneriacco zwischen Tarcento und Tricesimo
Tel. 0432/792153
Ruhetag Sonntagabend und Montag

Romantisches, verwachsenes Steinhaus auf historischem Boden, das man nicht verfehlen kann – es liegt gleich neben der Hauptstraße. Ein beliebtes Ausflugslokal für Einheimische und Weitgereiste: wunderbares ländliches Ambiente in verschiedenen Räumen, einer davon mit Fogolar. Im Sommer lockt die Laube. Spezialität sind Cjalcions, z.B. mit Topfen, Rosinen und Kräutern. Auf deutschsprachige Gäste ist man hier bestens eingestellt.

Die Salame „a punta di coltello", also aus handgehackter Wurstmasse, ist hier unvergleichlich!

EINKEHREN & EINKAUFEN

Trattoria RAMANDOLO
Sergio Berra
Via Ramandolo, 22
Nimis (UD)
Tel./Fax 0432/790009
E-Mail: info@osteriaramandolo.it

Grandiose Aussicht von Bergrücken aus, ein Kirchlein nebenan, bodenständige Küche und ein bemühter Wirt – bei Schönwetter nix wie hin und auf einen Verduzzo nicht vergessen!

I Comelli
Largo Armando Diaz, 8
Nimis
Tel. 0432/790685
E-Mail: info@icomelli.com

Ein stattliches Steinhaus mit einer gemütlichen Trattoria (nur Do–So geöffnet) und fünf Zimmern, sowie einem landwirtschaftlichen Betrieb mit eigenen Weinen, Grappa, Obst und Honig zum Einkaufen.

La Peschère
Via San Gervasio, 44
Nimis
Tel. 0432/797201
E-Mail: info@trattorialapeschere.com
Montag Ruhetag

Forellenzuchtstation außerhalb der Stadt, großes, freundliches Restaurant mit Terrasse und Garten und Kinderspielplatz rundherum. Spezialität sind natürlich Forellen. Im Winter geschlossen.

Destilleria Giacomo Ceschia
Nimis
Tel. 0432/790071
E-Mail: ceschia@udnettuno.it
www.ceschia.it

Die Brennerei mitten in Nimis wurde bereits 1886 gegründet und ist damit die älteste Friauls. Gründer Opa Giacomo wurde 105 Jahre alt, heute wird die Destillerie von der Enkelin Maria Barchiesi geführt. Spitzenprodukt ist der Grappa di Ramandolo, ganz nach der Tradition der Region.

lohnen sich aber jedenfalls bei der beliebten Enoteca Alla Vite in der Via Manzoni, 17 (Ausfahrt Richtung Tarcento), Winzern wie I Comelli mit dem schönen Agriturismobetrieb, La Roncaia und der Destilleria Giacomo Ceschia, der natürlich auch einen Grappa Ramandolo brennt und sich ältester Grappaproduzent Friauls nennt. Wem es nach frischen Forellen gelüstet, der ist im „La Peschère" am Ortsrand gut aufgehoben – Fischzuchtbetrieb und Trattoria haben sogar im Gambero Rosso lobende Erwähnung gefunden.

Weiter geht die Reise durch das schmucke Attimis mit dem Castello di Partistagno (Zufahrt ab Borgo Faris) und zwei weiteren Burgruinen der Grafen Attimis nach Faedis.

Faedis hat seine Bedeutung der Weinproduktion zu verdanken – z.B. dem nahen Gut von Paolino Comelli in Colloredo di Suffimbergo. In diesen Lagen gedeiht der Wein auch aufgrund der Höhe zu ganz besonderer Eleganz und Feinheit – und vielleicht hilft auch Gottes besondere Nähe durch das kleine Kirchlein aus dem 15. Jh. inmitten der Weinberge zu dieser Vollkommenheit? Jedenfalls ist das Klima im Vergleich mit anderen Lagen der Colli Orientali frischer, mit größeren Temperaturschwankungen und stellt besondere Ansprüche an die Trauben, die sich vielfältig im Aroma und mit ausdrucksstarker Persönlichkeit entwickeln.

Wohl fühlt sich hier jedenfalls der Verduzzo Friulano, der ja in Ramandolo seine gefeierte Spitze erreicht, ebenso der Picolit und ein Refosco-Klon namens Refosco di Faedis, der entweder getrocknet gepresst oder spät gelesen wird.

Gefeiert wird in Faedis übrigens häufig: Schon im Mai steigt das erste Weinfest, dann geht's weiter bis zum Kastanien- und Honigfest im Oktober. In Faedis steht auch die Ölmühle des Unternehmens von Gianni Zamarian, dem die Wiederbelebung der Olivenkultur in dieser Gegend zu verdanken ist.

Ein besonderes Kleinod und eine der exklusivsten Lagen der Colli Orientali liegt in Savorgnano di Torre, einem reizenden Ort mit einer überaus dekorativen Kirche im Zentrum, etwas südwestlich von Attimis: ein herrliches Amphitheater aus steilen Weingärten, „Podere del Sole" (Sonnenhof) genannt, das zum Gut Aquila del Torre der Familie Ciani gehört. In den Südlagen wächst ein außergewöhnlicher Picolit heran und auch die Reben des Verduzzo und Refosco fühlen sich wohl. (Anfahrt nach Wegweisern des Gutes Aquila del Torre in Savorgnano)

Die Landschaft beginnt nun ein anderes Gesicht anzunehmen: Die Straße schlängelt sich durch Wälder, über Hügel, die Strukturen werden ländlicher, Industrieanlagen spärlicher – und immer mehr Weinberge verdeutlichen, dass man hier mitten im besten Weinland Italiens ist, das durch die vielen bestehenden Wälder in bestem Einklang mit der Natur steht. Togliano di Torreano liegt schon kurz vor Cividale – es ist der Ort des Edel-Weingutes „Volpe Pasini", an dessen Mauern man zwangsläufig entlangfährt. In historischem Ambiente mit prächtigem Park kann man auch fürstlich übernachten.

Jetzt ist Cividale nicht mehr weit – die Stadt der Langobarden und der kulturelle Höhepunkt dieser Route.

Cividale

Es ist ein malerisches, sympathisches Städtchen mit einem mittelalterlichen Stadtkern voller enger Gässchen und alter Fassaden, hoch über dem steilen Flussufer des Natisone erbaut und von der Bergkulisse fotogen umrahmt. Die Kelten waren hier, Julius Caesar gründete dann das Forum Julii, später Civitas Austriae genannt – die Stadt im Osten. 568 kamen die Langobarden aus dem Norden und erhoben Cividale zu ihrer Hauptstadt. Auch die Patriarchen, denen es in Aquileia zu ungemütlich wurde, hatten hier lange ihren Sitz. Der Stadt hat es gutgetan – schmucke Paläste und Kunstwerke sind bis heute erhalten.

Dem Weingenuss kann man hier auch ganz gut frönen – in den Enotece kann man sich vorzüglich durch die regionalen Spezialitäten durchkosten. Einen Bummel über den Corso G. Mazzini und die Piazza Paolo Diacono sollte man aber schon einplanen – und vielleicht auch einen Blick in den winzigen Langobardentempel, in dem einzigartige, wie Spitze wirkende Stuck-Dekorationen von höchster Kunstfertigkeit zu sehen sind. Und dann noch einen Sprung in den Dom und durch das Seitenschiff ins Museum Cristiano mit dem berühmten Altar des Ratchis, einem Langobardenkönig des 8. Jhs., ...

Geschichte und Monumente sind also allgegenwärtig in Cividale, aber auch kulinarisch gibt's eine Besonderheit, sind Cividale und das Natisonetal doch Heimat der Gubana, jenes Germteig-Kuchens, der im Kärntner Reindling seine österreichische Entsprechung gefunden hat und gerne in Grappa getränkt wird. Die Grappaproduktion hat in der Gegend um Cividale übrigens eine lange Tradition: Ende des 19. Jhs. wurden um Cividale 150 Brennereien – und damit fast die Hälfte aller Brennereien der damals noch vereinten Provinzen Udine und Pordenone – verzeichnet, und in dieser Zeit wurde auch das heutige Destillerie-Flaggschiff der Region gegründet, die Brennerei Domenis.

Der Weg unserer Weinreise führt von Cividale nach Süden – wer Zeit und Lust für Seitensprünge hat, wende sich aber zuvor noch in die Täler im Osten, wo der Natisone auf seine Nebenflüsse trifft: Neben einer schönen Landschaft gibt es hier auch die Grotte San Giovanni d´Antro mit einer kleinen, in den Fels gehauenen Felsenkapelle zu besichtigen und natürlich die berühmte Wallfahrtsstätte Castelmonte, zu der der Weg von Cividale aus Richtung Slowenien führt, hinein in waldige, einsame Berge.

Chiosco al Ponte
Localita Ponte di Togliano
Torreano di Cividale
Tel. 0432/715327
Mo, Di Ruhetag

Gleich neben der Straße steht die gut frequentierte, sehr einfach ausgestattete Holzhütte mit einer Spielwiese und vielen Sitzplätzen im Garten, in der Giulietta schmackhafte friulanische Spezialitäten serviert. Bemerkenswert vor allem, dass man hier glasweise die Weine des hervorragenden Winzers Paolino Comelli probieren kann, als dessen Außenstelle das Lokal fungiert.

Sale e Pepe
Via Capoluogo, 19
Stregna (UD)
Tel. 0432/724118
Mo/Do/Fr-Abend geöffnet, Sa-So mittags und abends
Im Winter Freitagabend und Wochenende

Ein ganz besonderes Lokal mit besonders ambitionierten Wirtsleuten: Im Mittelpunkt steht die Küche der Natisonetäler. Oft sind es uralte Rezepte wie Kamillensuppe und Brennnesselknödel, welche die Chefin Teresa zeitgemäß und fulminant interpretiert. Das Lokal selbst ist familiär, einfach und einladend. Ein wenig Platz sollte man sich für den köstlichen Käse lassen, wie z.B. dem gemischten Primo Sale, den man mit einem Tropfen erlesenen Olivenöls genießt. Legendär die Mederjauka, eine Art Kamillensuppe, und die Brennnesselknödel.

EINKEHREN & EINKAUFEN
CIVIDALE

Enoteca de Feo
Via Ristori, 29
Tel. 0432/701425
www.enotecadefeo.it
Di Ruhetag, zwischen 15 und 17 Uhr geschlossen

Früher hieß das Lokal in einer kleinen Seitengasse bei der Piazza Paolo Diacono „Cantiniere Romano" – als „de Feo" gibt es sich jetzt modern gestylt. Ein heißer Tipp zum Einkehren – egal, ob auf einen Kaffee, zum Verkosten oder auf ein Klasse-Menü im kleinen Restaurant im ersten Stock. Das Angebot an Weinen ist riesig, die leckeren Happen, die auch als Kombination mit Weinen auf der Tafel stehen, verführerisch. Bei Schönwetter dehnt sich die Lokalität über den ganzen Vorplatz aus.

L´Elefante
Piazza P. Diacono, 21
Tel. 0432/700966

Der Elefant ist leicht zu finden, drückt er sich doch in eine Ecke der zentralen Piazza P. Diacono. Rustikal, gemütlich und – anders als es der Name verspricht – ganz klein, treffen sich hier die Einheimischen auf ihre Tajuts und schmausen dazu liebevoll arrangierte kleine Schmankerln. Die Auswahl an Weinen ist riesig und wenn es das Wetter erlaubt, wird auch der Elefant zum Giganten, der sich auf dem Platz vor der Haustür genüsslich ausbreitet.

Taverna Longobarda
Via Monastero Maggiore, 5
Tel. 0432/731655
Di-Abend und Mi geschlossen

In einem alten Gebäude mit großer Terrasse, viele Fleisch- und Wildgerichte.

Osteria Ai Tre Re
Via Stretta San Valentino, 29
Tel. 0432/700416
Di Ruhetag

Angenehme Atmosphäre, schilfbedeckter Innenhof und gute friulanische Küche mit internationalen Abstechern, dazu die passenden Weine. Spezialität: Gnocchi Ai Tre Re

Caffé Longobardo
Piazza Paolo Diacono

Am größten Café am prominentesten Ort kommt niemand vorbei: Auf der Piazza und im ersten Stock wird guter Kaffee serviert.

Destillerie Domenis
Via Darnazzaco, 30
Cividale
Tel. 0432/731023
www.domenis.it

Bekannte Traditionsbrennerei etwas südlich der Stadt, die jährlich an die 500.000 Flaschen produziert. Als einzige Brennerei Friauls bauen die Domenis auch selbst Brennanlagen – mit dem Vorteil, neue Ideen sofort umsetzen zu können!

Flaggschiff ist die Linie Storica mit mehreren Auslesen von der Classica bis zu Storica Ri-

In Richtung Süden erwartet uns eine überaus reizvolle Landschaft, in der rund um Gagliano, Ipplis und Spessa di Cividale stattliche Güter neuer Provenienz und erhabene historische Anwesen zwischen Weinbergen und Wäldern bezaubernde Akzente setzen – kurzum, ein Musterbeispiel einer friulanischen Kulturlandschaft, ein Ort, an dem einem das Herz aufgeht – Weinliebhaber hin oder her! Echte Friaul-Weinkenner brechen ja ohnehin zwangsläufig bei fast jedem Hinweisschild in Begeisterungsstürme aus – immerhin liegen hier so namhafte Güter wie Davide Moschioni, Dal Fari, Bastianich Ermacora, Scubla und viele mehr …

Ein besonderes Erlebnis ist die Fahrt zur Rocca Bernarda, deren historisches Gebäude – in vornehmem Sienarot gehalten – in einem prachtvollen Park mit jahrhundertealten Bäumen und kleinen, von Rosen umpflanzten Olivenbäumen liegt – auf der Kuppe eines Hügels wohlbemerkt, mit herrlicher Aussicht auf das umliegende Weinland und die Tiefebene. Einen besonderen Blickpunkt bildet die auf den höchsten Erhebungen einzeln gepflanzten Zypressen, die sich wie Kunstwerke gegen den Himmel recken. Die alte Zypresse vor dem Eingangstor wurde gar schon im Jahre 1567 gepflanzt und ist damit ein wahrer Methusalem – genauso wie manche der alten Picolit-Rebstöcke, die noch in den Gärten der Rocca stehen und bis zu hundert Jahre alt sind.

Zu St. Anna bei Spessa gehören die landschaftlich schönsten Weinberge der Gegend. Auch hier gleichen die Hänge einem Amphitheater, die markante Hügelkuppe ist von einem Pinienwald gekrönt, ein Kirchlein namens St. Anna darf auch hier nicht fehlen.

Der Bosco Ramagno, den die Römer bei ihren Bemühungen, Holz für ihre Flotten zu schlägern, wohl übersehen haben, ist ein beliebtes Naherholungsgebiet und setzt den naturbelassenen Gegenpart zu den kultivierten Weinbergen.

Obwohl kleinräumig, bietet diese Region doch unterschiedliche Bedingungen für den Wein. So punktet die Region um Fornalis vor allem mit Picolit und Verduzzo, stark vertreten in der Gegend um Sant´Anna und Bosco Romagno sind Tocai sowie Chardonnay und Pinot Grigio, die sich voll und gut strukturiert präsentieren. Bei den Roten empfiehlt sich der gehaltvolle Merlot und der Cabernet Franc.

Ciallatal

Hier liegt das Reich des Schioppettino: Das Ciallatal, keine 4 km lang und schmal wie ein Handtuch, reich an Kastanien, Buchen, Linden und Eichen – wilder und unzugänglicher als die liebliche Landschaft um Ipplis –, ist ein ganz besonderer Ort, der schon seit der Antike dem Weinbau gewidmet ist. In

Cialla, das in der Antike wegen seines Mikroklimas Cela (slawisch Riviera) hieß, wachsen sogar prächtige Olivenbäume.

Eine schmale Straße schlängelt sich über die Hügel, vorbei an steilen Weingärten, deren Kreszenzen würdig genug für ein eigenes Untergebiet der Colli Orientali, eben das „Ciallatal", sind. Den Trauben, die hier wachsen, ist ein hoher Säuregehalt zu eigen, den sie sich auch in Vollreife erhalten – damit sind sie keine Gewächse, die in ihrer Jugend besondere Genüsse bieten, Ciallaweine müssen lagern, sich entwickeln. Ob die ersten Weinstöcke von türkischen Gefangenen der Venezianer angebaut wurden, ist nicht bestätigt; fest steht aber, dass die heutige Generation der Winzer hier etwas vom Handwerk versteht – allen voran die Rapuzzis, mit dem Musterweingut Ronchi di Cialla, die maßgeblich daran beteiligt waren, dass die Region als eine eigene DOC-Lage anerkannt wurde.

SCHIOPPETTINO & CO

Die offiziellen Weine des Cialla sind der Picolit, der Ribolla Gialla, der Verduzzo Friulano, der Refosco dal peduncolo rosso und der Schioppettino – dem wir hier besondere Aufmerksamkeit zuwenden wollen, ist es doch die Rebe, die hier traditionell angebaut wurde, bevor sie in ernste Schwierigkeiten geriet und 1977 per Gesetz gemeinsam mit Pignolo und Tazzelenghe in den Weingärten verboten werden sollte. Er wuchs nur im Umkreis von wenigen km zwischen Prepotto und Cialla und war schon fast von der Bildfläche verschwunden, als die Rapuzzis und einige andere engagierte Winzer ihre – heute von Erfolg gekrönten – Rettungsversuche starteten. Eine moderne Interpretation der alten Rebsorte hat sich heute durchgesetzt: rubinrot, elegant, aber rassig mit Aromen von Beeren und Unterholz. Als echtes Cialla-Kind ist er natürlich ein Lagerwein, der seine Vollendung im Barrique findet.

Im Vergleich mit dem als „männlich" apostrophierten, eher ungehobelteren Refosco dal peduncolo rosso gibt sich der Schioppettino weiblich und anmutig. (Die spannende Vermählung der beiden, intensiv, vollmundig und fruchtig, ergibt den „Rosso di Cialla"!)

Hochburg des Schioppettino ist Prepotto mit einer starken Konzentration toller Winzer:

Le Due terre, Vigna Petrussa, Petrussa, Iole Grillo u.v.m. Wein macht auch das ansonsten wenig aufregende Dörfchen Prepotto aus. Mitten im Ort befindet sich das Mekka des Schioppettino-Kultes: die Enoteca und Trattoria dello Schioppettino da Mario. Die alljährliche Mostra Degustazione dello Schioppettino, zu der Wirt Marco Anfang Mai einlädt, ist eine Fundgrube für Freunde dieses edlen Tropfens!

serva und Stravecchia und Storica Riserva 10 Anni, ein weißer Grappa, der ca. 60 Monate in Eichenfässern ausgebaut wird. Auch biologische und sogar koschere Destillate sind bei Domenis im Programm.

Eine schöne Geschichte hat der Storica d´Uve, der durch Zufall „erfunden" wurde: Als ein Hagelschauer die Trauben beschädigte, musste das, was übrig geblieben war, rasch verarbeitet werden – und das war natürlich mehr von der Traube als der übliche Trester! Es entstand daraus das milde, delikate und kostbare Destillat, das wie Öl durch die Kehle rinnt.

Trattoria da Mario
Enoteca dello Schioppettino
Via XXIV Maggio, 16
Prepotto
Tel. 0432/713004
E-Mail: info@enotecaschioppettino.it
www.enotecaschioppettino.it
Ruhetag Mo und Di

Einkehr ist Pflicht, wenn man in der Gegend ist – genauso wie die traumhaften Schweinereien („maialata", Verschiedenes vom Schwein, dafür ist die Herrin der Küche, Gioia Buiatti, berühmt) und ein schöner Schioppettino dazu.

Wirt Marco widmet sich dem Edelprodukt dieser Region mit Inbrunst und richtet auch jedes Jahr zwischen Mai und Juni ein eigenes Schioppettinofest aus, an dem es bis zu 25 Sorten zu verkosten gibt.

GIROLAMO DORIGO

Via del Pozzo 5, Vicinale
Buttrio
Tel. 0432/674268
E-Mail: info@montsclapade.com
www.montsclapade.com

WEINTIPPS:

Dorigos *Pignolo,* einer der ersten großen Vertreter dieser Rebsorte in der Friaul überhaupt, hat in den letzten Jahren sein mächtiges Tanningerüst gegen ein Mehr an Frucht, Komplexität und Aromatiefe eingetauscht, mit Marascakirschen, Zwetschke und einem Hauch von Mocca in der Nase.

Sein berühmter *Montsclapade,* eine Cuvée aus Cabernet Sauvignon, Cabernet Franc und Merlot, (30 Monate in Barrique), ist zweifelsohne der bekannteste Rotwein des Gutes: Spektakuläres Bouquet, dass sich enorm im Glas entwickelt: rote Waldbeeren, Pfeffer, Muskatnuss, Biterkakao und Leder. Frech strukturiert mit präsenten Tanninen, macht er unheimlich Druck. Kräuterwürziges, mineralisches Finale.

Zum Repertoire gehören auch der seltenere Schioppettino und der außergewöhnlich dichte Refosco dal peduncolo - jeweils in zwei Versionen.

Mustergültig die Weißweine:

Pinot Grigio, Ribolla Gialla und Sauvignon folgen dem frischen, klassischen Typ mit viel Frucht und erfrischendem Säurerückgrat. Der Chardonnay vom *Ronc di Juri* hingegen ist ein burgundisch anmutendes Prachtexemplar: brillantes Goldgelb, explosiv in der Nase nach reifen exotischen Früchten, Butter, Vanille und gebrannter Haselnuss.

Ein ganz besonderer Genuss ist der wohl beste Spumante der Friaul "Dorigo Brut", der sorgfältig nach der Champagnermethode hergestellt wird und ganze acht Jahre braucht, um schließlich in perfekter Eleganz auf den Markt zu gelangen.

Dorigo ist einer der Pioniere, dem das Weinland Friaul die Renaissance seiner autochthonen Rebsorten zu verdanken hat: Ein Winzer aus Leidenschaft, der seinen erlernten Beruf als Steuerberater 1966 hinter sich gelassen hat, um sich ganz dem Wein zu widmen. Zwei mittlerweile legendäre Weinberge standen am Beginn seiner Karriere: Ronc di Juri in Buttrio und der Montsclapade in Premariacco, die er mit 10.000 Stöcken pro Hektar damals revolutionär dicht bepflanzte.

Girolamo ist der frankophilste Produzent Friauls: Er orientierte sich im Zuge vieler Prospektionsreisen stets an französischen Vorbildern, insbesondere dem Burgund und der Champagne, was ihm den anerkennungsvollen Spitznamen „Monsieur Dorigaux" eingebracht hat.

Seine Überzeugung lautet: „Weinqualität wird in erster Linie im Weinberg gemacht", und so stehen Klonenselektionen und die richtige Wahl der Polyphenolstrukturen im Mittelpunkt dieser Bemühungen. Mittlerweile haben seine Weine internationalen Ruf erworben und seine Azienda ist Fixstarter im Gambero Rosso-Ranking der 20 besten Weingüter Italiens.

Mittlerweile ist mit Sohn Alessio und Tochter Alessandra die nächste Generation in den 35 ha großen Betrieb eingestiegen – und es hat ganz den Anschein, als wäre der tüchtige Alessio sogar in der Lage, die herausfordernden Vorgaben seines Vaters noch zu übertreffen.

Sein Paradewein unter den Süßen ist wohl der unvergleichliche, rare Picolit – gewonnen aus Trauben, die zwei Monate auf Holzgittern angetrocknet werden, der kostbare Most wird dann in neuen Barriquefässern vergoren.

Großartig sind vor allem seine großen Rotweine, die nach französischer Weinkultur, aber mit einem unverkennbaren Touch feuriger Italianità erschaffen werden.

TORRE ROSAZZA

Genagricola - Generali Agricoltura s.p.a.
Piero Totis
Località Poggiobello, 12, Oleis
Manzano
Tel. 0432/750180
E-Mail: letenute@genagricola.it
www.torrerosazza.com

WEINTIPPS:

Natürlich gehört auch ein stilvoller Refosco dal peduncolo rosso und ein eleganter Pinot Nero, der *Ronco del Palazzo* (dunkles Granat, Himbeeren und Erdbeeren in der Nase, ausgeglichen und ruhig strömend, sehr sauber) ins Rotweinprogramm – allesamt in Barrique ausgebaut. *Bandaros* aus Merlot und Sauvignon Cabernet ist eine charaktervolle Cuvée mit Kirscharomen und Anklängen von Leder und Kaffee.

Nicht zu vergessen die Weißweinproduktion, die *Tocai Friulano, Ribolla Gialla, Pinot Grigio, Verduzzo, Picolit* (Kamille, weißer Pfeffer, Bratapfel, Eukalyptushonig) und andere mehr hervorbringt.

Bemerkenswert dabei die *Cuvée Ronco di Masieri* aus Pinot Grigio, Chardonnay und einem kleinen Anteil des kostbaren Picolit. Der Top-Weißwein der Azienda präsentiert sich besonders mineralisch mit einem Hauch von Vanille und Blüten, schöner Geschmeidigkeit und Saftigkeit.

Eines der ganz großen Weingüter Friauls – sowohl an Rebfläche als auch an Qualität – und eines, das durch seine Schönheit und Lage besticht. Das malerische Schloss auf dem Hügel beherbergt Büros, Verkostungsraum und die riesigen Kellerräume, in denen alleine über 400 Barriquefässer lagern. Von den 110 Hektar Grundbesitz sind ca. 90 Hektar des kostbaren Sandstein-Mergelbodens Weingärten.

Bevor ab 1974 mit den neuen Besitzern, der Assicurazioni Generali, gewaltige Schritte in die Welt der friulanischen Spitzenweine unternommen wurden, hatte das Gut bereits eine wechselvolle Geschichte hinter sich: Bis ins 4. Jh. gehen die Spuren des Schlosses zurück, damals noch Festung. Das heutige Aussehen wurde von der berühmten Udineser Familie Antonini im 17. Jh. geprägt, wurde aber oftmals umgestaltet und gibt sich heute toskanisch. Industrielle und Kaufleute nutzten es als Landsitz, eine Religionsgemeinschaft folgte – erst Giuseppe Perissinotto von der Genagricola verwandelte den ungeschliffenen Diamanten in das Juwel, das es heute ist.

In den zum Großteil brachliegenden Weingärten wurden neue Rebstöcke gepflanzt und alle autochthonen Sorten Friauls haben hier ihre passende Lage gefunden.

Mit dem bekannten Önologen Walter Filiputti holte sich die Generali anfangs einen Könner ins Haus, der jede Rebzeile um Rosazzo von Kind auf kannte. Filiputti konzipierte wie schon auf der Abbazia di Rosazzo die Weine am Reißbrett vollkommen neu.

Besonders der Merlot, einer der Rotweine, die sich hier exzellent entwickeln, hatte es ihm angetan: 1988 machte das Gut mit einem der ersten reinsortigen Merlots auch international Furore. Er war völlig anders als die gängigen Merlots der Region, die jung und süffig getrunken wurden und international wenig Beifall fanden. Beim sogenannten *L'Áltromerlot*, also dem „anderen Merlot", verließen die Winzer vertrautes Terrain und strukturierten ihn völlig neu – heraus kam ein großartiger Wein internationalen Formats, mit großen Reserven und bester Lagerfähigkeit. Ein Wein mit enorm reichhaltigem Duft, der mitunter an dunkle Waldbeeren, Tabak und Efeu erinnert, am Gaumen weich hineinfällt und somit einen guten Kontrast zu den robusten Tanninen bildet.

Das neue Führungsteam um den genialen Piero Totis, der Walter Filiputti ablöste, beschritt auch beim Cabernet Sauvignon ähnliche Wege.

PIGHIN

Fernando Pighin & Figlii
Viale Grado, 1
Risano
Pavia di Udine
Tel. 0432/675444
E-Mail: info@pighin.com
www.pighin.com

Pighin spielt in der Liga der ganz Großen im Friaul: 180 Hektar sprechen Bände und auch die herrschaftliche „Villa Agricola" in Risano ist viel eher ein prächtiges Schloss denn Gutshaus, dem eine eigene Fassbinderei, ein Weinarchiv und sehenswertes Museum angeschlossen ist. Pighin hat sich neben den 150 ha im Grave auch 30 ha in den begehrten Lagen des Collio, nämlich bei Spessa di Capriva, gesichert und setzt damit im mengenmäßig eindrucksvollen Output von über 1 Million Flaschen jährlich noch mehr qualitative Akzente.

Qualitativ muss man den Collio-Weinen natürlich den Vorzug geben. Angeführt wird die Produktpalette von einem konstanten Pinot Grigio, dem Verkaufsschlager des Hauses, mit einem Duftspiel von Äpfeln und Birnen, dicht gefolgt von einem paprikaschotigen Sauvignon mit ausreichend knackiger Frucht und Frische.

Den gesamten Sortenspiegel Friauls findet man auch in den Versionen aus der Grave, der großen Ebene, zwischen Udine und Pordenone. Die Weine sind allesamt leicht zu trinken, sehr sortentypisch und blitzsauber vinifiziert, wenn auch manchmal im direkten Vergleich etwas zu teuer.

SCARBOLO

Valter Scarbolo
Viale Grado, 4
Lauzacco/Pavia du Udine
Tel. 0432/615612
E-Mail: vini@scarbolo.com
www.scarbolo.com

Valter Scarbolo ist ein zielorientierter, ehrgeiziger Mensch, der sich mit viel Fleiß nahezu aus dem nichts viel geschaffen hat.

Neben seinem beachtlichen Weingut in Lauzacco steht er der Familie Bastianich (siehe S. 47) mit Rat und Tat zur Seite. Aus seiner Buschenschenke direkt am Weingut entwickelte sich im Laufe der Jahre ein rustikales Restaurant mit hervorragenden regionalen Spezialitäten. Die Würste macht Valter, der trotz seines Erfolges im Herzen immer Bauer und Familienmensch blieb, noch immer selbst! 25 Hektar im Süden der Colli Orientali, im Schwemmland, am rechten Ufer des Torrente, gehören heute ihm. Das spezielle Klima dieser Zone mit Weinbautradition lässt die Trauben langsam reifen – was sie mit einem ausbalancierten, reichen Aroma danken. Bemerkenswert der *Merlot Campo del Viotto*, ein hervorragend frischer und fruchtbetonter Merlot und einer der Top-Rotweine der Gegend.

Der ungewöhnliche *Pinot Grigio Ramato* brilliert mit unglaublichen frechen und frischen Fruchtaromen. Den durch längeren Maischekontakt kupferfarbigen Pinot könnte man auf den ersten Blick als eher „old fashioned" wahrnehmen, Valters traditionellen Kelterungsmethoden, die auch neue Techniken berücksichtigen, gelang aber gerade hier ein geradezu revolutionärer Pinot.

Scarbolo kann auch noch mit einem besonderen Service aufwarten: Die eigene Trattoria ist die beste Gelegenheit, die Scarbolo-Weine gleich zu verkosten, wobei die Weinkarte aber durchaus auch edle Tropfen anderer Winzer bereithält. Trattoria La Frasca, Viale Grado, 10, Tel. 0432/675150, E-Mail: lafrasca@lafrasca.com. Mittwoch Ruhetag

DAVINO MEROI

Paolo Meroi
Via Stretta, 7/b
Buttrio
Tel. 0432/674025
E-Mail: parco.meroi@libero.it

Wie auch sein Weggefährte Enzo Potoni von Miani ist Paolo Meroi davon überzeugt, mit seinen 12 ha Weingärten, die teilweise schon Urgroßvater Domenico bearbeitete, so etwas wie ein Grand Cru Terroir in den Hügeln um Buttrio zu besitzen.

Das Schöne bei Meroi ist die Tatsache, dass er auch ein äußerst einladendes Ristorante betreibt, das „Al Parco" im Zentrum Buttrios, wo man zu regionalen Köstlichkeiten gleich seine ganze Weinpalette ausprobieren kann!

Paolos hochklassige Weißweine haben als gemeinsamen Nenner die kompromisslose Arbeit im Weingarten und bei der Traubenselektion, kalte Gärführung und behutsamen Barriqueausbau mit ständigem Aufrühren des Hefetrübs.

Sein seidig anmutender *Tocai Friulano* mit viel Extraktsüße rangiert unter den besten Friauls, hoch im Kurs auch sein raffinierter *Picolit* (getrocknete Marillen, Honig, Holunder), der nicht zu süß wirkt und dadurch auch perfekt mit Gänseleber harmoniert. Herrlich der wuchtige *Sauvignon* (aromatisch-grünliche Noten, Spargel, Pfirsich, schöne Säurestruktur) und der cremige *Chardonnay* (viel Exotik, mineralisch, zarter Eichholzflair). Bei den Rotweinen glänzt der *Nestri* aus hauptsächlich Merlot mit Cabernet Franc (kräuterwürzig, einladend-erfrischend) wie auch der noch anspruchsvollere *Ros di buri* aus 100 % Merlot. Der größte Rotwein der Azienda ist zweifelsfrei der große *Dominin*, eine Komposition aus 80 % Merlot und 10 % Refosco, der würzig-voluminös mit viel Körper und mächtigen Tanninen begeistert.

CASTELLO DI BUTTRIO
Roberto und Alessandra Felluga
Via Morpurgo, 9
Buttrio
Tel. 0432/673015
E-Mail: info@marcofelluga.it
www.marcofelluga.it

Castello di Buttrio, das ist historischer Boden. Römer, Langobarden, Venezianer und Türken kamen und gingen; den damals schon außergewöhnlichen Wein dieser Gegend schätzen wohl alle.

Das malerische Castello und die kleine Osteria mit der großen Aussicht sind die romantischen Zutaten dieses 10 ha Weingutes, das seit 1994 zum Imperium der Familie Marco Felluga zählt. Das große Erbe der historischen Weingärten weiß man auch strategisch geschickt zu nutzen. Um sich nicht in der im Friaul üblichen sortenreinen Vielfalt zu verlieren, setzt man ganz bewusst auf drei Weine – und die haben es in sich! Der Castello di Buttrio *Ovestein* ist ein reinsortiger Chardonnay mit komplexen Fruchtnoten und zartem Vanilletouch, noch üppiger gibt sich mit 14 % der *Tocai Friulano* mit dem typischen Aroma von Bittermandeln und langem, aromatischem Finale. Der im Eichenfass gereifte *Marburg Rosso* ist eine interessante Komposition aus Refosco und dem raren Pignolo: kraftvoll, gleichzeitig verspielt-elegant und besonders würzig.

PETRUCCO
Lina e Paolo Petrucco
Via Morpurgo, 12
Buttrio in Monte
Tel. 0432/674387
E-Mail: info@vinipetrucco.it
www.vinipetrucco.it

Es gibt in den Buttriohügeln wohl kaum spektakulärere Lagen als jene von Lina und Paolo Petrucco. Seit 1981 bewirtschaftet die Familie den 30 Hektar großen Betrieb mit dem laubbewachsenen Haupthaus – davon sind immerhin 25 ha Weinberge mit wertvollen Mergelböden.

Mehrere Lesedurchgänge, niedriger Ertrag und die Kompetenz des ganzen Teams ermöglichen die vor allem in großen Jahren äußerst gelungenen Weine: *Chardonnay* (Birne und Banane, weich und doch vital), den mit seinen zarten Zitrusaromen erfrischenden Ribolla Gialla und einen eleganten, traditionell ausgebauten Pinot Grigio, der durch seinen längeren Maischekontakt leicht rosa reflektiert.

Bei den autochthonen Reben besonders gelungen ist die Linie Riserva *Ronco del Balbo* mit einem spektakulären Refosco dal peduncolo rosso aus über 50-jährigem Rebbestand: eine Konzentration von Brombeere, Lakritze und reifen Weichseln in der Nase, herrlich aromatisch und samtig im Abgang. Aus derselben Top-Lage stammt auch ein formidabler *Merlot*, dem ein kleiner Anteil autochthoner Trauben die optimale Struktur und Eleganz verleiht, und ein sehr sortentypisch duftender und kraftvoller *Cabernet Franc*.

CONTE D'ATTIMIS-MANIAGO
Alberto d'Attimis – Maniago Marchiò
Via Sottomonte, 21
Buttrio
Tel. 0432/674027
E-Mail: info@contedattimismaniago.it
www.contedattimismaniago.it

Vor 500 Jahren kam das Adelsgeschlecht mit Stammsitz in Maniago (wo sie ein herrliches Herrschaftshaus als Hotel und Restaurant betreiben) durch eine Erbschaft in den Besitz der Tenuta di Buttrio, einem herrschaftlichen Landsitz mit gepflegten Parkanlagen aus dem 17. Jh.

Was Graf Paolo d'Attimis Bertis um 1615 begann, wurde von seinem Nachfahren Alberto auf den Stand der Zeit gebracht: der Palazzo liebevoll restauriert, die 110 ha Weingärten neu bestockt und das Erscheinungsbild der Etiketten erneuert.

Man erwartete viel vom Gut – das Ergebnis übertraf diese Erwartungen sogar noch.

Der weiße Stolz der Azienda ist der *Ronco Broilo* aus Pinot Bianco und Chardonnay aus kleinen Eichenfässern mit komplexen Duftnoten, in der Nase an einen ganzen Obstkorb erinnernd.

Auf Topniveau insbesondere der *Sauvignon* (grüne Paprika, Tomatenrispen, weißer Pfirsich), der *Chardonnay* (duftendes, weißes Brot und Vanille), der zu 10 % in französischer Eiche ausgebaut wird, und ein formidabler, gebietstypischer *Tocai Friulano*.

Auch der *Picolit* und der *Verduzzo Tore delle Signore* stehen besonders hoch im Kurs, nicht zu verachten *Malvasia* und *Pinot Grigio*. Herausragend der süffige *Merlot*, der mächtige *Pignolo* und der durchaus robuste *Tazzelenghe*.

Eine Spezialität ist der charaktervolle *Vignaricco*: eine Cuvée im Bordeaux-Stil aus Cabernet und Merlot, regional interpretiert mit einem kleinen Teil Schioppettino. Bemerkenswert auch der *Ribula*, ein Spumante Brut aus 100 % Ribolla Gialla.

BUIATTI
Livio und Claudio Buiatti
Via Lippe, 25
Buttrio
Tel. 0432/674317
E-Mail: info@buiattivini.it
www.buiattivini.it

Buttrio ist und bleibt das dynamische Weinherz der Colli Orientali. Viel wurde von Claudio Buiatti in den letzten Jahren in die 8 Hektar „in Mont e Poanis" zwischen Buttrio und Premariacco investiert. Claudio und seine Frau Viviana kultivieren die Weingärten nach strengen Qualitätskriterien und streben eine möglichst hohe Aromakonzentration in den Trauben an: Pinot Grigio und Sauvignon wurden jüngst erst dicht gepflanzt, Weinberge begrünt und Düngung erfolgt nur soweit unbedingt nötig. Das jüngste Projekt zeigt schon erste, stolze Ergebnisse: Der *Bianco Poanis Blanc* aus Malvasia und Riesling sowie kleinen Anteilen an Picolit, Sauvignon und Pinot grigio weist eine betont apfelfruchtige Note auf, die cremig von Pfirsich und Marillen unterstrichen wird.

Der *Pinot Grigio* mit seinem intensiven, typischen Bouquet von Akazienblüten gefällt ausgezeichnet. Natürlich im Programm auch *Tocai Friulano, Pinot Bianco* und *Sauvignon*, bei den Roten ein weicher *Merlot*, ein charaktervoller *Cabernet* und ein farbintensiver und würziger *Refosco dal peduncolo rosso*.

SCACCIAPENSIERI

Marina Danieli
Via Morpurgo, 29
Buttrio
Tel. 0432/674907
www.aziendagricolamarinadanieli.it

Essen und schlafen kann man bei der Winzerin Marina Danieli, die den wilden und tanninstrengen roten Tazzelenghe bestens zu bändigen weiß und auch viele andere gute Weine im Repertoire führt. Am Bauernhof mit dem Gasthaus hat man nicht nur beste Aussicht über die Hügel Buttrios, sondern speist auch vorzüglich friulanisch. Geflügel aus eigener Zucht, die herrlichen Gerichte von der Gans sowie die Gänsesalami sind berühmt.

Bei Bedarf kann man sich gleich in einem der sieben Zimmer aufs Ohr legen.

MIANI, BUTTRIO

Enzo Potoni
Via Peruzzi, 10
Buttrio
Tel 0432 / 674327

Die Weine des Enzo Potoni sind kostspielige Raritäten, die nur schwer zu ergattern sind. Die uralten Rebstöcke seiner Weingärten bringen geringe, aber gehaltvolle Erträge und die daraus gekelterten Weine zeichnen sich durch eine besondere Dichte aus. Obwohl er 18 Hektar Weingärten bewirtschaftet, gelangen nie mehr als 8.000 – 10.000 Flaschen auf den Markt.

Aber der eigenwillige Potoni hat andere Prioritäten, ihm geht es um allerbeste Qualität – und die hat schließlich ihren Preis. Selbst der renommierte italienische Weinführer Gambero Rosso attestiert ihm, die Grenzen im friulanischen Weinbau verschoben zu haben. Sein Leben spielt sich im Weingarten ab, dem er sich mit einer fast fanatischen Hingabe widmet. Der reinsortige Merlot Filip gibt sich konzentriert und geschmeidig, mit dichtem Tannin und süßem Fruchtkern. Der 2004er trägt stolze 94 Parkerpunkte und 3 Veronelli Sterne (gesehen um € 109.-, und damit bei weitem nicht das kostbarste Stück des Hauses). Der Merlot Buri 2004 machte den strengen Kritiker Parker ob seiner Klasse sogar sprachlos – 96 Punkte als Belohnung. Der Refosco Calvari mit 15% Alkoholgehalt ist ein extrem komplexer, fetter und dennoch süffig-einladender, großer Rotwein, von dem zeitweise nur ein Barrique erzeugt wird. Reife Früchte wie Pfirsich und Kräuter wie Salbei prägen den kräftigen Sauvignon Blanc.

Den körperreichen Ribolla Gialla zeichnen Anklänge von Honig, Marillen und Melone aus. Als äußerst nobel gilt auch der volle, nach tropischen Früchten duftende Chardonnay. Der Tocai Friulano lockt mit einem ausgewogenen, weichen Geschmackserlebnis und dem Duft von Holunderblüten und frischem Heu.

MIDOLINI

Lino Midolini
Via delle Fernaci, 1
Manzano
Tel. 0432/754555
E-Mail: cantina@midolini.com
www.midolini.com

Lino Midolini tauschte erst im fortgeschrittenen Alter das Leben auf Baustellen gegen jenes eines Winzers und darüber hinaus eines Acetaios, eines „Essigmachers", denn er produziert in großem Stil auch Balsamico-Essig in unglaublicher Qualität.

Diese ganz besondere Essenz macht auf dem riesigen 100 ha umfassenden Gut dem Wein einige Konkurrenz, was die Aufmerksamkeit der Feinschmecker betrifft: „Asperum" nennt sich der kostbare Balsamico, der hier aus Traubenmost von Refosco und Tocai nach guter alter römischer Tradition hergestellt wird – eine Kostbarkeit, die in kleinen Holzfässern reift und in 100-ml-Fläschchen auf den Markt gelangt. Schon wenige Tropfen dieser edlen

Essenz versprechen Genuss erster Güte. Mit 2.300 dieser Balsamicofässer kam das Gut als weltweit größte Balsameria sogar in das Guinnessbuch der Rekorde. Das soll den Wein, der auf 40 ha wächst, allerdings nicht vergessen lassen, denn auch die *Rosacroce-Linie* hat sich qualitativ einiges vorgenommen: Bemerkenswert der kraftvolle *Sauvignon Rosacroce* aus italienischen und französischen Klonen. Top der apfelfruchtige und verspielte *Pinot Grigio Rosacroce* und der *Chardonnay Rosacroce*, der 7 Monate in neuen Hölzern ausgebaut wird. Der *Rosacroce Ronco dell´Angelica* wird aus 100 % Tocai Friulano erschaffen, ein mächtiger und beeindruckender Wein, der wohl auch am Anfang seiner Evolution steht.

RONCHI DI MANZANO
Roberta Borghese
Via Orsaria, 42
Manzano
Tel. 0432/740718
E-Mail: info@ronchidimanzano.com
www.ronchidimanzano.com

Roberta Borghese stammt aus einer Industriellenfamilie, die sich der lokaltypischen Produktion von Stühlen widmete. Roberta ließ Sessel Sessel sein und wandte sich ihrer eigentlichen Passion zu, dem Wein.

Heute nennt die sehr zurückhaltende Winzerin, die sich in ihren Weinbergen am wohlsten fühlt, einige der kostbarsten Weinberge der Colli Orientali ihr Eigen: 20 ha Spitzenlage in Rosazzo und 35 ha in Manzano. Rosazzo bringt beispielsweise den besonders guten *Picolit Cru* hervor, der mehrmals ausgezeichnet wurde und von reicher tropischer Frucht, die mitunter an Maracuja erinnert, nur so strahlt. Ebenfalls aus Rosazzo ist der *Fatato*, eine trockene Traminer-Selektion mit üppigem Rosenduft.

Die Weißweine aus Ronchi di Manzano wie der *Tocai Friulano Superiore* (mineralischer Aromabogen), der *Sauvignon*, der *Chardonnay* und der *Pinot Grigio* zeugen von der Erfahrung, die Roberta bei vielen internationalen Weinreisen sammelte. Hervorragend auch der *Rosazzo Cru Rosso* aus Merlot, Cabernet Sauvignon und Refosco dal peduncolo rosso. Die enorme Aromatiefe nach Sauerkirschen findet sich auch am Gaumen wieder. Der rare *Pignolo* wird für gut 12 Monate in Barriques ausgebaut. Das Ergebnis besticht mit viel Power und würzigen Akzenten.

Der Merlot *Ronc di Subule* ist wohl der bekannteste Rotwein der Azienda. Ein charaktervoller Wein mit kräftigem Körper und wundervoll sanftem Tannin.

COLUTTA
Giorgio Colutta - Bandut
Via Orsaria, 32
Manzano
Tel. 0432/740315
E-Mail: colutta@colutta.it
www.colutta.it

Eine sorgfältig restaurierte Villa padronale aus dem 17. Jh. ist das Herz dieser Weinkellerei mit herrlichem Degustationssaal, an dessen eindrucksvoller Tafel bei Bedarf sogar ganze Menüs für weinkundige Besucher aufgetischt werden können. Für Gäste sind auch Appartements eingerichtet. Auch die moderne Abfüllanlage und die Barriqueria sind in historischen Gemäuern untergebracht, wobei die Technologie die übliche Ausstattung eines mittleren Betriebes (24 ha, 130.000 Flaschen) bei weitem übertrifft: Giorgio Colutta ist stets auf der Suche nach Innovationen – zurzeit wird an einem Pelletsheizungssystem aus Rebmaterial gearbeitet, deren Wärme ausreicht, die hofeigenen Maschinen in Gang zu halten. Der Betrieb denkt sehr exportorientiert – Giorgio Colutta ist oft in der Welt, insbesondere in Asien, unterwegs. Das Programm ist vielfältig: Die *Linea Tradizionale* enthält Tocai, Pinot Gigio, Sauvignon, Merlot, Cabernet Sauvignon, Refosco und ist blitzsauber und grundsolide gemacht.

Richtig interessant wird es bei der *Linea Cru*, die mit einer interessanten Cuvée aus Riesling, Ribolla Gialla und Chardonnay namens *Nojar* aufwartet: Ein ganzer Obstkorb, unterlegt von zarten Vanillenoten, eröffnet sich hier.

Ein besonders reiches Bouquet zeichnet den fruchtigen *Selenard* aus, der vorwiegend aus Schioppettino und Pinot Nero gewonnen wird: kräftiges Rubinrot, in der Nase Himbeeren, Tabak und Cassis, untermalt von einem zarten Eichholzflair.

Ungewöhnlich in Italien, aber sehr erfreulich: Bei den Weißweinen gibt es auch schon Glasverschluss!

LE VIGNE DI ZAMÒ
Pierluigi und Sivano Zamò
Via Abate Corrado, 4
Rosazzo, Manzano
Tel. 0432/759693
E-Mail: info@levignedizamo.com
www.levignedizamo.com

Eine friulanische Erfolgsstory, die sich in vielen Auszeichnungen, aber auch im kontinuierlichen Wachstum manifestiert. 1978 begann für die Familie das Abenteuer Wein mit 10 ha Rieden auf der Rocca Bernarda, weitere 12 ha in den Hügeln bei Buttrio folgten. Ende der 90er nannte die Familie bereits 35 ha um Rosazzo ihr Eigentum und Tullio Zamò restaurierte das alte Herrenhaus in der traumhaften Lage zum repräsentativen Firmensitz. Tullio, leider allzu früh verstorben, hat seinen Söhnen Pierluigi und Silvano die Liebe zu den Rosazzo-Weinen und seine Geselligkeit weitergegeben. Önologisch wird die Azienda von Franco Bernabei aus der Toscana betreut. Von hier stammen große Weißweine, wie der *Ronco delle Acacie* aus Tocai Friulano, Chardonnay und Pinot Bianco, der mit seiner unglaublichen Brillanz, die in einem cremigen Finale endet, begeistert.

Nicht minder der Tocai friulano *Vigne Cinquant´Anni*, der schon einmal zum besten Weißwein Italiens gekürt wurde. Ein Kraftbündel mit fantastisch-floralen Noten, die von gelbem Apfel und Thymian angereichert werden. Die typische Mandelnote im Finale zeigt sich deutlich und unterstreicht die Typizität trotz der enormen Wucht.

Den roten Gegenpart bildet der saftige *Merlot Cinquant´Anni*: gedecktes Rubinrot, opulenter Duft mit großer Finesse, nach wilden Brombeeren, reifen Kirschen und roten Rosen. Am Gaumen majestätisch, kompakt und weich zugleich. Unmöglich die Aufzählung aller erwähnenswerten Weine, so dicht gedrängt sind die Qualitäten von *Pignolo* über den legendären roten *Ronco dei Rosetti* bis zum formidablen *Pinot Bianco Tullio Zamò*.

RONCO DELLE BETULLE
Ivana und Simone Adami
Via A. Colonna, 24
Rosazzo, Manzano
Tel. 0432/740547
E-Mail: info@roncodellebetulle.it
www.roncodellebetulle.it

Ist Ihnen schon mal ein *Narciso* ins Glas gekommen? Hier ist die Heimat dieses eindrucksvollen Kalibers;

kreiert von der sympathischen Ivana Adami und ihrem Sohn Simone, Besitzer von 17 ha erstklassigen Rosazzo-Lagen. Schon Vater Giovanni Battisti glaubte an diese Weingärten, als er 1967 sein Hab und Gut in die Hügel von Rosazzo investierte. Ivana, die sich auch als Präsidentin der Weinkontrollkommission der DOC Colli Orientali bewährte, entwickelte eine eigene Linie, die Etiketten ziert ein kleiner Schmetterling. Wer einen *Bianco Vanessa*, eine Komposition von Pinot Bianco, Chardonnay, Sauvignon und etwas Tocai Friulano, zu Gesicht bekommt, sollte tunlichst zugreifen. Ein intensiver Wein mit raffiniertem Duft nach Früchten, getrockneten Blüten und Biskotten, mit viel Stoff am Gaumen, toller Struktur und Persönlichkeit.

Der *Rosso Narciso* ist der mit Abstand gelungenste Rotwein der Azienda. Der Bordeauxblend aus Merlot, Cabernet Sauvignon und Cabernet Franc begeistert schon in der Nase mit frischen Waldbeertönen, begleitet von würzigen Aspekten wie Bitterkakao, schwarzem Pfeffer und Nelken. Am Gaumen sehr kompakt, reich an Aromen und gewinnender Saftigkeit. Von höchster Qualität auch die anderen Weine: *Pignolo, Picolit,* natürlich *Ribolla Gialla, Sauvignon* und der bemerkenswerte *Cabernet Franc*.

PERUSINI

Perusini Teresa
Via Torrione, 13, Gramogliano
Corno di Rosazzo
Tel. 0432/675018
E-Mail: info@perusini.com
www.perusini.com

Ein besonders schönes, namhaftes und gastfreundliches Gut der Colli Orientali, das auf eine jahrhundertelange Tradition zurückblickt. Einst war auch das Schloss der Rocca Bernarda im Besitz der Familie, bevor es testamentarisch an den Malteserorden fiel. Was geblieben ist, ist eindrucksvoll genug: eine Villa aus dem 17. Jh., ein einmaliger Turmkeller – die Torre Cantina Perusini mit Wein- und Olivenölpräsentation und 12 Hektar besten Weinlandes. Dazu wurden für Besucher umliegende Bauernhäuser restauriert und als komfortable Gästeunterkünfte adaptiert und ein Restaurant eröffnet – die beste Gelegenheit, zu den Hausweinen passende Köstlichkeiten der Friulaner Küche zu probieren („Al Postiglione" Tel. 0432/759193, Di und Do Ruhetag). Bei der Weinproduktion hat sich die Familie ganz dem Genius Loci verschrieben – nicht umsonst war Großvater Giacomo einer der Wiederentdecker des Picolit.

Ein ganz Großer ist der *Bianco del Postiglione*, ein Weißwein aus Riesling Renano und Pinot Bianco, der mit sauberen Fruchtnoten und einer frischen Säure begeistert. Sein roter Widerpart ist der bemerkenswerte *Rosso del Postiglione*, ein Mix aus Merlot, Cabernet Sauvignon und Cabernet Franc mit Zwetschken-Kirscharomen, Tabak, Leder und Mocca in der Nase. Am Gaumen süße, runde Tannine, sehr ausgewogen.

Der Ribolla Gialla ist ein „vino bandiera" des Gutes, ein Flaggschiff, in dessen Entwicklung viel Zeit und Aufwand investiert wurde: leuchtendes Strohgelb mit grünlichen Reflexen, Limone, Grapefruit und mediterrane Kräuter in der Nase, erfrischend durch den punktgenauen Ausbau in Edelstahltanks.

VISINTINI

Visintini Oliviero, Cinzia e Palmira
Via Gramogliano, 27
Corno di Rosazzo
Tel. 0432/755813
E-Mail: info@vinivisintini.com
www.vinivisintini.com

Ein zauberhafter mittelalterlicher Bau als Firmensitz, der durch seine Rekonstruktion nach dem großen Beben von 1976 noch gewonnen hat, und 35 Hektar malerisches Land – das ist das Gut der Visintini, dessen 25 ha Weingärten zum Großteil in den Colli Orientali, zum kleinern im Collio und Grave liegen.

Die meisten der Weinstöcke sind bereits über 30 Jahre alt. Kontinuierlich werden nun die Weingärten erneuert – wieder mit autochthonen Reben, aber mit einer produktiveren Stockdichte von 5.000 Hektar, wie es der neueren Technik entspricht. Gebastelt wird auch am neuen Flaggschiff des Unternehmens, einer Bianco-Cuvée aus vier Sorten (Tocai Friulano, Picolit, Pinot Bianco und Riesling), die vorerst schlicht „Bianco" heißt. Ein toller Wein, der sich nahezu tänzelnd-elegant entfaltet und mit viel Saftigkeit und Charme zu Genuss einlädt.

Eine Klasse für sich der *Tocai Friulano:* großartige Aromatiefe, Äpfel, Birne, Kräuter, ein Wein aus einem Guss. Die weitere Palette ist groß: vom zart duftenden *Malvasia* bis hin zum restsüßen *Verduzzo*.

EUGENIO COLLAVINI
```
Manlio Collavini
Via della Ribolla Gialla, 2
Gramagliano
Corno di Rosazzo
Tel. 0432/753222
E-Mail: collavini@collavini.it
www.collavini.it
```

Um 1900 gab es schon Collavini-Weine, das Castello aus dem 16. Jh. wurde aber erst 1970 zum Familien- und Firmensitz. (Im Keller reifen heute noch die berühmten Spumante Collavinis.) Manlio Collavini ist zugleich Multifunktionär und Urgestein des Friulaner Weinbaus. International Furore machte er zuerst mit einem der ersten stilsicheren Pinot Grigios Friauls, später mit seinem legendären Verkaufshit *Spumante Il Grigio*, der als leichter, alternativer Brut mit den ungewöhnlichen Basisweinen Pinot Grigio und Chardonnay seinen Siegeszug in die Welt antrat. Mit dem *Ribolla Gialla Brut Millesimé* revolutionierte Manlio die Spumantewelt durch die Verwendung des frisch-fruchtigen und säurebetonten Ribolla, auf dem auch ein Schwerpunkt der Azienda liegt.

Fast 175 Hektar gehören mittlerweile zum Besitz, geführt von Manlio und seinen Söhnen Giovanni und Luigi, unterstützt vom Önologen Walter Bergnach. Sie vereinen gekonnt Masse mit Klasse, und das zu absolut fairen Preisen.

Herausragend aus den vielen Etiketten der *Collio Bianco Broy* (einladender Zitrusduft, würzig untermalt von Holunder und Paprika, dazu Cremigkeit mit langem Abgang). Nahezu gleichauf der *Pinot Grigio Canlungo* (der berühmte „lange Hund", der auch das Etikett ziert).

Die Ribolla Gialla Selektion *Turian* ist eine glockenklare Interpretation dieser Rebsorte mit saftigen Grapefruit-Pfirsichnoten. Ein Wein mit viel Persönlichkeit und charakteristisch-einladender Frische.

Erwähnenswert auch der komplexe, weiche *Chardonnay Cuccanea* und der kraftvolle *Merlot dal Pic*, der mit seiner Amarena-Caffènote begeistert und am Gaumen saftig und warm rüberkommt.

ADRIANO GIGANTE
```
Via Rocca Bernarda, 3
Corno di Rosazzo
Tel. 0432/755835
E-Mail: gigantevini@libero.it
www.adrianogigante.it
```

Das große Potenzial dieser Azienda ist alles andere als eine Neuheit: Jedes Jahr sorgt der *Tocai Friulano Vigneto Storico* aus einer alten historischen Lage unweit der Rocca Bernarda für Aufsehen und Emotionen. Es ist ein Weißwein von außergewöhnlicher Eleganz: Thymian, Heublumen und zarte Fruchtnoten entströmen dem Glas, am Gaumen eine tolle Balance zwischen weichen, warmen Noten sowie Frische und Saftigkeit.

Adriano Gigante ist ein äußerst seriöser Weinmacher, ein Mann mit Gefühl, Weitblick und großem Können. In wenigen Jahren brachte er die kleine Familien-Azienda in die nationalen und internationalen Charts der Weinszene. Der *Pinot Grigio* spielt tänzelnd mit seinen Apfelaromen und dezenter Mineralik, der Sauvignon ergibt sich den Aromen von Tomatenkraut, Holunder, Kräutern und Laub.

Heublumen begleiten den Duft des kraftvollen *Refosco* und des *Merlot Riserva*, der außerdem von Brombeeren, Sauerkirschen und reifen Zwetschken begleitet wird − ein charaktervoller Terroirwein von einiger Eleganz und Frucht.

BURGEN, SCHLÖSSER UND KÖNIGLICHE WEINE

UDINE:

La Ghiaccaia
Via Zanon, 13
Tel. 0432/502471
Mo Ruhetag, mittags und abends geöffnet

Schön im Garten draußen zu sitzen, der Kanal plätschert vorbei. Nicht nur für ein Achterl, auch zum richtig Essen o.k.

Al Fagiano
Via Zanon, 7
Tel. 0432/297091
Sonntag Ruhetag
Geöffnet 8–22 Uhr

Ein paar Schritte weiter vom La Ghiaccaia drängen sich bei jeder Witterung die Einheimischen bis vor die Tür. Markant das große Fresko, mit dem sich ein Udineser Künstler verwirklicht hat, im Sommer ist's eh draußen schöner. Man lauscht dem Plätschern des kleinen Kanals und genießt glasweise die große Weinauswahl – dazu gibt's kleine „Schweinereien" als Unterlage.

Rialto
Via Rialto, 12
Tel. 0432/502646
Geöffnet 8–21 Uhr

Das Rialto, früher einmal der bestsortierte Feinkostladen der Stadt, wurde in ein größeres Caffè (mit einem der besten Espressi der Stadt) und eine kleine Enoteca geteilt. Hervorragende Weinauswahl sowie Champagner und große Spumanti aus der Franciacorta auch glasweise.

Giardinetto
Via Sarpi, 8
Tel. 0432/227764
Montag Ruhetag, mittags und abends geöffnet

Trattoria und Enoteca in Sichtweite vom Al Capello. Wunderbare Achterln vom Hauslieferanten Ermacora und vielen anderen. Vorne bei der Theke werden die Tajuts konsumiert, im kleinen Nebenraum und im 1. Stock wird richtig serviert. Am besten sitzt sich's aber an einem der Tische bei der Theke, auch dort wird serviert! Recht umfangreiche Speisekarte mit Aufschnitt, Pasta, Crespelle und Tagliato. Richtig schöne Atmosphäre, sehr friulanisch.

Auf einen Tajut in Udine

Mehr als tagesfüllend kann ein Besuch in der charmanten Einkaufs- und Universitätsstadt zwischen dem Hügelland des Ostens und den Ebenen des Westens sein: Hier locken den Weinliebhaber neben den kulturellen Highlights (in Genüge vorhanden, aber selten wahrgenommen ...), neben den Verlockungen schicker Konsumgüter hinter funkelnden Auslagen, neben Trattorien und Restaurants (die es allerdings vor den Toren der Stadt wohl in größerer Dichte und Güte gibt) vor allem die vielen Bars und Enoteche – urig in der traditionellen Version oder stylish in der zeitgeistigen Variante, aber immer gut besucht und stimmungsvoll.

Hier trifft man sich auf einen simplen Tajut oder verkostet sich fachmännisch durch diverse Sorten und Winzer, dazu ein Teller friulanische affettata (Aufschnitt) – Herz, was begehrst du mehr. Auch so kann man seine Lieblingswinzer herausfiltern – und dabei noch die Stadt genießen.

TAJUT

In Udine und Umgebung trinkt man einen „tajut" oder „tajet", was bei uns ein Achterl, besser gesagt ein Stehachterl, ist. Die verschiedenen Regionen Friauls und Venziens haben ihre eigene Bezeichnung für dieses sympathische gesellschaftsverbindende Ritual, bei dem sich der Rechtsanwalt neben dem Straßenkehrer für die Härten des Alltags rüstet:

In Venedig „ombra" (Schatten) genannt, weil die Weinhändler einst ohne Kühlmöglichkeit gezwungen waren, dem Schatten nachzurücken. In Görz bestellt man einfach ein „biciére", einen „bianco" oder ein „tajéto" und isst die merenda di piron, kräftige Imbisse, die eigentlich schon eine Mahlzeit ersetzen. (In Triest, wo oft ein Glas Bier an die Stelle des Weins tritt, auch rebechin genannt.)

Tajut ist von „Taj" – Schnitt – abgeleitet, einer anderen Version zufolge wird es mit „Kelch" übersetzt, was einem Weinglas schon sehr nahe käme. Meist wird der Tajut bis vor dem Mittagessen in Weiß (bianco) genossen, meist als Tocai Friulano, später am Tag in Rot (nero) als Cabernet Franc oder Merlot. Von 80 Cent bis zu 3 Euro legt man für so ein Glaserl auf den Tresen.

Das eigentliche Ziel unserer Erkundungstour befindet sich nicht in der Stadt, sondern weiter im Süden, wo ein wahres Schlaraffenland der Weinaficionados beginnt. Hier liegen nämlich jene begnadeten Orte, die schon zu Römerzeiten von zwei großen Pluspunkten profitierten: nämlich von ihrer Nähe zu großen Durchzugsstraßen wie der Via Julia Augusta und von der Fruchtbarkeit der Böden, die Getreide und Olivenöl und den begehrten Wein als kostbare Handelsware herbrachten.

Von Buttrio bis Rosazzo:

Von der Abfahrt Udine Süd ist es nur noch ein – gut beschilderter – Katzensprung nach Buttrio, das mit einer hohen Konzentration an Ausnahmewinzern, aber auch mit empfehlenswerten Ristorante aufwarten kann.

Buttrio ist eine der Enklaven der friulanischen Hügellandschaft, die vor allem für ihre charaktervollen Rotweine berühmt ist, insbesondere der Merlot erreicht hier besondere Qualitäten, auch Tazzelenghe, Schioppettino und Pignolo sind kräftig und gut strukturiert.

Aber auch die Weißen müssen sich nicht verstecken: Picolit und Verduzzo sind von großer Klasse, die Tocais munden vorzüglich …

Wenn man die Hauptstraße mit all den Gewerbebetrieben und Konsumtempeln entlangfährt, fällt es schwer, sich vorzustellen, dass einige der berühmtesten Weinbauern Friauls hier gleich um die Ecke ihre Edeltropfen kultivieren – und doch ist es so, dass man sich nur durch Buttrio durchschlagen muss, um an die Pforten Dorigos und Mianis zu klopfen. Dabei kommt man auch am Campanile im Zentrum vorbei – schenken Sie doch der Kirchturmuhr einen Extrablick, vielleicht fällt Ihnen dabei etwas auf … (das Zifferblatt ist spiegelverkehrt!).

Buttrio selbst ist Ende April/Anfang Mai Veranstaltungsort einer traditionsreichen Weinmesse – sie war 1932 die erste Italiens. Dabei wird nicht nur Wein verkostet, sondern auch Olivenöl und Montasiokäse (Buttrio spielt auch bei der Produktion von Montasiokäse keine unbedeutende Rolle). Für die Gaudi gibt's „Le corse dai caratei", einen humorvollen Wettbewerb, bei dem mittelalterlich kostümierte Teilnehmer Weinfässer durch die Stadt rollen.

Fast übergangslos findet man sich nach Buttrio in Manzano wieder, dem Zentrum der hier heimischen Sesselproduktion. Holzstühle aus diesem Bezirk decken einen guten Teil des Weltbedarfs ab, kein Wunder, dass man in Manzano mit einem riesigen Holzsessel an der Ortsausfahrt diesem Wirtschaftswunder Tribut zollt. Ähnlich wie in Buttrio braucht man sich auch hier nur etwas nach Osten zu schlagen, um auf die feinen Weine zu stoßen: die Güter der beiden – verwandten – Coluttas Giorgio und Dr. Gianpaolo, Ronchi di Manzano, Midonlini u.v.m.

Unsere Weinroute drängt es nun nach Osten – Richtung Cividale, wo es in Oleis, Ipplis und Rosazzo landschaftlich, kulturell und önologisch ganz besondere Juwele zu entdecken gibt. Ein Vorbote für kommende Highlights ist *Torre Rosazza,* das viel mehr als ein Weingut ist, nämlich ein wahres Schloss, das über der herrlichen Landschaft thront und in der Vergangenheit gerne als Landsitz des Adels und des Geldadels genutzt wurde. Heute ist seine Bestimmung der Wein, der Besitzer eine Versicherungsgesellschaft, und die dazuge-

---

Ars Bibendi
Via Sarpi, 12
Montag Ruhetag

Modern gestyltes, etwas steriles kleines Lokal, nur die Holzdecke strahlt Ambiente aus. Natürlich auch kleine Gustobissen. Nur ein paar Schritte vom Giardinetto entfernt.

Al Capello
Via Sarpi, 5
Tel. 0432/299327
Sonntagnachmittag und Montag Ruhetag
Geöffnet 10–15 und 17–23 Uhr

Das bekannteste unter den Stehbeisln ist, wie der Name schon sagt, von Hüten geschmückt, die zu Hunderten in allen Formen und aus allen Epochen von der Decke hängen. Die riesige Tafel liest sich wie das Who's who des Friulaner Weinadels, mit nahezu hundert Erzeugnissen, mehr als 50 davon werden auch glasweise gereicht. Einzigartig auch die Vielfalt an warmen Crostini. Es gibt sogar Zimmer zum Übernachten.

Buca di Bacco
Via Battisti, 21
Tel. 0348/3830664
Sonntag Ruhetag
Geöffnet 8–21 Uhr

Eng, aber gemütlich ist's im Bacchuskeller, wo sich die Wandregale unter der Last von Hunderten von Weinflaschen biegen und Wirt Adolfo den Laden zwischen Kisten und Flaschen schaukelt. Zum Degustieren gibt es eine Auswahl von etwa 20 Weinen, dazu köstlichen Schinken in der Brotkruste mit Kren, begehrt auch die nahezu 70 cm langen Grissini mit traumhaftem Prosciutto.

Da Pozzo
Piazzale Cella, 10
Tel. 0432/510135
Sonntag Ruhetag
Geöffnet 7.30–1 Uhr

Eine inzwischen selten gewordene Kombination ist diese Osteria aus dem 19. Jh. – einerseits ein Feinkostladen, andererseits eine Osteria mit dem Ambiente einer Kolonialwarenhandlung. Einkaufen und Gutes genießen, lautet hier die Devise. Prager Schinken und Mortadella werden noch von Hand geschnitten.

Speziaria pei Sani
Via Poscolle, 13
Tel. 0432/505061
Sonntag Ruhetag
Geöffnet 8–22 Uhr

Eine der besten Enoteche Friauls mit großem Ruf! Die riesige Auswahl der Vinothek (mehr als 1200 Labels aus der ganzen Welt!), die auch feine Leckereien serviert, beschränkt sich nicht nur auf ganze Flaschen, auch die verschiedenen Etiketten der Verkostungsgläschen gibt's in großer Vielfalt. Der Platz wird oft knapp, dann hilft nur noch das Ausweichen vor die Tür oder in die Extrastube im ersten Stock.

CAFÉ & MEHR:

Betrame
Via Rialto, 5

Das Ambiente (steril-modern) und die Gepflegtheit lassen im Inneren zu wünschen übrig, der köstliche Café lässt alles vergessen.

Café Contarena
Via Cavour, 1

Das Vorzeigecafé an der Piazza Libertà vereint gleich drei verschiedene Lokaltypen: Die große American Bar mit angeschlossenem Restaurant glänzt mit einer großen Auswahl an Cocktails und mehr als 30 verschiedenen Rumsorten.

Neben den mit Goldstuck verzierten eleganten Jugendstil-Räumlichkeiten wartet eine noble Enoteca. Große Auswahl an nationalen und internationalen Weinen, erstklassige Happen und eine fast unüberbietbare Auswahl von mehr als 15 verschiedenen Spumanti aus der Franciacorta in Champagnerqualität.

Caucigh
Via Gemona, 36-38
Montag Ruhetag

Mehr als vergleichbare Lokale hat das Caucigh sein ursprüngliches Flair als historisches Kaffeehaus bewahrt.

hörigen Ländereien umfassen mehr als 100 Hektar. Unbeeindruckt von diesen Rahmenbedingungen, die eher Massenproduktion denn Edeltropfen vermuten lassen, ist die Qualität der Weine beeindruckend (siehe S. 68/69).

Bei Ipplis liegt ein Kleinod, das zu besuchen sich auch für alle lohnt, die mit Wein nichts am Hut haben, aber Schönheit zu würdigen wissen: die in venezianischem Rot gehaltene *Rocca Bernarda*. Nicht nur die Burg selbst, die eigentlich eher einer massigen Villa mit Türmchen ähnelt als einer abschreckenden Festung, auch die Schönheit der umliegenden Landschaft mit Weinbergen, Wäldchen, vereinzelten Gutshöfen ist atemberaubend.

Einzeln stehende Zypressen recken sich von Hügelkuppen rund um die Rocca wie Denkmäler gegen den Himmel, der uralte Park bezaubert ebenso wie der Blick vom Burghof, der sich gegen Süden öffnet. Wein wurde hier schon gemacht, bevor die Burg 1567 gebaut wurde, was der noch ältere Keller beweist. Der letzte weltliche Besitzer, Gaetano Perusini, vererbte das Anwesen – wohl sehr zum Leidwesen seiner Familie – an den Malteserorden, der heute sehr erfolgreich die Geschicke der Burg und der Weinmacherei leitet.

Die Perusinis hingegen haben sich auf ein Gut bei Gramogliano zurückgezogen, wo sie ihre Leidenschaft zum Wein und zur Gastfreundschaft in einer Villa aus dem 17. Jh. noch immer standesgemäß pflegen können, mit einer eigenen Trattoria und hübsch restaurierten Bauernhäusern als Gästeunterkünfte (siehe unter Perusini, S. 76).

Unter den Weinen der königlich schönen Landschaft um Ipplis und die Rocca Bernarda sticht – wie könnte es anders sein – auch der König der Weine, der Picolit, hervor. Er ist süß, aber elegant durch einen ausgewogenen Säuregehalt voller Pfirsich- und Honigaromen – ein exquisites und standesgemäßes Flaggschiff einer erlesenen Weinregion.

In der Landschaft um Rosazzo flankieren Robinien- und Kastanienwälder die herrlichen, terrassierten Weingärten. Oft krönen edle Zypressen die Kuppen der Weinberge, schimmern silbrig Olivenbäume und blühen Kirsch- und Apfelbäume. Der Hügel Santa Caterina schützt vor rauen Nordwinden. Das nahe Meer tut ein Übriges, um ein ganz spezielles Mikroklima zu schaffen, das auch die Kultivierung von Oliven erlaubt und runde, kräftige Weine mit großer Persönlichkeit hervorbringt – neben den oben genannten auch Verduzzo und mit die besten Rotweine Friauls mit einem kraftvoll, langlebigen Merlot und einem gehaltvollen Cabernet Sauvignon, der auch als Cuvée im Konzert mit Cabernet Franc und Tazzelenghe besticht.

EIN UNTERGEBIET DER COLLI ORIENTALI – DIE DOC ROSAZZO:

Es existiert erst seit 1995 und konzentriert sich auf die historischen lokalen Reben namens Picolit, Ribolla Gialla und Pignolo sowie eine Cuvée Bianco und Rosso. So ein „Rosazzo Bianco" wurde übrigens bereits 1775 bei einer adeligen Hochzeitsgesellschaft in Venedig serviert – hatte also schon damals einen hervorragenden Ruf!

Der Ribolla Gialla mit seinen typischen Noten nach Salbei und Lindenblüten hat dort seine historisch wichtigste Heimat gefunden, wie auch der Bianco di Rosazzo. Mit etwas weniger Alkohol ausgestattet sind die Weine jedoch besonders frisch und verführerisch duftig-pikant.

Der kraftvolle, mit tollen würzigen Noten bestechende Pignolo wurde eigentlich in der Abbazia di Rosazzo „wiederentdeckt" und zuallererst von Walter Filiputti und Girolamo Dorigo zu neuen Ehren geführt (siehe unten Abbazia di Rosazzo). Er ist nicht nur gering in seinen Erträgen und schon allein dadurch ein kostbarer Tropfen, sondern auch einer der qualitätsvollsten, spannendsten und rarsten, autochthonen Rebsorten ganz Italiens.

Rar und erlesen ist auch der Picolit, der oftmals nur wenige Trauben hervorbringt, da er stark zum Verrieseln neigt (Verrieseln nennt der Winzer das Abfallen der Blüten der Weinrebe). Gemessen am Ertrag ist der Picolit

RISTORANTE

Vitello d´Oro
Via Valvason, 4
Tel. 0432/508982
Ruhetag Montag und Mittwoch, im Sommer auch Sonntag

Seit vielen Jahrzehnten Udines Stadt-Klassiker und noch immer ausgezeichnet. Klassisch, elegant – mit gut bestückten Carelli mit unzähligen Dolci, die nicht nur Kinder faszinieren.

Vecchio Stallo
Via Viola, 7
Tel. 0432/21296
Mi und im Sommer auch So Ruhetag

Urig sitzen im ehemaligen Pferdestall. Sehr friulanisch und durchaus wohlfeil. Unter die einheimischen Stammgäste mischen sich mittags auch zunehmend mehr deutschsprachige Tagestouristen.

VOR DEN TOREN UDINES:

Antica Trattoria Boschetti
Piazza Mazzini, 10
Tricesimo
Tel. 0432/851230 od. 851509
www.ristoranteboschetti.com
Sonntagabend und Montag Ruhetag

Unter dem legendären Patron Giorgio Trentin gehörte es zur Michelinstern-gekrönten Speerspitze der italienischen Top-Restaurants, in dem sich viele Gastronomen ihr fachliches Rüstzeug geholt haben (z.B. Piero Zanini von der Taverna in Colloredo di Monte Albano und Arnold Bucher jun. vom Haubenrestaurant Wulfenia am Kärntner Nassfeld).

Nach Neuübernahme und Umbau ist es nach wie vor eine erstklassige Adresse, wenn auch die ganz großen Zeiten der Vergangenheit angehören.

Antica Macelleria Boschetti

Vis-à-vis des Ristorante wurde vor kurzem ein Fleisch-, Salami- und Schinkenparadies eröffnet, wie man es in dieser Vielfalt und Qualität sonst nur in der Toscana vermutet.

Enoteca Enoos
Via de Pilosio, 15
Tricesimo
Tel. 0432/852449

Gegenüber dem Möbelhaus Walcher findet man am Eck der Via Nazionale und der Via de Pilosio die kleine Bar-Enoteca Enoos für einen kurzen Zwischenstopp.

Agli Amici
Via Liguria, 250
Godia bei Udine
Tel. 0432/565411
Sonntagabend und Montag Ruhetag

Ausgezeichneter Spitzenbetrieb mit sehr kreativer Küche, der seinem Namen „bei Freunden" durchaus gerecht wird. Erlesene Weinauswahl, gehobenes Preisniveau.

Alla Vedova
Via Tavagnacco, 4
Tel. 0432/470291
Sonntagabend und Montag Ruhetag

Eine Legende vor den Toren Udines, in dem besonders die Gerichte vom Fogolar köstlich munden. Ein großes, traditionelles und gut frequentiertes Haus mit schönem Garten und mittlerem Preisniveau.

EINKEHREN & EINKAUFEN
BUTTRIO

Al Parco
Via Stretta, 7
Tel. 0432/674025
Dienstagabend, Mittwoch Ruhetag

Ein wunderschönes, renoviertes friulanisches Steinhaus in einem jahrhundertealten Park, versteckt hinter einer Einfahrt ganz im Zentrum. Je nach Jahreszeit sitzt man gemütlich in der holzvertäfelten Stube mit dem Fogolar oder im Garten.

Locanda al Castello di Buttrio
Via Morpurgo, 9
Buttrio
Tel. 0432/673659
Ruhetag Montagnachmittag und Dienstag

In einem Flügel des Palazzo wurde jüngst diese kleine Locanda im rustikalen Stil eröffnet. Bei herrlichem Panoramablick genießt man im einladenden Gastgarten ehrliche, unverfälschte Gerichte nach Friulaner Tradition, bevorzugt zu den Weinen des Castello di Buttrio, die unter der Regie von Marco Felluga meisterhaft vinifiziert werden.

gerade der Traum eines Winzers – der Geschmack jedoch ist einzigartig. Er wird als König der Weine gehandelt – nicht zuletzt deshalb, weil er schon in der Antike bekannt war und an den Tafeln der Herrschaftshäuser gereicht wurde.

Abbazia di Rosazzo

Das größte Kulturdenkmal der Gegend dient gleichzeitig dem Himmel und der Menschheit, ist es doch nicht nur ein Kloster, sondern auch Geburtsstätte und -helfer einiger der wichtigsten autochthonen Reben Friauls wie dem Pignolo, dem Ribolla Gialla und dem Picolit.

Zwischen der Abbazia di Rosazzo und dem Stift Millstatt gab es schon im 11. Jh. regen Kontakt: Die Rosen, für die Rosazzo bekannt ist und denen dieser Ort auch seinen Namen verdankt, wurden nämlich von den Kärntner Benediktinermönchen hierher gebracht. Heute blühen an die 1500 antike und moderne Rosensorten rund um die alten Mauern. Sie fungieren quasi als Alarmsystem für Schädlingsbefall der Weinstöcke, da sie besonders sensibel reagieren. So erklärt sich auch, dass so mancher Winzer an den Beginn der Zeile einen Rosenstock gesetzt hat! Auch die ersten Weinstöcke haben schon die Kärntner Benediktinermönche gepflanzt. Da erscheint es nur logisch, dass der Weinkeller aus dem Jahre 1200 der älteste Friauls ist.

Das Kloster, das 1090 in den Rang einer Abtei erhoben wurde und im Mittelalter auch als Wehrburg diente, war bereits vom Verfall bedroht. Heute präsentiert es sich wieder in neuem Kleid und ist mit der Petruskirche aus dem Jahre 1070 und dem schönen Ambiente zu einem beliebten Ausflugsziel und geschäftigen Seminar- und Kulturzentrum geworden.

Die Karriere als Weinkellerei war eine wechselvolle und ist in jüngerer Geschichte untrennbar mit dem Namen Walter Filiputti verbunden, der hier in einem Turm des Anwesens seinen Wohnsitz hat. Der renommierte friulanische Weinexperte und Top-Fachjournalist überraschte in den 90er Jahren Freund und Feind, als er von den Udineser Kirchenfürsten die Leitung der Azienda übernahm und sofort umwerfende Resultate erzielte. Dann zerschlug sich die Zusammenarbeit, neue Herren hatten das Sagen über den Abteiwein und als Filiputti später einen zweiten Anlauf nahm, konnten seine Weine die hochgesteckten Erwartungen nicht mehr erfüllen.

Heute wacht Daniele Galli über die Weinbautradition der *Vinai dell´Abbate*, wie sich das Weingut offiziell nennt.

Auch Olivenöl wurde von den Mönchen der Abtei schon um 1082 gewonnen. Ende der 80er Jahre wurde diese Kultur mit 180 Olivenbäumen aus den überlebenden Beständen neu gepflanzt, das erste Öl der Sorte „Gentile di Rosazzo" daraus 1997 gepresst – es ist duftend und delikat und wird im „Hofladen" der Abtei verkauft, wo man auch den Wein erwerben kann. Hier ist der Ursprungsort des Pignolo, des Luxusweines, der erstmals 1398 dokumentiert wurde und der – in Barrique ausgebaut – das Potenzial zum ganz großen Lagerwein hat – vielfältig im Duft, intensiv und vollmundig.

Corno di Rosazzo

Corno di Rosazzo ist ohne den Namen Gramogliano nicht denkbar – der Name einer einst wichtigen Familie, die für den Bau der gleichnamigen Burg verantwortlich zeichnete. Heute ist davon nur noch ein Turm übrig geblieben, neben dem sich die Visintinis das Zentrum ihres bekannten Weinguts geschaffen haben. Das Herrenhaus wurde 1966 von der Familie Collavini erworben, ein weiterer erlesener Name auf der Liste der friulanischen Weinbauern (siehe auch S. 77).

Bis zum Jahre 1866 war das Gebiet österreichisch, ein Umstand, der der Weinkultur durchaus zuträglich war, wusste die k. u. k. Monarchie – anders als die von Wein praktisch überschwemmten Italiener – die flüssigen Schätze ihres Kronlandes wohl zu schätzen und zu fördern.

Eine Besonderheit sind auch die Straßenbezeichnungen der Stadt, die seit 1989 berühmten Weinen gewidmet sind – im Zentrum den friulanischen, in den Außenbezirken den internationalen Sorten. Der Hügel von Gramogliano bringt Ribollas und Picolits und Rote guter Qualität hervor. In der Gegend um Noax ist das Klima etwas frischer und entsprechend der Schwerpunkt auch eher bei Weißweinen wie Tocai, Chardonnay und Pinot Grigio – nicht zu vergessen der Picolit der Rocca Bernarda. Der am meisten angebaute Wein, sowohl im Flachland als auch in den Hügeln um Corno di Rosazzo, ist jedenfalls der Tocai, charaktervoll und sortentypisch mit Mandelanklängen.

Enoteca di Buttrio
Via Cividale, 38
Buttrio
Tel. 0432/673753
www.enotecadibuttrio.it
Geöffnet von 10–15 und von 17.30–23 Uhr
Ruhetag Mittwoch (Sept.–Mai) bzw. Sonntag (Mai–September)

Diese Enoteca widmet sich ausschließlich den Weinen und Gütern der Gemeinde Buttrio. Schöne Terrasse, auf der man im Sommer ein Glas Wein oder Köstliches aus der Küche genießen kann.

Destilleria Nonino
Percoto
Tel. 0432/676331
E-Mail: info@nonino.it
www.nonino.it

Percoto, nur 4 km westlich von Manzano, ist die Heimat der weltweit renommiertesten Grappamarke schlechthin. Der Name Nonino steht für Familiensinn: Benito und Giannola Nonino mit ihren bildhübschen und tüchtigen Töchtern brachen mit sämtlichen Traditionen, als sie ein reinsortiges Produkt herstellten, nämlich den Monovitigno Nonino aus dem Trester der Picolit-Traube. Endgültig revolutioniert haben sie ihre Branche dann mit dem UÉ, der nicht nur reinsortig, sondern noch dazu aus der ganzen Traube – und nicht wie sonst üblich aus Trester – gebrannt wurde.

Abbazia di San Pietro Apostolo
Pizza Abbazia, 5
Località Rosazzo
Manzano (UD)
E-Mail: info@abbaziadirosazzo.it
Tel. 0432/759091
Fax 0432/759091

Die Weinkellerei ist von Montag bis Freitag von 9.00 bis 12.30 und von 13.00 bis 17.00 Uhr geöffnet. Führungen anmelden.

Enoteca „Ai Quattro Venti"
Via Aquileia, 68
Corno di Rosazzo
Tel. 0432/753220
www.enotecaquattroventi.it

In dem geschichtsträchtigen Haus an der Straßenkreuzung kann man sich auch durch eine interessante Degustation führen lassen – passende Kleinigkeiten aus der Region zum Schmausen inbegriffen.

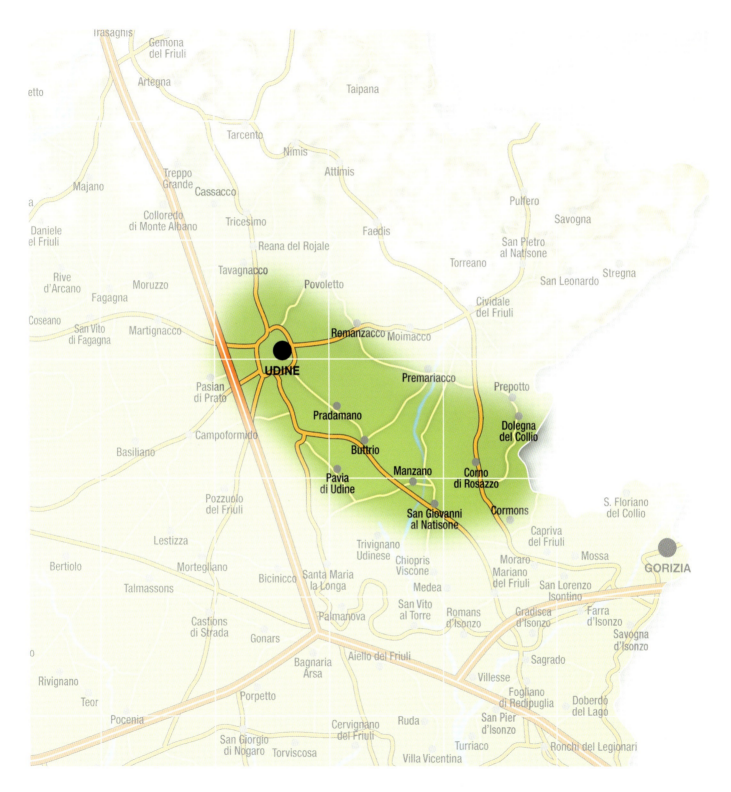

VON DOLEGNA BIS CAPRIVA - IM COLLIO
Route 3

RUSSIZ SUPERIORE

Roberto Felluga
Via Russiz, 7
Capriva del Friuli
Tel. 0481/80320
E-Mail: info@marcofelluga.it
www.marcofelluga.it

WEINTIPPS:

Weißweine

Jahr für Jahr gehört der grasig-duftende und von Holunder und gelbem Paprika untermalte *Sauvignon Blanc* zu den besten seiner Art im ganzen Friaul.

Die *Cuvèe Col Disore* aus Tocai Friulano und Ribolla Gialla mit kleinen Anteilen an Pinot Bianco und Sauvignon ist eine der attraktivsten Collio Bianco-Interpretationen modernen Zuschnitts.

Rotweine

Neben dem ungemein saftigen und weichen *Merlot* gefällt der *Cabernet Franc,* der nicht wie so oft rustikale, ja fast grünliche Noten aufweist, sondern vielmehr durch Saftigkeit, Reife und aromatische Würze besticht.

Als größter „Roter" von Russiz brilliert der *Riserva degli Orzoni* mit aristokratischer Eleganz und Finesse (Cabernet Sauvignon, mit kleinen Anteilen an Cabernet Franc und Merlot).

Edel-Süßweine

Der *Verduzzo* ist eine der außergewöhnlichsten Interpretationen dieser Rebsorte. Er gelangt erst nach 12 Monaten Ausbau im Stahltank und einem weiteren Jahr Flaschenreife zur Abfüllung.

OLIVENÖL

Marco Felluga rekultivierte die brachliegende Olivenölproduktion mit den Sorten Biancheria, Pendolino, Maurino und Frantoio. Das stolze Ergebnis: ein ungewöhnlich harmonisches Öl, im Stil jenem des Gardasees ähnlich, mit grünlich-gelben Reflexen und geschmacklicher Ausgeglichenheit.

Die Erfolgsstory der Fellugas, die ursprünglich aus Istrien stammen, ist untrennbar mit dem Höhenflug des friulanischen Weines verbunden. Marco und Livio, heute die Patriarchen des friulanischen Weinbaus, gingen getrennte Wege: Der jüngere Marco bepflanzte bei Capriva 60 Hektar mit Rebstöcken und errichtete sein Wohnhaus in Gradisca, wo sich auch die Stammkellerei Marco Felluga befindet.

Livio, der Patriarch, hingegen ließ sich in Brazzano bei Cormòns nieder (siehe nächste Seite). Das traditionsreiche Gut Russiz Superiore in Capriva wurde unter den Händen von Marco und nunmehr seinem Sohn Roberto zu einem Vorzeigebetrieb friulanischer Weinmacherkunst.

Die Schönheit von Russiz Superiore, das lange den Thurn und Taxis, später den Grafen Orzoni gehörte, lässt dem Besucher den Atem stocken: Die erlesenen Barriquekeller, die tief in den Hang gegraben wurden, sind von Kristallustern erhellt und gleichen einer Galerie von Wein und Kunst, das Haupthaus ist herrschaftlich und von den gerade errichteten noblen Gästeappartements aus schweift der Blick weit ins Land.

Nach den Weltkriegen bedurfte es großer Investitionen und vieler Mühen, die ramponierten Weingärten wieder zu kultivieren, doch Marco zögerte nicht, die Herausforderung anzupacken – und wurde zu einem der Qualitätspioniere und önologischen Vordenker Friauls. Als Präsident des Collio-Konsortiums gab er viele Jahre wichtige Impulse und führte den Collio auch auf internationaler Ebene in ein neues „vinologisches" Zeitalter.

Motivation für ständige Erweiterung und Innovation war ihm das brennende Interesse seiner Kinder Robert, Alessandra und Patrizia, die selbst das Weingut Zuani in der Nähe von San Floriano del Collio besitzt.

Heute kann sich Marco stolz zurücklehnen – was noch lange nicht heißt, dass er die Hände in den Schoß legt. Auf Russiz Superiore führt Sohn Roberto das Zepter und mit ihm befindet sich das Gut weiter auf Expansionskurs – die jüngsten Juwele sind die Güter Castello di Buttrio sowie San Niccolo a Pisignano im Herzen der Toskana.

LIVIO FELLUGA

Livio Felluga
Via Risorgimento, 1
Cormòns, Fraz. Brazzano
Tel. 0481/60203
E-Mail: info@liviofelluga.it
www.liviofelluga.it

WEINTIPPS:

Weißweine

Neben der erfrischenden Weißwein-Cuvée *Shàris* aus Chardonnay und Ribolla ist der ungewöhnliche *Pinot Ggrigio* mit den kupferfarbenen Reflexen eine Erwähnung wert.

Der *Illivio* reift für ca. 10 Monate in kleinen französischen Eichholzfässern und besteht aus Pinot Bianco, Chardonnay und Picolit.

Der größte Weißwein des Gutes ist zweifelsohne der *Terre Alte*, ein Monument aus Tocai Friulano, Pinot Bianco und Sauvignon, das weitgehend ohne den Ausbau im Holz auskommt und ein bemerkenswertes Alter erreichen kann.

Rotweine

Viel Spaß verspricht der fruchtige *Vertigo* aus Merlot und Cabernet Sauvignon.

Bemerkenswert der *Refosco dal peduncolo rosso* mit seinen weichen, aber präsenten Tanninen.

Der *Sossó* repräsentiert das rote „Meisterstück" des Hauses, aus den besten Refosco-, Merlot- und Pignolo-Partien.

Edel-Süßweine:

Der *Picolit* aus den Weingärten um Rosazzo wird als Riserva 18 Monate im Holz ausgebaut.

Der Name ist Legende. Er hat den Ruf der friulanischen Kreszenzen früher und weiter in die Welt hinausgetragen als jeder andere. Livio, der mit Stolz die Bezeichnung Patriarch trägt, ist der ältere der Felluga-Brüder, deren Familie aus Istrien aufbrach, um hier das friulanische Weinwunder in Gang zu setzen – und ebenso wie bei Bruder Marco hat auch hier die nächste Generation, Andrea, Elda, Filipo und Maurizio, die Liebe zum Wein und zum Weinbau im Blut.

Mit großem Weitblick und Gespür kaufte Livio in den 60er Jahren Felder rund um Rosazzo auf, die die Bauern nicht mehr bestellen konnten und wollten, weil sie ihr Heil in der aufblühenden Sesselproduktion der Region suchten. Livio aber hatte die Vorzüge des Mikroklimas und den Wert der Böden erkannt, deren Mergel zwar nicht die großen Erträge, dafür aber umso mehr Qualität hervorbringt. Diese geschickte Taktik sicherte dem „Patriarchen" eine Rebfläche von über 120 Hektar wertvollsten Colli Orientali-Weinlandes, in einem Gebiet, das ansonsten in kleine und kleinste Parzellen aufgesplittert ist. Die Kellerei ließ Livio in Brazzano di Cormòns errichten. Heute verfügt das Gut über 160 Hektar, davon 135 Hektar Rebfläche in den Colli und den Colli Orientali, und produziert im Durchschnitt stolze 650.000 Flaschen jährlich.

Spürsinn bewies Felluga nicht nur beim Kauf seiner Weinberge und mit seinem unerschütterlichen Glauben an die Qualitäten der alten einheimischen Rebsorten, sondern auch bei der Wahl seiner Etiketten. 1956 war noch keine Rede von Herkunftsbezeichnungen oder Qualitätsgütesiegeln auf den Flaschen. Anders bei Livio, der damals sein legendäres Etikett mit der Landkarte aller Orte, in denen seine Weinberge liegen, auf den Markt brachte. 2006 wurde das 50-jährige Jubiläum dieses Geniestreichs gefeiert – und noch heute ziert das Etikett die erlesenen Produkte des Hauses.

In der Osteria Terra & Vini in Brazzano (siehe S. 112 Terra & Vini, Via XXIV Maggiore, 34, Brazzano, Tel. 0481/60028, www.terraevini.at) bieten die Fellugas neben der guten Küche auch Übernachtungsmöglichkeiten an.

VILLA RUSSIZ

Gianni Menotti
Via Russiz, 6
Capriva del Friuli
Tel. 0481/80047
E-Mail: villarussiz@villarussiz.it
www.villarussiz.it

WEINTIPPS:

Weißweine:

Neben dem ungemein dichten *Tocai Friulano*, der trotz seiner kraftvollen Art immer noch einladend wirkt und mit dem typischen Mandelton ausgestattet ist, glänzt der *Pinot Bianco* als einer der besten Pinots Italiens mit den beiden Sauvignons um die Wette. Der kraftvollere *Sauvignon*, der mit dem hausinternen Prädikat „de la Tour" geadelt wurde, besticht durch seine großartige Aromatik nach gelbem Paprika, Pfirsich, Grapefruit und Salbei.

Der größte Weißwein des Gutes ist zweifelsohne der reinsortige *Chardonnay Gräfin de la Tour*, der an große Mersaults oder Montrachets aus Burgund erinnert. Der Gambero Rosso kürte ihn als „Weißwein des Jahres" zum besten Weißwein Italiens, seinen „Schöpfer" Gianni Menotti zum besten Önologen des Landes.

Rotweine:

Absoluter Topstar ist die *Merlot-Selektion Graf del Tour*. Ein für Friaul besonders rarer und ungewöhnlicher Merlot von großem Potenzial und Dichte.

Der französische Graf Teodoro de la Tour fand hier 1869 den idealen Ort, um seiner Leidenschaft für den Weinanbau und önologische Techniken nachzugehen, die zu dieser Zeit in Frankreich schon sehr weit entwickelt waren. De la Tour erkannte sofort das Potenzial dieser Gegend, seine wertvollen Böden und das außerordentliche Mikroklima, in dem frische Winde aus den Julischen Alpen mit der Meeresbrise zusammentreffen. Der französische Einfluss tat den Weinbergen gut – de la Tour setzte auf für die damalige Zeit moderne Anbau- und Ausbaumethoden, importierte als Erster hochwertige französische Rebsorten wie Merlot und Sauvignon und baute den prachtvollen unterirdischen Keller.

Nach des Grafen Tod übernahm seine österreichische Gattin Elvine das Gut, doch gab sie angesichts der hereinbrechenden Kriegswirren auf und verkaufte das Gut an die italienische Regierung. Aus dem Weingut wurde ein Waisenhaus, die karitative Gesellschaft Adele Cerruti – noch heute mit dem Istituto Cerruti präsent – seine Eigentümerin, bis man sich Mitte der 50er auf die ursprüngliche Bestimmung der Anlage besann. Edino Menotti wurde als Winzer beauftragt und begann mit den Aufräumarbeiten in dem verwahrlosten Gut. Sein Sohn Gianni tat weitere wichtige Schritte in Richtung Qualitätsbetrieb und verhalf z.B. dem Merlot wieder zu neuem Ansehen.

Heute gehören 94 Hektar zum Betrieb mit der schönen weißen Villa im Tudorstil, die von einem alten Park umrahmt wird, 30 Hektar davon sind Rebfläche. Die Pflanzenanzahl pro Hektar liegt zwischen 4.500 und 7.000, um so stark konzentrierte Trauben zu erhalten. Die Weine von Villa Russiz und insbesondere die drei Spitzen der Produktion, die Crus *Sauvignon de la Tour, Graf de la Tour und Gräfin de la Tour,* sind Glanzlichter moderner Friulaner Önologie und gehören zu den größten Weißweinen Italiens.

Im Streben nach absoluter Qualität zeigt sich „Weinmagier" Gianni Menotti kompromisslos – für eine konsequente Entwicklung und für große Weine von höchstem internationalem Niveau.

JERMANN

Silvio Jermann
Fraz. Ruttars - Loc. Trussio, 11
Dolegna di Collio
Tel. 0481/888080
www.jermann.it

Mit seinem *Vintage Tunina* hat er sich unsterblich gemacht – der unbeirrbare Meisterwinzer, der Kreativität und Können seit Jahrzehnten mit Ausnahmeweinen unter Beweis stellt.

Ursprünglich kam die Familie aus dem Burgenland, aber seit 1891 ist die Familie in Villanova di Farra ansässig, wo bis heute das Stammhaus steht – nahe der Tenuta Villanova. 1991 wurde eine neue Seite im Geschichtsbuch der Familie aufgeschlagen, als Silvio Jermann den legendären Weinberg Capo Martino in Ruttars erwarb. Dort, unter dem Castello di Trussio, verwirklichte er sich seinen Lebenstraum mit einer neuen, spektakulären Kellerei.

Unsere Weintipps:
Bei der Zusammensetzung und Vinifikation des legendären *Vintage Tunina* (Sauvignon, Chardonnay, Malvasia, Ribolla und Picolit) begründet auch die ungewöhnliche Beimischung von Picolit eine neue önologische Ära. Noch heute steht dieser Name für eines der bedeutsamsten Weißweinprodukte Italiens.

Auch der *Carpo Martino* (aus Tocai, Pinot Bianco, Malvasia und Picolit) macht Furore und dem Vintage Tunina möchtig Konkurrenz.

Dritter im Bunde der Ausnahmekreszenzen ist der *Were dreams, now it is just one* – eine beachtlich internationale Interpretation der Hauptkomponente Chardonnay (gut 90 %), die schon allein im Duft nach reifen Südfrüchten, Butterscotch, Vanille und Biscotti begeistert. Ein Meisterstück!

Der rare und überteuerte *Così sia*, also „So sei es", wurde als Messwein für die Erzdiözese Görz konzipiert, ein Teil des Verkaufserlöses geht an wohltätige Zwecke.

Der *Vinnae* ist einer der ganz wenigen Weißweine, die in seiner Zusammensetzung das Thema Alpe Adria aufarbeiten und in dem Traditionstrauben aus Slowenien (Ribolla), Friaul (Tocai) und Österreich (Riesling) verschmelzen (viel Frische, einladend). Die „einfachen" Rebsortenweine wie *Pinot Grigio, Chardonnay* und *Sauvignon* sind verlässlich gut gemacht, entsprechen aber nicht den Vorstellungen, die man in Anbetracht der großen önologischen Leistung von Silvio Jermanns Weinen hat.

Bei den Rotweinen ist vor allem der *Pigancolusse,* ein 100 % Pignolo, zu nennen, eine tolle Version mit dramatischer Frucht, Würze und Tiefgang.

Hinter dem *Red Angel in the Moonlight* verbirgt sich ein geradliniger, unkomplizierter Pinot Nero. Die kuriose Cuvèe *Blau&Blau Mjzzu* aus Blauburgunder (Pinot Nero) und Blaufränkisch (Franconia) macht Spaß.

Noch einen Traum verwirklichte er sich mit der „Vinnaeria alla Baita" in Capriva – einem exklusiven Hotel-Restaurant (siehe S. 112).

CÀ RONESCA

Davide Alcide
Loc. Lonzano, 27
Dolegna del Collio
Tel. 0481/60034
E-Mail: caronesa@caronesca.it
www.caronesca.it

Ein neuer Eigentümer hat mit Davide Alcide Setten das Ruder der riesigen Anlage in die Hand genommen, als bewährter Önologe blieb Franco dalla Rosa mit an Bord. 100 Hektar umfasst das Gut, nur 52 Hektar davon sind Weinland, der Rest Wiesen und Wälder, die für ein gesundes ökologisches Gleichgewicht sorgen.

Setten hat sich an eine neue Linie gewagt, die den Namen *The Fabolous Four* trägt und mit dem Jahrgang 2006 ihren Anfang nimmt – darunter Pinot Grigio, Tocai und Pinot Nero. Hervorragend außerdem der *Collio Bianco Marnà* aus Pinot Bianco und Malvasia Istriana. Die saftig-weiche Cuvèe mit Duftnoten von Ginster und Lavendel kommt aus den Weingärten „Ca´Turcata", unmittelbar an der slowenischen Grenze, und wird gut 18 Monate in kleinen, französischen Eichholzfässern ausgebaut.

VENICA & VENICA

Gianni & Giorgio Venica
Loc. Cerò, 8
Dolegna di Collio
Tel. 0481/61264
www.venica.it

Gianni und Giorgio haben mit ihren Familien aus dem Erbe ihres Großvaters eines der führenden Weingüter Friauls und einen hochklassigen Agriturismobetrieb mit schönem Gästehaus und Pool erarbeitet.

Höchste Auszeichnungen gehören hier zum Standard: So erhielt der apfelduftige Tocai Friulano *Ronco delle Cime* gleich mehrmals die begehrten drei Gläser im Gambero Rosso. Die Sauvignon-Interpretationen sind schon seit Ende der 80er Jahre legendär.

Der Top-Sauvignon des Hauses *Ronco delle Mele* besticht durch eine fast schon explosive Nase von grünem und gelbem Paprika, Salbei, Minze und Tomatenrispen.

Der ausgezeichnete *Malvasia* eröffnet Anklänge an einen ganzen Obstkorb in der Nase, oftmals exotisch-würzig (Zimt) unterlegt, begleitet von frischem, kräuterwürzigem Bergheu.

LA RAJADE

Romeo Rossi
Localitá Petrus, 2 - Dolegna del Collio
Tel. 0481/639273
E-Mail: info@larajade.it
www.larajade.it

6,5 Hektar im nördlichsten Colliobereich direkt an der slowenischen Grenze sind der ganze Schatz dieser Azienda, auf der Romeo Rossi jährlich nicht mehr und nicht weniger als 40.000 Flaschen auf den Markt bringt. „Sonnenstrahl" bedeutet der Name auf Friulanisch und von der Sonne geküsst sind auch die Weine des Gutes, in denen man den Respekt vor der Natur förmlich zu schmecken vermag.

Neben einem mit seinen Holundernoten hervorstechenden *Sauvignon* glänzt der *Malvasia Istriana* in Höchstform mit seinem saftig-ausgeglichenen Wesen.

Der kraftvolle und weiche *Merlot Riserva* und der über Jahre gereifte *Cabernet Sauvignon Selezione* bilden die Speerspitze der roten Riege des Weingutes.

RONCO DEL GNEMIZ

Serena Palazzolo
Via Ronchi, 5
San Giovanni di Natisone
Tel. 0432/756238
E-Mail: roncodelgemiz@libero.it
www.roncodelgnemiz.com

Enzo Palazzolo erstand 1964 das weitläufige Gut von der Familie Gnemiz. Nach umfangreichen Neuanpflanzungen und Kellerumbauten erwarb es sich Anfang der neunziger Jahre einen erstklassigen Ruf, der um den Jahrgang 2002 kurz abzureißen drohte. Heute führt die

tüchtige Serena, Enzos Tochter, das Weingut. Damals wie heute begründet sich der gute Ruf der Gnemizweine auf die Produktion langlebiger, qualitätsvoller Weißweine und bemerkenswerter Rotweine.

Der barriqueausgebaute *Chardonnay* vereint charmante Frucht (gelber Pfirsich und exotische Früchte) mit den zarten und eingebundenen Röstaromen des Holzes (Bisquit, gebrannte Haselnuss). Die Top-Rotwein-Cuvèe des Hauses, *Rosso del Gnemiz* aus Merlot, Cabernet und Schioppettino, ist mit ihrem 24-monatigen Barriqueausbau und den einladenden Weichseltönen wieder in Höchstform.

Sehr einladend die jungen Weißweine, allen voran der strahlende *Sauvignon Solis*.

LIVON
Tonino und Valneo Livon
Fraz. Dolgenano
Via Montarezza, 33
San Giovanni al Natisone
Tel. 0432/757173
E-Mail: info@livon.it
www.livon.it

Das Weingut der Brüder Livon ist in mehrfacher Hinsicht bemerkenswert: einerseits durch das große Sortiment auf höchstem Niveau und andererseits durch die riesige Rebfläche von 100 Hektar allein im Hügelland. Zum Imperium gesellen sich neben dem Stammhaus die Tenuta RoncAlto, die Villa Chiòpris im Grave und weitere Güter in Umbrien und in der Toscana.

Allein die Friulaner Kreszenzen sprengen den Rahmen des Buches, hier eine Auswahl der Besten: Der Pinot Grigio *Braide Grande*, intensives Strohgelb, mit üppigem Duft nach Blüten und Gewürzen. Der kraftvolle *Sauvignon Valbuins* (grüne Paprika, Salbei, Pfirsich) begeistert Sauvignon-Puristen.

Die großartige, international interpretierte Sauvignon-Selektion *Valtrussio* (Fermentation in Allier-Barriques) liegt mächtig, von zarten Vanillenoten unterlegt, am Gaumen. Bemerkenswert der Chardonnay *Braide Mate* sowie der kraftvolle Tocai *Manditocai* und die Collio Bianco-Cuvée *Braide Alte* aus der ungewöhnlichen Zusammensetzung von Chardonnay, Sauvignon, Picolit und Moscato.

Star der Roten ist der saftige Bordeaux-Blend *Tiare Blu*, aus Merlot und Cabernet Sauvignon. Intensive Nase, mächtig im Körper, tolle Frucht nach reifen Himbeeren und Brombeeren, großes Potenzial.

Das hervorragende Olivenöl *Valbuins* und die duftig-weichen Grappe aus Picolit oder der raren Fragolinotraube mit ihrem Walderdbeeraroma runden das Sortiment ab.

BORGO DEL TIGLIO
Nicola Manferrari
Farz. Brazzano
Via San Giorgio, 71
Cormòns
Tel. 0481/62166

Nicola Manferrari, ehemals Apotheker, ging 1981 unter die Weinmacher – mit einer Cantina am Dorfplatz unter der Linde („tiglio") von Brazzano. Ein stiller Tüftler mit der Präzision eines Schweizer Uhrwerks ist er geblieben, dazu bescheiden und feinfühlig. Die 9 Hektar Weingärten sind auf drei verschiedene Güter verteilt. In den steilen Colliolagen mit oftmals altem Rebbestand findet die Tocai-Selektion *Ronco della Chiesa*, eine der besten Interpretationen dieser Rebsorte, beste Bedingungen vor.

Sie wird nur in den besten Jahren produziert: monumental, strohgelb mit grünlichen Reflexen, gelber Pfirsich, Melone, Haselnuss und Bittermandel. Aus der Azienda Ca´della Vallade mit kühlerem Klima wird auch die zupackende *Chardonnay Selezione* gewonnen. In Ruttars gedeihen die Trauben für den *Studio di Bianco* – die berühmte Cuvée aus Tocai, Riesling und Sauvignon.

In den allerbesten Jahren wird in fast homöopathischen Mengen ein großer Rotwein abgefüllt, der *Rosso della Centa*, hauptsächlich aus Merlot der besten Parzellen, der oftmals bis zu 10 Jahre zeitversetzt auf den Markt kommt.

Wer keine Flasche dieses raren Weines ergattert, tröste sich mit dem *Collio Rosso*, einer Cuvée aus großteils Merlot mit Cabernet Sauvignon. Im Vergleich zum *Rosso della Centa* viel Genuss für deutlich weniger Geld!

Eleganz, Frucht und Saftigkeit, ohne störende Holz- und Röstaromen.

Jüngste Neukreation: Der bemerkenswerte *Juliae Passito*, eine fruchtig-süße Beerenauslese mit zartem Tannin aus Verduzzo-Trauben.

THOMAS KITZMÜLLER
Fraz. Brazzano
Via XXIV Maggio, 56
Cormòns
Tel. 0481/60853
E-Mail: info@vinikitzmueller.com
www.vinikitzmueller.com

Gleich neben der Felluga-Osteria Terra & Vini am Ortsende von Brazzano ist die Zufahrt zum versteckten Anwesen der österreichstämmigen Kitzmüllers, die 4 Hektar zwischen DOC Collio und DOC Isonzo bewirtschaften und auch Zimmer anbieten. Thomas Kitzmüllers Paradekreszenzen sind die Tocais, die in zwei Varianten ausgebaut werden – als weicher, kraftvoller *Tocai Friulano Corte Marie* und als lebhaft-erfrischender *Tocai Friulano* mit mineralischen Anklängen. Bemerkenswert auch der *Isonzo Rosso*, eine Komposition aus dem in Stahltank ausgebauten Merlot und Cabernet Sauvignon, dem man einen kurzen Ausbau in gebrauchten Barriques gönnte: Er besticht durch

FRANCESCO VOSCA
Francesco Vosca
Fraz. Brazzano
Via Sottomonte, 19
Cormòns
Tel. 0481/62135
E-Mail: voscafrancesco@libero.it

Francesco Vosca ist ein Einzelkämpfer, der in mühsamer Handarbeit und mit einfachsten Methoden aus seinen 6 Hektar feine Weine zaubert. So setzt er nach wie vor auf das System „alla cappuccina", eine Halbbogenform, um seine Reben zu erziehen, die sonst schon eher aus den Weingärten verdrängt worden ist. Er begnügt sich mit 15.000 Flaschen jährlich, oftmals werden von einer Rebsorte nicht mehr als 1.500 Flaschen gefüllt – *Malvasia, Tocai* und *Pinot Grigio,* die aus dem Hügelland stammen, sowie *Sauvignon* und *Chardonnay* aus den ebenen Gebieten. Sein Vorzeigewein ist der sortentypische *Malvasia,* der mit Aromen von Lavendel, Birnen und Veilchen aufwartet und viele Liebhaber dieser Rebsorte für sich gewonnen hat.

RACCARO

Dario Raccaro
Via San Giovanni, 87
Cormòns
Tel. 0481/61425

Der Titel „Weißwein des Jahres 2008" und drei Gläser von Gambero Rosso gingen an den *Tocai Friulano Vigna del Rolat 06* vom historischen Weinberg Rolat: Er gehört seit Jahren mit seiner Konzentration und Fruchtspiel nach gelbem Apfel, Birnen und Bittermandeln zum Allerbesten dieser oftmals unterschätzen Rebsorte.

Der Legende nach stammen die 100-jährigen Reben direkt von Stöcken aus Ungarn. Am Fuße des Monte Quarin fanden sie ideale Bedingungen, in Dario einen genialen Weißweinkünstler, der sich mit seinen 4,5 Hektar seine Weinträume verwirklicht.

Weitere hervorragende Weine sind der *Collio Bianco*, eine kurios-interessante Komposition aus Tocai, Sauvignon und Pinot Grigio, sowie der mineralisch-salzig-pfeffrige und mächtige *Malvasia*, das einstige Flaggschiff Darios, der seinen Ruhm nun mit dem Tocai teilen muss.

RONCO DEL GELSO

Giorgio Badin
Via Isonzo, 117
Cormòns
Tel. 0481/61310
E-Mail: info@roncodelgelso.com
www.roncodelgelso.com

Neben Vie di Romans ist zweifelsfrei Ronco del Gelso jenes Weingut, welches die neue Qualitätslinie der Weine des Isonzo in aller Welt bekannt gemacht hat. Dahinter steht Giorgio Badin, dessen Weine richtungsweisende Charakterweine sind, die auf den 22 ha von der Nähe des Meeres und den kühlen Winden aus den Bergen profitieren. Durch akribische Weinberg- und Kellerarbeit gelangen die Trauben auch in problematischen Jahren zu großer Klasse – sie sind anspruchsvoll und langlebig, mit ausbalancierten Gleichgewicht von Frische und Weichheit, jedoch auch immer sehr trinkfreudig und elegant. Der *Isonzo Bianco Latimis* ist eine geglückte Verehelichung von Tocai Friulano, Riesling und Pinot Bianco. Ein Wein mit viel Persönlichkeit, Nerv und Fruchtigkeit, getragen von großer Harmonie.

Die Pinot Grigio-Version *Sot lis Rivis* ist eine der bemerkenswertesten Grauburgunder-Interpretationen überhaupt: Gelbe Äpfel und Wiesenkräuter markieren die Frucht, die vom Holzeinsatz zart untermalt wird.

Der *Sauvignon* blitzt mit grünlichen Reflexen, grünem Paprika und Salbei in der Nase wie auch am Gaumen. Der *Merlot* ist kraftvoll, ohne jedoch im internationalen Vergleich zu „marmeladig" zu wirken: vollreife Marascakirsche, würzig, konzentriert, mit weichem Tannin.

BORGO SAN DANIELE

Alessandra und Mauro Mauri
Via San Daniele, 16
Cormòns
Tel. 0481/60552
E-Mail: info@borgosandaniele.it
www.borgosandaniele.it

Das Geschwisterpaar Mauri hat sich trotz seiner Jugendlichkeit bereits unter den besten Winzern Friauls etabliert. Besonders bemerkenswert ist der *Arbis Blanc*, ein unglaublicher Weißwein aus Sauvignon mit Chardonnay, Pinot Bianco und Tocai Friulano. Im Glas kündigt sich viel reife Frucht an, Honig und Lindenblüte, Heu und mediterrane Kräuter. Kraftvoll angelegt, aber dennoch durch die deutlich merkbare Mineralik mit einladendem Trinkfluss versehen. Die junge Kellerei steht aber auch für fabelhaften *Pinot Grigio* (reife Birne und geröstete Mandeln) wie auch für einen ungemein saftigen *Tocai Friulano*, der fruchtbetont, allerdings mit sehr geringer Säurestruktur im Stahltank ausgebaut wird.

Der interessante *Arbis Ros* besteht aus Cabernet und Pignolo, der in großen Jahrgängen mit allem aufwartet, was man von einem Friulaner Roten erwarten darf: voll, gut strukturiert, mit einladender Frische.

DORO PRINCIC

Allessandro Princic
Loc. Pradis, 5
Cormòns
Tel. 0481/60723
E-Mail: doroprincic@virgilio.it

Ein altgedienter „Player" im Weinkonzert des Landes, dessen Ruf Vater Doro begründete. Er bestückte ¾ seiner Weinbauflächen mit Weißweinreben und verstand sich als einer der Ersten auf temperaturgesteuerte Vergärung. Doro ist nicht mehr, aber Sohn Alessandro und seine Frau Grazia setzen sein Werk überaus würdig fort: Es werden fünf verschiedene Weißweinreben und zwei Rote angebaut, *Merlot* und *Cabernet Franc,* die gegenüber der Brillanz ihrer goldfarbenen Kollegen manchmal etwas zu verblassen scheinen. Weniger Ertrag, mehr Substanz lautet das Motto, das Weißweine von einer harmonischen Fruchtbarkeit, angenehmer Säure und überragender Länge hervorbringt – *Tocai Friulano* und *Pinot Bianco*, die Flaggschiffe des Hauses, sind seit Jahren hochdekoriert, aber auch der *Malvasia* präsentiert sich überzeugend und sortentypisch.

COLLE DUGA

Damian Princic
Loc. Zegla, 10
Cormòns
Tel. 0481/61177
E-Mail: info@colleduga.com
www.colleduga.com

Damian Princic investierte mit beherzter Passion jahrelange Arbeit in Weingärten und Keller, die ihm schlussendlich den Sprung in die Topliga und überschwängliche Kritiken einbrachte: Die neuen Weine zeigen nicht nur Klasse, Harmonie und Struktur, die Tropfen dieses Weinkünstlers sind auch rar geworden.

Aus den wertvollen Weinbergen entlang der slowenischen Grenze gewinnt er ganze 35.000 Flaschen, die ihm seine Fangemeinde aus der Hand reißt. Besonders der *Tocai Friulano* löst regelmäßig wahre Begeisterungsstürme aus: Er glänzt mit einem intensiven Duft reifer Trauben, Apfel und Thymian, sehr einladend, mit deutlichem Mandelton – kurz ein vorbildlicher Vertreter seiner Art. Ähnlich aromareich sind auch der *Pinot Grigio* (Holunderblüten, reife Banane) und der *Collio Bianco* aus Sauvignon, Tocai, Chardonnay und Malvasia Istriana – ein Wein von großer Eleganz und Persönlichkeit, der jeweils zur Hälfte in Stahltanks bzw. Barriques ausgebaut wird.

Der *Merlot* hält niveaumäßig mit seinen weißen Kollegen an Klasse gut mit!

RONCO DEI TASSI

Fabio Coser
Loc. Monte, 38
Cormòns
Tel. 0481/60155
E-Mail: info@roncodeitassi.it
www.roncodeitassi.it

Fabio Coser ist einer jener bescheidenen Önologen im Land, deren Credo eindeutig ist: Die Weine müssen Ausdruck ihres Terroirs und der maximale Ausdruck einer Rebsorte sein. Die Genialität, zur richtigen Zeit das Richtige zu tun, hat die Qualität weit vorangebracht – wie der Kauf der 12 Hektar Weingärten bei Cormòns 1989.

Leuchttürme seines Schaffens sind der nach gelbem Pfirsich duftende *Bianco Fosarin* aus Tocai, Malvasia und Pinot Bianco oder der blitzsaubere und elegante *Tocai Friulano* (Williamsbirne, Mandel). Sein Ziel sind elegante, ausgewogene Kreationen – und dem wird er auch mit dem *Sauvignon* (saftig, frische Aromatik) und dem *Pinot Grigio* (kraftvolle Struktur, trotzdem trinkfreudig) gerecht.

Bemerkenswert bei den Rotweinen ist vor allem der *Collio Rosso Cjarandon*, ein Bordeaux-typischer Blend aus Merlot mit Cabernet Sauvignon und Cabernet Franc: Rote, reife Waldbeeren, Pfeifentabak und Bitterkakao entströmen dem Glas. Sehr „warme" Präsenz, rund und lang nachklingend. Der Ausbau erfolgt für gut 20 Monate in Allier- und Troncais-Barriques.

SUBIDA DI MONTE

Cristian und Andrea Antonutti
Loc. Monte, 9
Cormòns
Tel. 0481/61011
E-Mail: subida@libero.it
www.subidadimonte.it

Gigi Antonutti begeisterte schon österreichische Gaumen mit tollen Rotweinen, als meist noch anonyme Wein-Masse mit hohen Erträgen produziert wurde – insbesondere seine Rotweine haben immer eine Seele, einen warmen Kern. Sein *Cabernet Franc* war und ist noch immer untypisch für diesen Sortenvertreter, der anderorts viel zu oft grünlich, eckig und rustikal wirkte. In guten Jahren hat er zweifelsohne Klasse, jung ebenso wie nach entsprechender Flaschenreife.

Die Verantwortung wurde in den letzten Jahren der jüngeren Generation übertragen, die mit bemerkenswerten Neuerungen aufwartet, wie z.B. dem *Bianco Valeas Vincas* aus Malvasia Istriana und Tocai Friulano. Vinifiziert durch Kaltmazeration, hat der Wein in der Ausbauphase lange Hefekontakt, der ihm auch diesen cremigen Charakter verleiht. Der blitzsaubere *Sauvignon* (sehr mineralisch) sowie der *Pinot Grigio* (Melonen, Zitrusfrüchte) zeugen von solidem Handwerk.

Star im Sortiment der Rotweine ist der *Poncaia Rosso*, eine Bordeaux-Cuvèe, die in Barriques und Tonneaus ausgebaut wird: viel rote Früchte, Kirschen, untermalt von zarter Vanille, sehr komplex.

FRANCO TOROS

Loc. Novali, 12
Cormòns
Tel. 0481/61327
E-Mail: info@vinitoros.com
www.vinitoros.com

Seit Beginn des 20. Jhs. bewirtschaftet die Familie Toros die Azienda in Cormòns, Franco hat modernisiert und ausgebaut. Seit mit Tochter Eva die jüngste Generation ins Geschäft eingestiegen ist, kann er sich noch mehr auf Weingarten und Keller konzentrieren und bringt aus seinen 10 Hektar erstklassiger Rebberge wie den neuen Pachtflächen auf der Südflanke des Monte Quarin sensationelle Weine hervor.

Francos Bruder ist einer der geachtetsten Metzger in der Gegend um Cormòns. Seine Würste, in genussvoller Verbindung mit den Weinen, sind das Highlight eines jeden Weingutbesuches bei Franco Toros. Sein Tocai Friulano ist ein hochdekoriertes Gedicht an Aromen (reife Birne und gelber Pfirsich), Wärme und Kraft, mehrmals im Gambero Rosso mit der Höchstnote ausgezeichnet.

Exquisit auch der Pinot Bianco (Akazienblüten und Limonen, viel Frucht), Sauvignon, gefolgt von Chardonnay und einer tollen Selezione vom Merlot, die sehr spät gelesen wird und gut 22 Monate in Barrique verweilt.

CANTINA PRODUTTORI DI CORMÒNS

Luigi Suini
Via Vino della Pace, 31
Cormòns
Tel. 0481/60579
E-Mail: info@cormons.com
www.cormons.com

Untrennbar mit dieser Cantina verbunden ist der Vino della Pace. Vor rund 25 Jahren begannen die Winzer der Cantina mit dem Önologen Luigi Soini das Projekt, den konzentrierten Geschmack der Erde in eine einzige Flasche zu packen – und pflanzten Reben aus fünf Kontinenten an, um daraus den „Friedenswein", der inzwischen aus 600 Weinsorten besteht, zu gewinnen. Je drei Flaschen werden jährlich an die Staatsoberhäupter der Welt versandt. Übrigens stammt auch der Messwein des Papstes, der Vinum pro Sancta Missa, aus den Rieden der Cormonser Winzer. 70 Flaschen des leichten Tropfens machen sich jährlich auf die Reise nach Rom.

In einer großen Enoteca „La Vigna del Mondo" an der südlichen Stadtausfahrt gibt es eine reichliche Auswahl an regionstypischen Sorten aus dem Collio und dem Isonzo. Bemerkenswert darunter speziell der *Ribolla Gialla* (erfrischend einladend) und die Serie der *Rinascimento*-Weine (Weine aus biologisch angebauten Trauben). Dass sich Luigi Suini nicht nur auf das Weinmachen versteht, verdeutlicht auch sein Engagement in Bezug auf die systematischen Auswertungen von Klimadaten, die durch ein Netzwerk an Wetterstationen gesammelt werden und Schlüsse für Neupflanzungen der vielen Winzer-Mitglieder zulassen.

EDI KEBER

Loc. Zegla, 17
Cormòns
Tel. 0481/61184
E-Mail: edikeber@tin.it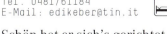

Schön hat er sich's gerichtet, der Edi Keber: Hoch am Hügel in der bäuerlich strukturierten Gegend von Zegla hat er sich sein Bauernhaus mit angeschlossenem Wohntrakt für Gäste und Besucher schmuck hergerichtet.

Die Lage im besten Weinland wissen Edi Keber und seine Frau Silvana zu nutzen – aus ihren 10 Hektar holen sie begehrte Edelkreszenzen heraus. Die Beschränkung auf vier Weine, aus denen das Maximum herausgeholt wird, ist schlau gewählt, wohltuend auch die Preispolitik, die sich nicht nach den Höchstnoten diverser Weinkritiker richtet.

Der *Tocai Friulano* ist wie immer einer der besten: enorme Duftentfaltung und großartige Eleganz. Der *Collio Bianco* ist eine Selektion der ältesten Weißwein-Rebbestände der Azienda, kraftvoll, jedoch mit frischer Säure. Lediglich die Komponente Pinot Bianco wird für diese Cuvèe in Barrique ausgebaut.

Der *Merlot* wird nur in den allerbesten Jahrgängen erzeugt. Der *Collio Rosso*, ein spannender Mix aus Merlot und Cabernet Franc, begeistert einmal mehr mit perfekter Harmonie, Fruchtsüße und weichem Tannin.

ISIDORO POLENCIC

Fam. Polencic
Loc. Plessiva, 12
Cormòns
Tel. 0481/60655
E-Mail: info@polencic.com
www.polencic.com

Von Vater Doro wurden die Weichen gestellt, Alex, Elisabetta und Michele ziehen nun die Fäden. Die gut 26 Hektar inklusive der Pachtflächen liegen im Collio, nur

wenige im DOC Isonzo. Der Gastfreundschaft wird nicht nur mit einem schönen Verkostungsraum Rechnung getragen, es gibt auch einen Agritourismobetrieb mit Ferienwohnungen. Schon beim ersten Schluck merkt man, dass der Kellermeister sein Handwerk versteht: Mineralisch präsentiert sich der *Pinot Bianco* mit Fruchtnoten vom grünen Apfel. Fruchtig der *Pinot Grigio*. Aus den besten Lagen kommen die Trauben des *Tocai Friulano Fisc*, ein Monument, sehr konzentriert und strukturiert, aber auch die „Normalvariante" des *Tocai* ist so überzeugend wie der *Chardonnay* und der *Bianco* mit seiner einladenden Frische.

Der rote *Oblin Ros* hat Jahr für Jahr seine Fans gefunden: Das Duett aus Cabernet Sauvignon und Merlot verspricht tiefe Cassistöne und ein kraftvolles Finale.

ALDO POLENCIC
Loc. Plessiva, 13
Cormòns
Tel. 0481/61027
E-Mail: aldopolencic@virgilio.it

Der nächste Polencic befindet sich gleich um die Ecke und ist Spezialist für schwere, alkoholschwangere Weiße, die besonders in mächtigen Gerichten ihre Entsprechung finden. Nur 20.000 Flaschen werden jährlich auf 7 Hektar produziert, auch in der Kellerei wird jede Ecke von Chef Aldo und seinem Vater Ferdinando optimal genutzt und der Betrieb zu erweitern versucht. Die Polencic's haben eine Hand für den gefühlvollen Ausbau in Holz nach ausgetüftelten Zeitplänen. Und noch einen Weinspezialisten hat die Familie, der bei Bedarf mit Rat zur Seite steht: Aldos Schwester Marianka ist eine höchst erfolgreiche Önologin in der Toskana.

Die bemerkenswerten Weine sind allesamt intensiv und mächtig: Der *Tocai Friulano* ist ein emotionaler Wein, voller Kraft und Saft, der Pinot *Bianco delle Ulivi*, im 500-Liter-Fass gereift, verspricht wunderbare Noten von Akazienblüten in der Nase, sowie eine betörende Fruchtharmonie von gereiften Bananen und Grapefruit am Gaumen.

PAOLO CACCESE
Loc. Pradis, 6
Cormòns
Tel. 0481/61062
E-Mail: info@paolocaccese.it
www.paolocaccese.it

Paolo Caccese hat sich die Anerkennung seiner Kollegen mit Fachwissen und Einsatzbereitschaft gesichert – was ihm kürzlich den Vorsitz über den Consorzio Collio eingetragen hat, auch wenn er nicht müde wird zu betonen, dass er den Weinbau nur als Hobby ansieht. Seine Arbeit als Funktionär kann ihn aber nicht von seiner eigentlichen Leidenschaft abhalten – dem Weinmachen in seinen 6 Hektar Rebflächen. Paolo entwickelt viel Sensibilität im Weingarten, die in seinen Weinen spürbar ist: Der *Tocai Friulano* (strohgelb, grüne Äpfel und Akazienblüte, schöne Säurestruktur) erfährt hier Jahr für Jahr eine seiner schönsten Ausprägungen.

Bekannt ist der vorzügliche *Malvasia* mit viel Frische und Komplexität, von zarten Würznoten untermalt. Und wie es sich gehört, sind im Repertoire ein idealtypischer *Pinot Bianco* sowie ein *Sauvignon*, der Paolo in manchem Hitzejahr viele Probleme bereitet.

Kurios der *Traminer Aromatico*, mit zarten Rosenholznoten.

BRANCO
Igor Erzetic
Loc. Zegla, 20
Cormòns
Tel. 0481/639826

Was wohl das Geheimnis der Erfolges des jungen Igor Erzetic ist, der schon seit Jahren überzeugende Ergebnisse einfährt? Sicher seine Erfahrung, die er sich bei anderen Winzern erworben hat. Sicher auch die Unterstützung durch seinen Vater Branko, ganz sicher aber jedenfalls die Akribie, mit der er sich seinen an sich bescheidenen 6 Hektar widmet – die aber hochqualitative Trauben hervorbringen. Seine Weißen wie *Tocai Friulano, Sauvignon* und *Chardonnay* spielen in der obersten Liga Friauls. Ganz oben der *Pinot Grigio*, dessen 06er Ausgabe den

Gambero Rosso zur Verleihung von drei Gläschen verführt hat, ein Lehrbeispiel an Finesse und Eleganz, die nur im Friaul so perfekt interpretiert werden kann. Der *Red Branko* hat zwar seinen Preis, doch gefällt diese Merlot- und Cabernet-Interpretation wie kein anderer Rotwein des Gutes zu gegrilltem Fleisch.

LE VIGNE DEL RIBÉL

Roberto Picèch
Loc. Pradis, 11
Cormòns
Tel. 0481/60347
E-Mail: info@picech.com
www.picech.it

Hier setzen sich die Gene nicht nur in Form von Weinleidenschaft durch, sondern auch im Starrsinn: Vater Edigo war berühmt für seinen Sturschädel, was ihm den Namen „Rebell" einbrachte. Aber vielleicht ist es auch das Land, das entsprechend prägt, und mit den Landbesitzern war auch nicht immer ein leichtes Auskommen – und die Picèchs zählten zur anderen Seite, zu den Pächtern. Einige Pachtflächen sind geblieben, gut 4,5 ha im Eigentum sind im Laufe der Jahre hinzugekommen.

Auch der als eigenwillig bekannte Roberto, der insgesamt rund 7 Hektar feinsten Weinlandes bewirtschaftet, hat in der Vergangenheit mit seinen Kreationen oft die Geister gespalten – begeistert die einen, verschreckt die anderen. Nun rücken aber auch Robertos Weine näher an die Geschmacksnerven eines größeren Publikums, und das unaufhörlich und im Eilzugstempo.

Der *Collio Bianco - Jelka*, eine Cuvée aus Ribolla, Malvasia und Tocai, die 10 Monate im Eichenholz lagert, ohne dass dieser Einfluss zu markant wirkt, gefällt schon allein durch seinen zarten und fruchtunterlegten Rosenduft.

Besonders aber hat es Roberto der *Tocai* angetan: Wie kein Zweiter weiß er, was ein großer Tocai Friulano repräsentieren und vor allem wie er gemacht werden soll, vom Aufzug der Setzlinge über Rebschnitt und Geduld im Keller. Das Ergebnis duftet nach Bittermandeln und Orangenzesten – nie weiß man, welche der beiden Noten die Oberhand behalten wird – und einem großartigen Finale.

Unbedingt erwähnenswert aber auch die Rotweine wie der *Collio Rosso* und der *Collio Rosso Riserva*.

CARLO DI PRADIS

Boris und David Buzzinelli
Loc. Pradis, 22
Cormòns
Tel. 0481/62272
E-Mail: info@carlodipradis@it
www.carlodipradis.it

Carlo Buzzinelli stellte mit seiner neuen Cantina, die 1992 gegründet wurde, die Weichen für seine beiden Söhne Boris und David, auch diese stets auf Qualität bedacht. Aus den ursprünglich 6,5 Hektar sind mittlerweile 15 geworden, acht davon gehören zum DOC Isonzo, der Rest zum Collio.

Inzwischen haben die Söhne schon das Sagen und setzen die Qualitätsbestrebungen fort. Bei den Collio-Kreszenzen heben sich *Tocai Friulano* (sehr sauber) und *Pinot Grigio* hervor. Als Cuvée beweist der *Collio Bianco - Pradis* aus Tocai Friulano, Malvasia, Pinot Bianco und Sauvignon einmal mehr, was in ihm steckt: hochelegant und von großer Länge.

DRIUS

Mauro Drius
Via Filanda, 100
Tel. 0481/60998
E-Mail: drius.mauro@adriacom.it

Vom Monte Quarin bis zur Isonzo-Ebene erstrecken sich die gut 11 Hektar der Azienda (im Collio liegen nur zwei Hektar davon), auf der Mauro mit seinem Vater Sergio mit Nachhaltigkeit und Kontinuität die Weingärten bestellt, ohne sich auf kurzlebige Modeerscheinungen einzulassen. Eine gleichmäßige hohe Qualität belohnt diese Strategie, die sich in einem großartigen und süffigen *Collio Tocai Friulano* (toll) und dem *Collio Sauvignon* niederschlagen.

Aus dem Isonzogebiet überzeugen besonders der *Pinot Grigio* und der *Bianco Vignis di Siris* aus Tocai Friulano, Pinot Bianco und Sauvignon Blanc (pure Exotik!).

LA BOATINA
Via Corona, 62
Cormòns
Tel. 0481/60445
E-Mail: info@paliwines.com
www.paliwines.com

La Boatina gehört – wie das Castello di Spessa – zum Reich des Industriellen Loretto Pali und hat ebenso wie das schmucke Castello auch Unterkünfte für Gäste. Gegen Voranmeldung kann man auch noch andere Schätze außer Wein verkosten – internationale Käse z.B., natürlich Wurst- und Schinkenspezialitäten und sogar Schokolade. Neben 40 Hektar Weingärten in der DOC Isonzo gehören auch 32 Hektar Colliolagen zum Gut. Marco Simonit zeichnet mit dem Önologen Domenico Lovat und dem umtriebigen Berater Gianni Menotti (Villa Russiz) für die Qualität verantwortlich, die auch beachtliche Stufen erreicht. Die Weißweine wie die Rotweine der „normalen" Linie sind blitzsauber und einladend, der Isonzostil macht die Weine etwas nerviger als jene des Collio.

Mit den Cru-Weinen *Pertè* aus Chardonnay, Pinot Grigio und Sauvignon, dem roten Pendant *Picol Maggiore* aus Cabernet Sauvignon, Cabernet Franc und Merlot sowie dem exzellenten Verduzzo *Perlè* hat man in Zukunft noch viel vor.

RONCADA
Silvia und Lina Mattioli
Loc. Roncada, 5
Cormòns
Tel. 0481/61394
E-Mail: roncada@hotmail.com

Eine schöne Villa aus dem 19. Jh. ist das Zentrum der Azienda, in deren Geschichte auch deutsche Wurzeln nachzuweisen sind: 1929 stellte eine Familie Wegenast den Weinbau in den Mittelpunkt ihres Gutes und bemühte sich um neue Rebsorten wie Müller Thurgau und Franconia. Heute lenkt die Görzer Familie Mattioli die Geschicke des Anwesens. Die im heutigen Friaul exotisch anmutenden Sorten aus Deutschland bzw. Österreich gibt es heute noch. Bedeutsamer sind aber vielleicht der *Pinot Bianco* (frisch und saftig) wie auch der *Pinot Grigio* und der seltenere *Ribolla Gialla*. Eine Einladung zum nächsten Schluck ist der *Collio Bianco Chamür* aus Tocai, Malvasia und Chardonnay.

OSCAR STURM
Loc. Zegla, 1
Cormòns
Tel. 0481/60720
E-Mail: sturm@sturm.it
www.sturm.it

Schon im Jahre 1850 hat sich die Familie Sturm in Zegla niedergelassen, nachdem sie ihre Heimat Graz-Andritz verlassen hatte, um sich in Cormòns eine neue Existenz zu schaffen. Die Sturms gehören jener slowenisch sprechenden Minderheit an, die in den Hügellagen des Collio Weingeschichte geschrieben haben, wie die Gravners, die Radikons und viele andere mehr. Oscars Frau Dunja ist sogar im slowenischen Teil des Collio geboren.

Ein Generationenwechsel ist gerade im Gange – Oscar Sturm hat in Sohn Patrick und seinen beiden Geschwistern fähige Nachfolger gefunden.

Zegla liegt einem Amphitheater gleich in einer Traumlage, wie sie der Herrgott für den Weinbau nicht besser schaffen konnte. Die Erträge der 10 Hektar, mehrheitlich aus altem Rebbestand, finden bei Weinliebhabern und Kritikern höchsten Anklang.

Die Wein-Linien teilen sich zum einen in die erstaunlich qualitätsvollen, sortenreinen Rebsorten, aus denen der *Tocai Friulano* und der *Pinot Grigio* regelmäßig hervorstechen, und zum anderen in die Andritz-Serie wie z.B. den formidablen *Chardonnay-Andritz* mit viel Duft, Power und Geschmack.

CASTELLO DI SPESSA

Via Spessa, 1
Capriva del Friuli
Tel. 0481/639914
E-Mail: info@paliwines.com
www.paliwines.com

Ein Anwesen, vor dem man mit Ehrfurcht innehält, gehört es doch zum Schönsten, was Friaul in der Kategorie Weingut/Schlösser zu bieten hat: sienarote Mauern, innerhalb derer sich schon Casanova wohlfühlte, ein zinnengekrönter Turm, gepflegte Parkanlagen. Dazu die jahrhundertealte Kellerei, ein Hotelbetrieb, ein verführerisches Restaurant namens Tavernetta al Castello, ein 18-Loch-Golfplatz …

In einem Seitenarm des Schlosses sind die großartigen Kelleranlagen untergebracht, die in dieser Dimension und Tiefe im Friaul wohl einzigartig sind. Auf 30 Hektar, zum Teil von der Natur in Amphitheaterform arrangiert, produziert die Gruppe Pali Wines aus dem Imperium des Industriellen Loretto Pali mit Hilfe großartiger Önologen wie Gianni Menotti von Villa Russiz und Kellermeister Domenico Lovat Außerordentliches:

Das Spitzenfeld der Weißweine wird regelmäßig vom ungemein aromatiefen Sauvignon *Segré* (Pfirsich, Grapefruit, Paprika, Minze und Salbei) sowie von einem exotisch anmutenden Pinot Bianco *Santarosa* mit Extraklasse angeführt. Die hohe Klasse von *Ribolla Gialla, Pinot Grigio, Sauvignon* & Co untermauern das Qualitätsstreben dieses Spitzen-Weinguts.

Bei den Rotweinen ist insbesondere der *Rosso Conte di Spessa* eine Erwähnung wert. Der Mix aus hauptsächlich Merlot und den beiden Cabernettypen sorgt wie immer für großen Stoff.

Der eher leichtfüßig-elegante *Pinot Nero* ist dem Andenken Casanovas gewidmet, dem man damit als prominentem Gast Tribut zollt.

SCHIOPETTO

Schiopetto Maria Angela, Carlo und Giorgio
Via Palazzo Arcivescovile, 1
Capriva del Friuli
Tel. 0481/80332
www.schiopetto.it

Mario Schiopetto, einer der Vordenker des friulanischen Weinerfolges, erarbeitete sich sein Wissen durch Studienreisen durch Frankreich und Deutschland, ein Autodidakt mit genialem Talent fürs Weinemachen. Seit 1965 bebauen die Schiopettos mit der gepflegten Azienda in unmittelbarer Nähe zum Castello di Spessa 30 Hektar in Spessa und dem Podere dei Blumeri in Oleis, bei Rosazzo. Die prächtige, Schönbrunner-gelbe Villa war einst erzbischöfliches Palais, einen schönen Rahmen gibt das Amphitheater der umgebenden Weingärten. Nach dem Tod des großen Winzers, der es wie kein anderer verstand, deutsche Technik mit französischer Finesse und der Dolce Vita-Mentalität Italiens zu verbinden, leiten seine Kinder Maria Angela, Carlo und Giorgio das Gut. Nach einer kurzen Phase der Orientierung fanden die Geschwister mit Hilfe von herausragenden Beratern an ihrer Seite schnell wieder den Weg zurück zur Spitze.

Überragende Schiopetto-Weine sind der *Blanc des Rosis* (Tocai, Pinot Grigio, Sauvignon, Malvasia und Ribolla) sowie der *Mario Schiopetto Bianco*, der im Andenken an den großen Vater vom Starönologen Donato Lanati aus Chardonnay und Tocai Friulano komponiert wird: ein Wein voller Eleganz, die immer schon das Markenzeichen der Schiopettos war, stoffig, charaktervoll und voller Harmonie.

Die reinsortigen Sortenvertreter wie der *Pinot Grigio*, der *Pinot Bianco,* der *Sauvignon,* vor allem aber der *Tocai Friulano* sind Glanzlichter moderner friulanischer Önologie.

Die Rotwein-Cuvée *Rivarossa* aus Cabernet Sauvignon, Cabernet Franc und Merlot ist herzhaft saftig und ein typischer Vertreter der eher „engmaschigen" Schiopettolinie.

VIDUSSI
Familie Montresor
Via Spessa, 18
Capriva del Friuli
Tel. 0481/80072
E-Mail: info@vinimontresor.it
www.vinimontresor.it

Seit dem Jahre 2000 ist das geschmackvoll modern gestaltete Gut mit den steinernen Terrassenbögen, das in unmittelbarer Nachbarschaft des Castello di Spessa liegt, in der Hand der Familie Montresor aus Verona. Der Önologe Luigino De Giuseppe, der seine Erfahrungen in Apulien, aber auch im Friaul gesammelt hat, zeichnet für das Gelingen der Weine verantwortlich. Mit stolzen 25 Hektar im DOC-Gebiet des Collio und weiteren sieben in den Colli Orientali gehört die Azienda nicht gerade zu den kleinen unter den friulanischen Winzern und auch der Output von 400.000 Flaschen ist beachtlich. Trotzdem wird hier gute Qualität erzeugt.

Diese zeigt sich im *Pinot Bianco* (tolle Harmonie), der in dieser Gegend prächtig gedeiht und hier vorzüglich ausgebaut wird; der *Malvasia* (komplexer Duft) ist gelungen, ebenso wie *Sauvignon, Chardonnay* und der Collio Bianco *Ronchi di Ravèz* aus den besten Partien des Pinot Bianco, Chardonnay Musqué, Ribolla Gialla, Tocai Friulano und einem kleinen Anteil Picolit.

RONCÚS
Marco Perco
Via Mazzini, 26
Capriva del Friuli
Tel. 0481/809349
E-Mail: info@roncus.it
www.roncus.it

Marco Perco hat sich sowohl im Weingarten als auch im Keller der kompromisslosen Qualität verschrieben. Er hat sich endgültig von allen kommerziellen Unternehmungen befreit, um sich ganz seiner Wein-Leidenschaft zu widmen. Auf seinen 12 Hektar erntet er Traubenmaterial für 40.000 Flaschen, wobei es ihm besonders gut gelingt, die terroirspezifischen Charakteristiken „mit einzupacken".

So sind Mineralik und Weichheit seiner Weine typisch, was besonders beim *Collio Bianco Vecchie Vigne* – aus Malvasia mit Ribolla Gialla und Tocai – zum Ausdruck kommt. Das gut 45 Jahre alte Rebmaterial bringt einen charaktervollen Wein mit Frucht, aber auch Tiefgang hervor. Bemerkenswert auch die aromenreichen *Tocai Friulano, Sauvignon* und *Pinot Bianco*. In Rot glänzt mit viel Fruchtcharme der *Val di Miez*, ein Merlot-Cabernet Franc-Blend mit Spaßfaktor.

WALLFAHRTSORTE FÜR WEINFREUNDE

Jede Menge Edelwinzer

Kurz an Wegstrecke, aber gewaltig an der Konzentration erstklassiger Weingüter ist diese Route, auf der man praktisch von einem Edelwinzer zum nächsten fährt – in dieser Ecke kann ein Weinfreund gar nicht oft genug vorbeischauen …

Dolegna del Collio

Aus dem Slowenischen stammt der Name Dolegna: „dolénji" – das bedeutet tiefe Stelle.

Hier gibt es aber keineswegs nur „tiefe Stellen", sondern reichlich ansehnliche und fruchtbare Hügel, die die Grenze zu den Colli Orientali und zu Slowenien bilden. Wer einen eindeutig erkennbaren Ortskern sucht, sucht vergeblich, denn Dolegna besteht aus mehreren Ortsteilen, meist dekorativ auf Hügelkuppen verteilt, wie Ruttars, Vencò und Lonzana.

Was das Auge erfreut, ist auch für die Natur von Vorteil, denn die sanften Hügel sind durchaus nicht mit Weinmonokulturen bepflanzt, sondern immer wieder von grünen Waldinseln durchbrochen.

Die strategisch günstige Gipfellage wurde einst auch für den Bau von Wehrburgen geschätzt – das *Castello di Trussio* in Ruttars zeugt heute noch davon. Es spielte in der Langobardenzeit eine wichtige Rolle in der Verteidigung gegen die Slawen – was ihm nicht das Schicksal ersparte, im Laufe der Geschichte mehrmals zerstört und wieder aufgebaut zu werden.

Das imposante Castello di Trussio mit den beiden massigen Türmen ist heute vor allem für Gourmets eine wichtige Adresse, beherbergt es doch das hochfeine Ristorante Aquila d´Oro der Familie Tuti, die in fürstlichem Ambiente ebenso fürstliche Speisen auftischt, am schönsten mit tollem Ausblick auf der Terrasse. Dass der Weinkeller in dieser Umgebung und bei diesen Ansprüchen zu den bestsortierten des Landes zählt, versteht sich da fast schon von selbst.

WEINLAND   Die Weinberge von Ruttars reichen bis an den Judrio, der als Grenze zwischen Collio und Colli Orientali gilt, aber bis zum Ersten Weltkrieg auch die österreichische Grenze bildete. Hier, wo das Klima eher frisch ist, fühlen sich die weißen Weine am wohlsten, und darunter die besonders aromatischen wie Sauvignon, aber auch Chardonnay und Pinot Grigio. Was nicht heißen soll, dass sich hier nicht auch ein Merlot (wie z.B. von La Rajade) bestens behauptet! Venica & Venica mit den sensationellen Sauvignons und Ca'Ronesca mit dem Collio Bianco „Marná" gehören zu den besten Interpreten lokaler Weinkultur.

Nur einmal kurz aufs Gas gestiegen, schon befindet man sich in Dolegnano und San Giovanni al Natisone mit den Starwinzern Livon und Ronco del Gnemiz.

Brazzano ist bereits ein Vorort von Cormòns, wo der große Livio Felluga seine Wurzeln und sein Weingut hat. Tochter Elena, die sich auch als Vizepräsidentin des „Movimento del Vino" engagiert, hat eine feine Osteria und Enoteca im Ort eingerichtet – „Terra & Vini" –, wo man die Weine des Hauses verkosten kann. Auch der österreichstämmige Thomas Kitzmüller hat hier sein im Vergleich mit Felluga bescheidenes, aber gemütliches Anwesen, in dem er biologische Weine keltert und stets gut nachgefragte Übernachtungsmöglichkeiten im rustikalen Gästehaus anbietet.

Cormòns

Cormòns ist die Stadt, in der sich alles um den Wein dreht – und die unübersehbar österreichische Spuren trägt, gehörte es doch mehr als vier Jahrhunderte – von 1497 bis 1914 – mit einigen kurzen Unterbrechungen zu Österreich.

So ist es also kein Wunder, dass auf der Piazza della Libertà dem Habsburgerkaiser Maximilian I. ein Denkmal gesetzt wurde und die Kirche Santa Caterina auf demselben Platz mit ihren Zwiebeltürmen eigentlich so gar nicht italienisch aussieht. Auch die schmucken Bürgerhäuser und Palazzi könnten in einer österreichischen Kleinstadt stehen. Der Höhepunkt nostalgischer k. u. k. Erinnerungen findet alljährlich zum Geburtstag von Kaiser Franz Josef, des „Checco Beppe", wie er hier freundschaftlich genannt wird, in Giassico bei Cormòns statt (18. August). Vielleicht ist man dem guten Kaiser ja noch immer dankbar für die Verleihung des Stadtrechts, das Cormòns seit 1910 innehat ... Nach Verdiensten gerechnet könnte man ja auch ein Fest Maria Theresia zu Ehren geben, hat sie doch mit einigen Schulgründungen wichtige Weichen für die Zukunft gestellt – sie hat nämlich eine Uhren- und eine Holzbaufachschule eingeführt, die letztlich in der weltweit führenden Sesselproduktion der Region ihren Niederschlag fand.

Das Zentrum von Cormòns liegt am Fuße des Monte Quarin rund um die in kühlem Kalkstein gehaltene Piazza XXIV Maggio. So manch hübsche Perspektive eröffnet sich von hier durch die Gassen und Hinterhöfe in Richtung Monte Quarin mit den Kastellresten und der blendend hellen Kirche Beata Vergina. Die wichtigste Adresse auf der Piazza für Wein-Feinspitze ist aber die Enoteca im Palazzo Locatelli (in dem sich übrigens auch das Rathaus befindet), wo man draußen oder drinnen verkosten und eine Kleinigkeit schmausen kann. Mit Weinen eindecken kann man sich aber auch im nahen Palazzo Taccò in der Via Dante, 9, wo die Familie Aita ihre schöne Azienda Agricolo mit der

EINKEHREN & EINKAUFEN:

Aquila d´Oro
Via Ruttars, 11, Dolegna di Collio
Tel. 0481/61255
E-Mail: aquiladoro@tin.it
Mi und Do Ruhetag

Für besondere Anlässe und Gourmets, die Schlossambiente lieben. Die hervorragende Küche, in den Sommermonaten auf der Terrasse genossen, die einen weiten Blick über die neue Kellerei von Silvio Jermann und die Ebene bietet, ist einen Umweg wert.

Einer der besten Weinkeller Italiens. Legendär die Sammlung alter Chateau d´Yquem-Jahrgänge, die man mitunter auch glasweise verkosten kann.

Das Service von Padrone Giorgio Tuti ist nobel zurückhaltend und von einer unaufdringlichen Gastfreundschaft geprägt. Hohe Glaskultur!

Terra & Vini
Via XXIV Maggiore, 34
Brazzano
Tel. 0481/60028
www.terraevini.at

In dieser Edel-Osteria fühlt man sich auf Anhieb wohl, kein Wunder, gehört diese doch zum Weinreich von Livio Felluga.

Äußerlich unauffällig, ist das Lokal im Inneren äußerst verheißungsvoll – neben einer ausgezeichneten Küche und geschmackvollem Ambiente gibt es auch einen schönen Garten, der sich zu den Weingärten hin öffnet. Terra & Vini ist auch eine Enoteca und ein Gästehaus mit mehreren geschmackvollen Zimmern.

Vinnaeria alla Baita
Via degli Alpini, 2, Capriva del Friuli
(Parkgelände Villa Russiz)
Tel. 0481/881021
www.vinnaeria.it

Ein modernes Hotel in einem geschmackvollen, einstöckig gehaltenen Häuserkomplex, 12 stilvolle Zimmer, ein cooles Restaurant im Glasrondell, eine Enoteca mit 800 Weinen – der Winzer Silvio Jerman hat sich hier einen Traum verwirklicht. Kein Wunder, dass gerade die Weine eine ganz besonders bemerkenswerte Behausung bekommen haben, einen Windturm nach persischem Vorbild, der kühle Luftströmungen ins Innere lenkt.

Schinken von Lorenzo Osvaldo
Via Dante, 40, Cormòns
Tel. 0481/61644

Erwarten Sie keinen Delikatessladen, in dem Sie 10 dag mit nach Hause nehmen können. In Osvaldos Produktions- und Heimstätte am Fuße des Monte Quarin kann man ganze Keulen vorbestellen und nach entsprechender Reifezeit abholen.

Al Giardinetto
Via G. Matteotti, 54, Cormòns
Tel. 0481/60257
E-Mail: algiardinetto@tin.it
Mo und Di Ruhetag

Fein und weithin berühmt, aber keineswegs abgehoben. Im Sommer sitzt man bei der Wirtsfamilie Zoppolatti auch schön im Garten. Eigene Konditorei und ein paar Zimmer für müde Häupter.

Antica Osteria all´Unione
Via Zorutti, 14, Cormòns
Tel. 0481/60922
Montag Ruhetag

Im Zentrum von Cormòns lädt Familie Pecorella zu herzhaften friulanischen Genüssen in ihrer gemütlichen Trattoria, der Chef ist auch der Koch. Vieles ist hausgemacht, der Schweinsbraten Arista di maiale ist ein Klassiker.

La Subida der Familie Sirk
Trattoria: Al Cacciatore
Località Monte, 22, Cormòns
Tel. 0481/60531
www.lasubida.it
Di und Mi Ruhetag, Mo, Do und Fr nur abends, Sa und So mittags und abends

Ein wunderschönes, stilvoll dekoriertes Landgasthaus mit Klasse – kein anderes friulanisches Restaurant arbeitet mit so viel Gespür für Traditionen der friulanischen, aber auch der slowenischen Kultur.

La Subida Osteria
Loc. Monte, 22, Cormòns
Tel. 0481/61689
Im Sommer durchgehend geöffnet, sonst Do

Einfach, urig, gemütlich – und gut essen und trinken!

La Subida ist auch ein Urlaubsressort mit Wohnungen, Ferienhäusern, einem Reitstall mit gepflegten Pferden, Tennis und Bikemöglichkeiten.

herrlichen Laube hat. Österreichbezug auch hier: Die Dame des Hauses stammt aus der Steiermark!

Der Duomo Sant´Adalberto, der 1770 sein heutiges Gesicht erhielt, ist auch gleich in der Nähe. Er birgt in seinem Inneren Werke des Görzer Künstlers Giuseppe Tominz und eine wertvolle Madonnenstatue.

Daneben gibt es aber auch noch andere Köstlichkeiten, die man kennen sollte: so die Proscutti des *Lorenzo Osvaldo*, der einen heiß begehrten, weil süßlich köstlichen und äußerst raren Schinken produziert. Osvaldo ist als Meister des gefühlvollen Räucherns bekannt – nur wenn das Klima passt, hängt er die Keulen seiner ausgesuchten Schweine über Kirschholz und Lorbeer in den Kamin. Mehr als 2.000 pro Jahr verarbeitet er nicht – kein Wunder also, dass sein Prosciutto zur heiß begehrten Delikatesse avanciert ist!

Die *Trattoria Giardinetto* ist der weithin bekannte Gourmettreff der Innenstadt, in dem man nicht nur erstklassig speisen, sondern sommers auch fein im Garten sitzen kann.

Nach so vielen Schlemmereien wäre ein kleiner Spaziergang auf den – oder auf dem – waldreichen Monte Quarin empfehlenswert – nette Wege und eine prächtige Aussicht auf die Ebene oder auf die Hügel des Ostens lohnen den kleinen Ausflug. Wer sich erst oben die Füße vertreten will, kann mit dem Auto hochfahren und von der Chiesa B. Vergine aus zum Kastell spazieren. Oder gleich wieder einkehren – eine kleine Osteria namens Tiare bietet Weinkauf, Labung und eine schöne Aussicht Richtung Osten.

Für gehobenere kulinarische Ansprüche gibt's eine besondere Adresse etwas außerhalb von Cormòns – nämlich östlich am Monte Quarin und an der Zufahrt zum Weingut Subida del Monte vorbei zu einer zweigeteilten Labestation namens *La Subida*: Zuerst kommt die nette Osteria und wenige Meter weiter die prächtige *Trattoria Al Cacciatore*, der man die Klasse schon von außen ansieht.

Die Osteria ist zu empfehlen, wenn man mittags ungezwungen auf der Terrasse unter alten Bäumen köstlich und bodenständig speisen oder auch nur jausnen möchte. Wer richtig gepflegt essen möchte, kehrt in der Trattoria ein und erlebt multikulturelle Spitzengastronomie (die slowenische Grenze ist ja nicht weit) in ausgesucht schönem Ambiente!

DER WEIN UM CORMÒNS:

Das Anbaugebiet umfasst zwei verschiedene DOC-Zonen – das steile und terrassierte Hügelland von Brazzano über Cormòns bis zum eher sanfteren Pradis gehört zum DOC Collio und ist bekannt für seinen kräftigen und überzeugenden Tocai Friulano (der Tocai Friulano Vigna del Rolat von Dario Rac-

caro errang nicht zufällig den Gambero Rosso-Titel „Weißwein des Jahres 2008"); das westlich anschließende Flachland des DOC Isonzo reicht bis zur Bundesstraße und dem Monte Medea.

Fast 30 % der Rebfläche der Provinz Görz liegen in der Gemeinde Cormòns, zu der Brazzano im Westen, Pradis, La Roncada und La Boatina im Osten und Plessiva mit dem Naturschutzgebiet und vielen Weinbergen zwischen Monte Quarin und Slowenien gehören.

Ob es ein Zufall ist, dass der Tocai von Brazzano und Pradis, voll, strukturiert, wie es sich gehört mit Anklängen der bitteren Mandel, so optimal zu rohem Schinken – natürlich am besten zu dem von Osvaldo – passt? Pradis punktet aber auch mit besonders würzigem Pinot Bianco, mit Malvasia, Sauvignon und Merlot (z.B. von Paolo Caccese, Doro Princic, Carlo di Pradis und Roberto Picèch). Zu Cormòns-Isonzo gehört auch Giassico, das wie Brazzano mit einem besonders gelungenen Tocai aufwarten kann.

Quasi hinter Cormòns Richtung Nordosten wurde mit rigider Hand die Grenze gezogen, in der ländlich-rustikalen Gegend von Zegla und Plessiva haben berühmte Namen wie Sturm, Keber oder die Polencic's ihre Agricole stehen. Man bewegt sich hier auf der Strada del vino, die sich von Dolegna bis San Floreano zieht, und steht bei Abstechern z.B. zum Weinbauern Gradnik, der sich hier ein imposantes Anwesen geschaffen hat, urplötzlich vor kleinen Grenzübergängen, die in die angrenzende Brda führen (siehe S. 136). Hier ist die ursprüngliche bäuerliche Vergangenheit zu spüren, auch wenn der Wein in Kombination mit dem Fleiß und dem Enthusiasmus der Winzer längst Wohlstand gebracht hat und die Anwesen zu imposanter Größe hat wachsen lassen.

Capriva

Ganz nah, aber von einem doch grundverschiedenen Charakter zeigt sich die Landschaft südöstlich von Cormòns, nämlich um Capriva: Capriva ist ein hübscher kleiner Ort, in dessen Umgebung einige der hochkarätigsten Weingüter Friauls eingebettet in eine berückend liebliche Landschaft von Hügeln, Weinbergen, Herrenhäusern und Kapellen liegen.

WEIN Zur Gemeinde Capriva gehören absolute Wein-Highlights: Spessa di Capriva mit den Spitzenweinsorten Sauvignon Blanc und Pinot Grigio (z.B. von Schiopetto, Vidussi und Castello di Spessa mit dem Sauvignon Segré), bei den Roten gelingen bedeutende Merlots. Russiz in den beiden Varianten Inferiore und Superiore tut sich unter den gehaltvollen Weinen mit starker Persönlichkeit ganz besonders mit dem Pinot Bianco hervor (z.B. gilt der Weißburgunder der Villa Russiz als einer der besten Italiens).

Enoteca di Cormòns
Piazza XXIV Maggio
Cormòns
Tel. 0481/630371
E-Mail: enotecadic@virgilio.it
Di Ruhetag, zwischen 13 und 17 Uhr geschlossen

Die richtige Adresse zum Verkosten – am freien Platz oder drinnen – z.B. den berühmten Friedenswein von Cormòns.

Osteria Caramello
Vino e spuntini
Via Matteotti, 1
Cormòns

Eine winzige, sympathische Enoteca mit netter Bedienung, kleinen Jausenleckereien und vielen köstlichen offenen Weinen.

Taverna al castello
Via Spessa, 7
Capriva del Friuli
Tel. 0481/808228
E-Mail: castellodisessaresorts@paliwines.com
www.paliwines.com

Das Castello di Spessa hat auch eine eigene Taverne. Schon früher stand hier ein Burg-Gasthaus, heute im neukonstruierten, wunderschönen Landhaus speist man gehoben und vorzüglich, auch 10 Zimmer stehen zur Verfügung.

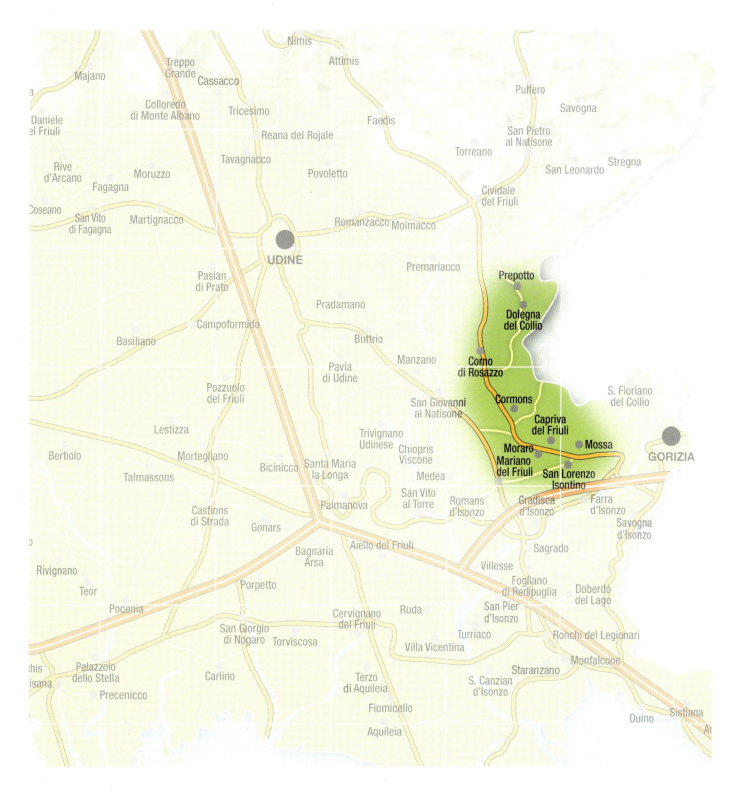

VON OSLAVIA ÜBER S. FLORIANO IN DIE SLOWENISCHE BRDA
Route 4

ZUANI

Patrizia Felluga
Loc. Giasbana, 12
San Floriano del Collio
Tel. 0481/391432
E-Mail: info@zuanivini.it
www.zuanivini.it

WEINTIPPS:

Zuani Vigne gibt sich besonders frisch, er wird ausschließlich im Edelstahl vinifiziert und besticht mit Würze und Fruchtigkeit. Die spürbare Mineralität und die erfrischende Säurestruktur erheben den Zuani Vigne zu einem Solitär unter den besten Weißweinen dieser Gegend.

Der *Collio Bianco Zuani* ist das Paradeprodukt, er wird aus einer späteren Lese aller vier hier kultivierten Rebsorten selektioniert und reift in Barrique. Das Ergebnis ist ein komplexer und konzentrierter Wein, der dennoch die nötige Eleganz nicht vermissen lässt. Unfiltriert auf die Flasche gezogen ist dieser Wein wahrlich ungewöhnlich in Harmonie und Ausdruck.

Hinter der Bezeichnung „Zuani" (Rebberg) verbirgt sich ein klingender Name, nämlich jener von Patrizia Felluga, Tochter des legendären Marco Felluga. Sie hat sich hier vor einigen Jahren mit ihrem tüchtigen Sohn Antonio ein eigenes Reich geschaffen. Tochter Caterina studiert noch in Mailand, engagiert sich aber ebenfalls, soweit es ihre Zeit erlaubt.

Patrizia Felluga hat hier seit der Übernahme von Grund auf viel verändert und erneuert – sowohl an der Cantina als auch in den Weinbergen. Diese wurden dichter bepflanzt, die Ertragsbegrenzung bringt bestes, konzentriertes und gesundes Traubenmaterial für ihre Premiumweine. Immerhin hat Patrizia einen guten Ruf zu verteidigen, gehören die Felluga-Weine ihres Bruders und Vaters doch zum Besten und Bekanntesten, was Weinfriaul zu bieten hat (siehe S. 90 bis 93).

Als Tochter ersten Friulaner Weinadels wird sie natürlich mit anderen Maßstäben gemessen und auch ihr persönlicher Ehrgeiz – ein Wesenszug, in dem sie ihrem Vater Marco um nichts nachsteht – verlangt von ihr, im familien internen Wettbewerb die Latte hoch zu legen.

Die Voraussetzungen sind gut, das Konzept ebenso klar wie einfach: Der Weinberg von Zuani ist allerbestes Collio-Weinland, mit viel altem Rebbestand, in dem Tocai Friulano, Chardonnay, Pinot Grigio und Sauvignon erstklassige Bedingungen vorfinden. Patrizia konzentriert sich intelligenterweise auf nur zwei Premiumweine, die aus eben diesen Trauben gewonnen werden, den *Collio Bianco Zuani* und den *Collio Bianco Zuani Vigne*.

1o Hektar umfassen die Weingärten, dazu kommen weitere vier Hektar, doch auf diesen Rieden wartet erst mal noch viel Arbeit, bevor ihre Früchte die Topweine ergänzen dürfen.

GRAVNER

Josko Gravner
Fraz. Oslavia
Loc. Lenezuolo Bianco, 9
Tel. 0481/30882
E-Mail: josko@gravner.it
www.gravner.it

WEINTIPPS:

Der *Breg Anfora*, seine Paradecuvée, von Gambero Rosso mit drei Gläsern dekoriert, aus Sauvignon, Chardonnay, Pinot Grigio und Riesling Italico, wird 7 Monate in Amphoren vinifiziert, anschließend erhält der Wein seinen Feinschliff im Eichenfass und wird bei abnehmendem Mond abgefüllt. 20.000 Flaschen werden davon produziert.

Der *Ribolla Anfora*, aus den dicht bepflanzten Rieden stammend, und der *Rujno Gravner*, von dem es nur 1.500 Flaschen gibt und der gut 10-12 Jahre zeitversetzt auf den Markt kommt, sind weiters höchst interessante Tropfen. Der *Rosso Gravner*, ein Uvaggio aus Merlot und Cabernet Sauvignon, zeigt viel Komplexität, die in dieser Machart keinen Vergleich hat und jede herkömmliche Bewertung ad absurdum führt.

Gravner, korrekt „Grauner" ausgesprochen, gilt als Mythos weit über die Grenzen hinaus, als Vordenker, der tiefsten Respekt und Verehrung genießt. Seine langlebigen Weine spalten die Meinungen: Man mag sie oder man mag sie nicht, dazwischen existiert einfach nichts – für Puristen und fortgeschrittene Weinkenner sind Gravners Weine das Evangelium.

Bis zu 13.000 Reben pro Hektar drängen sich in manchen Weingärten, das übliche Maß liegt bei weniger als der Hälfte. Das reduziert den Ertrag gewaltig – und ist ganz im Sinne des Meisters. 2002 zum Beispiel, dem zweiten Jahr seines Anfora-Projektes, gewann Gravner aus 17 ha nur 260 hl Wein.

Auch im Keller hat Gravner stets experimentiert: Einst wurden auch seine Weißweine nach modernster Technik in Edelstahltanks gekeltert – das Resultat waren hoch bewertete und begehrte Chardonnays und Sauvignons.

Kein Grund für Gravner innezuhalten – ähnlich wie Stanko Radikon, mit dem er Anfang der 90er Jahre gemeinsam mit den Bensas von der Azienda Castellada eine innovative Glaubens- und Arbeitsgemeinschaft bildete, hat er in der nächsten Phase den Stahl wieder durch Holz ersetzt – ganz nach dem Motto „Zurück zur Natur".

Heute sind der ganze Stolz Gravners seine riesigen, eindrucksvollen Amphoren aus Ton, die er zur Vergärung verwendet. Die 3.000-Liter-Gefäße ließ er sich aus Georgien kommen und vergrub sie tief in die Lehmböden der Cantina.

Manchmal liegt der Wein mehr als ein halbes Jahr in diesen tönernen Gefäßen, was zu schier unglaublichen Ergebnissen führt und alle Bewertungsschemen auf den Kopf stellt. Damit polarisiert er die Weinkennerschaft zwar, doch sind der Allgemeinheit gefällige Weine ohnehin so ziemlich das Letzte, was der Winzerphilosoph anstrebt.

Was er aber nicht aus den Augen verliert, sind Eleganz, Ausgewogenheit und Vollkommenheit. Ausverkauft sind seine Kultstücke ohnehin fast immer. Und auch auf Besuche in seinem schönen, „erdigen" Bauernhaus legt er keinen großen Wert – Josko Gravner hat viel zu tun.

Wen wundert's, dass auch der Mond eine Rolle spielt bei den Arbeiten – die moderne Technologie hingegen, über die er schließlich zum naturnahen Produktionsverständnis der Antike gelangte, hat ausgespielt. Es scheint ganz so, als sei der ewig Suchende endlich am Ziel angelangt.

RADIKON

Stanko Radikon
Loc. Tre Buchi, 4
Oslavia
Tel. 0481/32804
E-Mail: info@radikon.it
www.radikon.it

WEINTIPPS:

Der Ribolla Gialla spielt nach wie vor eine große Rolle (kräuterwürzig, schöne Säure), der *Oslavje* ist ein gehaltvoller „Uvaggio", aus Chardonnay, Pinot Grigio und Sauvignon. Der Wein präsentiert sich goldgelb, Akaziennoten prägen das volle Bouquet. Am Gaumen macht der Wein richtig Druck - ein Langstreckenläufer.

Der voluminöse Tocai Friulano (er bringt fast 14 % mit) nennt sich *Jakot* und war 36 Monate im Eichenfass, ebenso wie der *Oslavia*. Im Duft schwingen Aromen reifer und getrockneter Früchte mit, im Finale melden sich die typischen Mandelnoten. Die Empfehlung des Winzers ist übrigens, ihn mit Rotweintemperatur zu servieren!

Oslavja und *Ribolla Gialla* gibt es auch in der besonders raren Riservaversion. Als ganz großer Rotwein spielt der *Merlot* in seinen besten Jahrgängen in einer Liga mit den größten Merlots Italiens. Der Wehrmutstropfen: Auch wenn seine Qualität unbestritten exorbitant ist, der Preis ist es leider auch.

12 Hektar sind Stankos ganzer Stolz - oder halt - besser gesagt, der der ganzen Familie, denn Gattin Suzana und Sohn Sasa, der auch schon seine Ausbildung als Önologe abgeschlossen hat, sind ebenso in das Familienweingut einbezogen.

Schon in der Nachkriegszeit begannen die Vorfahren, hier Wein zu pflanzen, Ribolla Gialla, damals die Traditionsrebe des Collio. Ein Radikon, Edoardo, Vater von Stanko, heiratete 1948 ein - seit damals führt das Gut diesen Namen. Die Vielfalt der Reben wuchs, auch Tocai, Pinot Grigio, Sauvignon und Merlot wurden gesetzt.

Die Grenze ist nah, der Blick schweift von der Azienda in die slowenische Brda und slowenisch sind auch die Wurzeln der Radikons.

Seit 1980 leitet Stanko die Geschicke der Azienda, eines schönes Bauernhofes auf der Kuppe eines steilen Hügels. Die Anfänge waren durchaus nicht immer leicht und das Geld war knapp. Trotzdem hat der leidenschaftliche Winzer seine persönliche Linie durchgezogen und Recht hat er behalten: Er glaubte nicht an den Ausbau in Stahlfässern, sein Credo war das Holz und sehr bald führte er Barriquefässer ein. Seit 1995 verwendet er Holzfässer von 25-35 Hektolitern für die Mazeration der weißen Trauben. Konsequent gelangen alle seine Weine ins große Fass, wo sie ca. drei Jahre reifen. Auch im Weingarten geht er interessante Wege und pflanzt seine Reben in besonders hoher Dichte: 7.000 bis 10.000 Reben pro Hektar sollen den Stock dazu bringen, weniger Trauben zu produzieren, diese aber mit höherer Konzentration und Qualität. Dass den Radikons keine Chemie an den Stock kommt, versteht sich dabei fast schon von selbst. Die Behandlungen im Weingarten reduzieren sich auf das Allernötigste. Mit aller Konsequenz wird hier ein möglichst naturnaher Wein gemacht, ohne jegliche Filtration oder Zusätze.

Ein auffällig blaues Outfit ist das Markenzeichen der Radikon-Weine - knallblau das Etikett, knallblau die Kapsel.

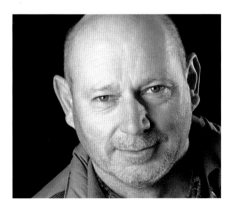

LA CASTELLADA
Nicolò Bensa
Fraz. Oslavia, 1
Oslavia
Tel. 0481/33670

Die Bensas scheuen sich nicht, neue Wege zu beschreiten: Gemeinsam mit Gravner, Radikon und Edi Kante im Karst gehören sie zu den Vordenkern, die ihre Weine auf ihre eigene Art interpretieren. Die Weine der Brüder Bensa zeugen von eigener Handschrift, die im Collio Schule gemacht hat.

Die Weine reifen lange mit klugem Holzeinsatz bei der Vergärung wie auch im Ausbau, aus 9 naturnah bewirtschafteten Hektar entstehen maximal 23.000 Flaschen, die erst nach Jahren auf den Markt „entlassen" werden. Beeindruckend ist besonders der *Tocai Friulano*, ein oftmaliger Anwärter auf die 3 Gläser im Gambero Rosso.

Der große *Bianco della Castellada* aus Pinot Grigio, Chardonnay, Sauvignon und Tocai Friulano birgt komplexe Aromen, warm, weich und ausgeglichen ruhigströmend. Der mineralisch-würzige *Ribolla Gialla* brilliert mit Frische und Saftigkeit, trotz einiger Opulenz und Extraktreichtum.

FIEGL
Alessio, Giuseppe und Rinaldo Fiegl
Luc. Lenzuolo Bianco, 1
Oslavia
Tel. 0481/547103
E-Mail: info@fieglvini.com
www.fieglvini.com

Ein Weingut aus dem Jahr 1782, das nicht nur wegen seiner Weine interessant ist, sondern auch wegen seiner Geschichte, der sogar ein kleines Museum gewidmet ist. Beim Bepflanzen der Hügel trat so manches Kriegsrelikt aus dem 1. Weltkrieg zutage, das nun in Ehren gehalten wird.

Der Hauptbesuchsgrund sind aber sicher die guten Tropfen, die von Alessio, Giuseppe und Rinaldo mit Liebe produziert werden. Die Weinqualitäten sind nach einer Stabilisierungsphase gut gefestigt und absolut verlässlich.

Die Toplinie des Hauses *Leopold* ist dem legendären österreichischen Bundeskanzler der Nachkriegsjahre, Leopold Fiegl, gewidmet.

Der Pinot Grigio *Leopold* (Holunder, Zwetschke und gelbe Äpfel), der Chardonnay *Leopold* (reifer Obstkorb, elegant) sowie die *Leopold Cuvée Blanc* (Tocai, Pinot Bianco, Sauvignon, Ribolla Gialla) sind die neuen Vorzeigeweine der jungen Generation.

PRIMOSIC
Silvestro Primosic
Loc. Madonna di Oslavia, 3
Oslavia
Tel. 0481/535153
E-Mail: promosic@promosic.com
www.primosic.com

Schon im Wien des 19. Jhs. kannte man einen gewissen Carlo Primosic, der die Stadt mit Wein aus Oslavia versorgte.

Jahr für Jahr werden die Primosic-Produkte aufsehenerregender – die 30 ha Kessellagen um Oslavia gehören aufgrund ihres Mikroklimas zu den begehrtesten Lagen des Collio.

Das Familienoberhaupt ist Silvestro, der 1956 den ersten Wein auf den Markt brachte, heute sind die Söhne Boris und der tüchtige Önologe Marco mit im Geschäft.

Insbesondere die Linie *Gmajne* trägt viel zum guten Ruf der Top-Weißweine des Collio bei: Der Pinot Grigio *Gmajne* (70 % Stahltank, 30 % Barrique), der Chardonnay Gmajne (exotische Fruchtnoten nach Banane, Ananas und Papaja) und der Sauvingnon *Gmajne* (dicht, lebhaft) rittern um die Gunst ihrer Fans.

Der *Rosso Metamorfosis*, ein Bordeaux-Blend mit Anteilen von Refosco, ist ein großer Wurf: fruchtig und gleichzeitig pfeffrig-würzig untermalt.

IL CARPINO

Franco und Anna Sosol
Loc. Sovenza, 14A
San Floriano del Collio
Tel. 0481/884097
E-Mail: ilcarpino@ilcarpino.com
www.ilcarpino.com

Zwischen Oslavia und San Floriano liegen die 15 Hektar der Sosols, die ihre Weingärten mit viel Know-how und Überzeugung pflegen – mit geringem Ertrag pro Stock, ohne überflüssige Spritz- und Düngemittel.

Der *Sauvignon Riserva* – z.B. der legendäre 2000er – läutete am Gut eine neue Ära ein. Man beginnt bei jedem Schluck zu verstehen, wie vorteilhaft sich eine internationale Rebsorte auf diesen Böden und in diesem Mikroklima zu entfalten weiß.

Der *Bianco Runc*, aus Pinot Grigio, Sauvignon und Chardonnay, hat seine Topform gefunden: hellgelb blitzend, delikate fruchtig-blumige Noten. Für Rotweinliebhaber: Der *Rubrum Il Carpino* ist das jüngste Kind des Kellers und ein reiner, samtiger Merlot, der *Rosso Il Carpino* die spannende Cuvée aus Cabernet Sauvignon und Merlot.

CONTI FORMENTINI

Marco del Piccolo
Via Oslavia, 5
San Floriano del Collio
Tel. 0481/884131
E-Mail: com@giv.it
www.contiformentini.it

Die Rolle, die das Geschlecht der Formentinis in der Geschichte des Tocai spielte, wurde ja bereits andernorts erörtert. Die Formentinis waren aber auch Pioniere eines hochwertigen und luxuriösen Agriturismo. Die Verbindung Weinbau „zum Anfassen" mit dem schmucken Hotel lockt insbesondere viele österreichische und deutsche Gourmetreisende in die sanften Grenzhügel mit Ausblick auf das Rebland des Collio. Die gut 500-jährige Weingeschichte war für die ganze Region prägend. Heute gehört das Gut mit 75 Hektar zum Imperium der Gruppo Italiano Vini und wird von Marco Del Piccolo geleitet. Eine – auch auf den Weinbau einflussreiche – Äbtissin namens Rylint ist auch namensgebend für das Flaggschiff des Kellers, den *Collio Bianco Rylint*, der aus Sauvignon, Pinot Grigio und Chardonnay komponiert wird und mit cremigen Aromen und würzigen Fruchtnoten aufwartet, die an Wiesenblumen erinnern. Die drei Rebsorten werden getrennt vinifiziert, im Stahltank ausgebaut und dann assembliert. Der Collio Chardonnay *Torre di Tramontana* (viel Stoff und Persönlichkeit) wird nur in großen Jahren gefüllt. Bei den Rotweinen gefällt der *Merlot Tajut* mit seiner vollmundigen und körperreichen Struktur, die von kernigen Tanninen unterstützt wird.

GRADISCIUTTA

Roberto Princic
Loc. Giasbana, 10
San Floriano di Collio
Tel. 0481/390237
E-Mail: info@gradisciutta.com
www.gradisciutta.com

Es ist eine Freude, den unaufhörlichen Aufstieg von Roberto Princic seit 1997 zu einem der Spitzenerzeuger des Collio zu verfolgen. Das Weinmachen liegt den Princics im Blut – schon 1780 produzierten die Vorfahren Wein in Kozana, bevor es den Urgroßvater nach Giasbana verschlug. Die heutige Rebfläche von gut 15 ha ist über mehrere Gemeinden des Collio verstreut. Ca. 80 % der Produktion sind weiß, davon besonders bemerkenswert der fruchtige *Pinot Grigio*, der mit Aromen von Golden Delicious sehr geradlinig und einladend wirkt, und der frische, duftige *Ribolla Gialla*, dessen erfrischende Art durch Zitrus- und Pfirsichnoten geradezu explosiv wirkt. Bei Roberto hat man den Eindruck, dass der gesamten Produktion gleich viel Einsatz und Zuwendung wie den Spitzenetiketten zukommt. Der Vin de garde des Hauses, der *Collio Bianco del Tùzz* (Tocai Fiulano, Chardonnay, Malvasia), führt mit seiner kraftvollen Präsenz die Reihe hervorragender Weine an, hält aber im Preis-Leistungs-Verhältnis mit den sortenreinen Rebsortenweinen durchaus mit.

Von herausragender Qualität auch der *Collio Bianco - Bràtinis*, bei den Rotweinen der *Collio Rosso dei Princic*.

HUMAR

Familie Humar
Loc. Valerisce, 2
San Floriano di Collio
Tel. 0481/884094
E-Mail: info@humar.it
www.humar.it

Das nennt man einen echten Familienbetrieb: Was um 1900 von Antonio Humar auf 2 Hektar begonnen wurde und einst gemischter landwirtschaftlicher Betrieb war, beschäftigt heute in Sachen Wein fünf Familienmitglieder, nämlich Stefano mit Frau Daria, Loreta und Vetter Dario mit Frau. Das Land ist inzwischen auf stolze 30 Hektar angewachsen.

Vor allem der fruchtsüße *Picolit* ist ein gelungenes Paradebeispiel dieser anspruchsvollen Sorte. Ungewöhnlich für den Collio ist die beachtenswerte Produktion von *Spumante*.

Aus der Serie der typischen Rebsorten sticht der *Pinot Bianco* heraus, der ungewöhnlich frisch wirkt und mit seiner Fruchtpräsenz verführt.

TERCIC

Matijaz Tercic
Via Bukuje, 9
San Floriano del Collio
Tel. 0481/884193
E-Mail: tercic@tiscalinet.it

Tercics Weine sind Ausdruck des Terroirs, auf dem sie gewachsen sind.

Auf den Steilhängen seiner 5 ha hat Matijaz in den letzten Jahren viel verändert – seine Weinberge verjüngt, seinen Keller erneuert. Seine Weine werden dabei immer besser!

Er interpretiert Weine voller Anmut und Schönheit, kraftstrotzend und saftig.

Der *Pinot Bianco* gibt sich elegant und frisch, der *Pinot Grigio* mineralisch – duftig nach Quitten und Melone. Fruchtbetont auch *Sauvignon* und *Ribolla* Gialla, die sich keineswegs zu verstecken brauchen.

Der *Vino degli Orti* (zu gleichen Teilen aus Tocai Friulano und Malvasia), ausschließlich im Stahltank ausgebaut, hat sich eine wohltuende Frische bewahrt, die sich sehr fruchtig-floreal und sympathisch präsentiert. Dem steht der *Collio Bianco Planta* (Hauptanteil Chardonnay) und der würzig-aromatische Merlot mit einigem Tiefgang um nichts nach.

FRANCO TERPIN
Loc. Valerisce, 6A
San Floriano del Collio
Tel. 0481/884215
E-Mail: info@francoterpin.it
www.francoterpin.com

Franco Terpin macht schon fast unglaubliche Weine, die allerdings oft unterschätzt werden – vielleicht auch wegen seiner fast schüchternen und zurückhaltenden Art. Francos größter Anspruch ist es, auf seinen 10 Hektar, denen er nicht mehr als 15.000 Flaschen abringen will, charaktervolle, originelle und qualitativ hochstehende Weine herzustellen. Attilo Pagli, Starönologe aus der Toscana, und Alessandro Zanutta gehen ihm dabei zur Hand.

Die Superlativen heißen *Collio Bianco* und *Collio Rosso*. Ersterer wird zu gleichen Teilen aus Pinot Grigio, Tocai Friulano, Chardonnay und Sauvignon hervorgebracht. Das perfekte Duftspiel ist harmonisch, weich und saftig der Geschmack, der an kandierte Früchte und Marillen erinnert.

Der *Collio Rosso* ist oftmals ein 100 % Merlot, und was für einer: dunkles Rubinrot, elegantes, volles und würziges Bouquet, Amarenakirschen, Cassis und zarte Vanillenoten, von opulenter Struktur mit präsenten Tanninen.

Wie jedes Jahr bemerkenswert, der *Pinot Grigio Sialis* (Orangenzeste, rosa Grapefruit) und ein charaktervoller *Ribolla Gialla*.

ASCEVI LUWA
Marjan und Luana Pintar
Loc. Uclanzi, 24
San Floriano di Collio
Tel. 0481/884140
E-Mail: p-l@libero.it
www.asceviluwa.it

30 Hektar in den DOC-Zonen Collio und Friuli Isonzo zählen zum Besitz von Mariano und Luana mit dem ungewöhnlichen Namen: Ascevi heißt der Hügel, auf dem sich der größte Weingarten befindet – und Luwa ist eine Kombination der Namen der Kinder.

Im Focus steht der Sauvignon Blanc, der für optimale Qualität und feine Differenzierungen langjährigen minutiösen Beobachtungen unterzogen wurde.

Der *Sauvignon Luwa* ist die kraftvollere und am Gaumen präsentere Version. Der Sauvignon *Ronco dei Sassi Ascevi* repräsentiert den heiteren Typ mit deutlich helleren und fruchtigeren Akzenten. Der *Vigna Verdana Ascevi*, aus Sauvignon, Chardonnay und Ribolla Gialla, steht als eigenständiger und nennenswerter Wein zu Unrecht im Schatten der beiden.

Der elegante, körperreiche *Pinot Grigio Grappoli Luwa* erinnert an Akazienblüten, Holunder und gelben Apfel, am Gaumen frisch und einladend saftig, mit gutem Körper und mineralischem Touch. Der *Tocai Friulano - Ascevi* mit charakteristischem Mandelton im Finale gefällt in seiner fruchtigen Art durch die Mazeration bei sehr kühlen Temperaturen.

Seitensprünge nach Slowenien

ŠČUREK
Ivan & Storian Sčurek
Plesivo, 44
Dobrovo
Tel. 00386/53045021
E-Mail: scurek.stojan@siol.net
www.scurek.com

Vater Ivan und Sohn Stojan sind Grenzgänger, nicht nur was die außergewöhnliche Qualität ihrer Weine angeht, sondern auch in der Praxis – von den 13 Hektar des Familienbetriebes liegt der Großteil in Italien, die besten Lagen aber in Slowenien. Das schöne Bauernhaus, mit herrlichem Blick auf die italienische Seite des Collio, wurde vor kurzem aufwendig renoviert und hat nun auch Gästezimmer. Verkostungen sind bei den Sčureks legendär, werden sie doch von hausgemachtem Prosciutto, Salami und Käse begleitet. Das Design der auffälligen Etiketten mit der Geige spielenden Grille entspricht symbolisch der Virtuosität der Sčurek'schen Weinkunst.

Neben dem *Tokaj Jazbine* (grünliche Reflexe, kraftvolle, ausgeprägte Mandelcharakteristik), dem Pinot Grigio (üppig, aromenverspielt) und dem *Rumena Rebula* (harmonisch ausgeglichen, frisch) glänzt unter den Weißweinen vor allem der *Dugo*, einer der besten Interpretationen des slowenischen Collio aus Ribolla Gialla, Chardonnay und Pinot Bianco (12 Monate Barriques).

Interessant auch die Rotweine: Der *Cabernet Franc* zeigt kraftvollen Körper und intensiv-würzige Fruchtnoten, der *Stara Brajda* ist das rote Flagschiff des Hauses, der manchmal auch in der weißen Variante erzeugt wird.

BJANA
Valter Sirk
Visnjevik, 38
Dobrovo
Tel. 00386/53045363
E-Mail: valter.sirk@siol.net
www.valtersirk.com

Um das hübsche Örtchen Visnjevik, das auf einer Hügelkuppe über dem Reka-Tal thront, wird Weinbau schon seit dem 16. Jh. betrieben.

Die Kellergewölbe des Gutes Bjana sind die ältesten im gesamten Collio- und Brdagebiet, eindrucksvoll das burgähnliche Herrenhaus. Bjana ist ein nationaler Begriff für slowenische Premium-Schaumweine, die ausschließlich nach der Champagner-Methode hergestellt werden und internationale Auszeichnungen eingeheimst haben. Joško Sirk, Namensvetter und vielbeachteter Gastronom in Cormòns (La Subida), schwört auf diese charaktervollen, ungestümen Spumanti zum Karster Prosciutto oder jenem von Gigi d´Osvaldo. Aus der 1991 gegründeten Kellerei von Valter Sirk stammen aber auch bemerkenswerte Weine.

Top ist der *Teresa Bianco* (Chardonnay, Pinot Bianco, Tocai, Malvasia), sein rotes Pendant aus Merlot, Cabernet Franc und Malbec steht der Klasse des Weißen um nichts nach.

MOVIA

Ales Kristancic
Ceglo, 18
Dobrovo
Tel. 00386/53959510
E-Mail: movia@siol.net
www.movia.si

Ales Kristancic ist ein Weinpionier der Brda, der sich sein Fachwissen aus Italien und von Frankreich holte und den lokalen Weinbau zu Zeiten revolutionierte, als niemand von Qualitätsweinen aus Slowenien sprach. So führte er die Barriques ein, den ersten Primeur, den ersten Strohwein und Weine aus Einzellagen, was damals noch nicht üblich war. Nicht selten wird er als bestes Weingut Sloweniens gehandelt und seine schwarz-gold etikettierten Bouteillen, von denen 80 % ins Ausland gehen, stehen hoch im Kurs. Eindrucksvoll ist der großartige, fast herrschaftlich anmutende Familiensitz mit dem gewaltigen Barrique-Keller, mit herrlichem Blick übers Land.

9 Hektar werden im Friaul, 11 in Slowenien kultiviert, ausgebaut wird eine Barrique-Linie *Movia* und eine klassische und einfachere namens *Vila Marija*, die von den jüngeren Rebstöcken stammt.

Paradeweine sind *Tocai*, der neuerdings aufgrund der Namensturbulenzen dieser Rebsorte unter „Exto" für „Ex-Tocai" firmiert, *Ribolla Gialla* (Rebula) aus nahezu 70-jährigem Rebbestand, *Chardonnay, Pinot Grigio* und *Pinot Bianco* sowie die hervorragenden Cuvées wie der *Movia Veliko Belo*. Seit 2002 wird dieser neu komponiert und besteht heute hauptsächlich aus Ribolla Gialla, weiters Sauvignon Blanc und Pinot Grigio. Bewertungen im amerikanischen Winespectator von mehr als 90/100 Punkten sind keine Seltenheit. (Das Etikett für den Top-Jahrgang 2000 wurde übrigens vom Kärntner Künstler Valentin Oman entworfen.)

Bei den Rotweinen weisen der *Merlot* (edle Tanninstruktur, voller Körper), der *Cabernet Sauvignon* und der *Pinot Nero* herausragende Qualitäten auf.

Die rote Topcuvée, der *Movia Veliko Rdece*, ist das mächtige Resultat aus Merlot, Cabernet Sauvignon und Modri Pinot (Pinot Nero).

Süßweine: Der *Movia Izbrani Plodovi*, ein Edel-Süßwein mit sagenhaften 199 g Restzucker, und der Strohwein *Movia Esenca* aus Ribolla und Picolit gehören zu den ganz großen Weinen ihrer Art.

Weiters: charaktervolle Grappe und Fruchtbrände und eine eigene Gläserserie aus den Glashütten von Rogaska.

VINARSTVO SIMČIČ

Edi Simčič
Ceglo, 3b
Dobrovo
Tel. 00386/53959200
Fax 00368/53959201
E-Mail: info@simcic.si
www.simcic.si

Als Stuart Pigott, ein in Deutschland lebender englischer Weinkritiker, in der Gourmetzeitschrift „Der Feinschmecker" die europäische Hitliste seiner 10 aktuellen Sauvignon Blanc vorstellte, war erwartungsgemäß der geniale Sauvignon Blanc von Edi Simčič mit dabei.

Sein in Burgunderflaschen abgefüllter Sauvignon Reserve überzeugt mit viel kräftiger Würze in der Nase wie auch am Gaumen mit reifer Frucht und cremig-eleganter Struktur.

Edi arbeitet nur mit eigenen, naturnah angebauten Trauben, die durch besonders niedrigen Ertrag und langes Verweilen am Stock so konzentriert wie möglich sind. Jahrelanges Experimentieren mit Klonen und Technologien brachten ihn seinem qualitativen Optimum sehr nah und weltweites Aufsehen.

Schon die Einstiegsweine wie der *Sauvignonasse* (vormals Tocai), der *Chardonnay* (mittlerer Körper, Limone- und Wiesenkräuternoten) und der *Pinot Grigio* (mächtig, macht richtig Druck) werden Edi förmlich aus der Hand gerissen.

Die Reserve-Linie stammt von altem Rebbestand, der mancherorts gut 50 Jahre und mehr aufweist. Die entsprechend kleinen Erträge lohnen sich durch eine einzigartige Konzentrationsvielfalt der Aromen und mineralische Vielschichtigkeit am Gaumen.

Die Reserve-Serie: Neben dem überragenden *Sauvignon* besticht auch der *Ribolla Reserve* (strohgelb, goldene Reflexe, komplexer Duft nach reifen Aromen, gewichtig-weicher Körper, mineralischer Touch), der *Chardonnay Reserve* (würzig, körperreich, holzausgebaut und trotzdem von unglaublich einladender Frische) und der großartige *Teodor Belo Reserve*. Dieser ist eine Komposition aus Ribolla, Sauvignonasse und Pinot Grigio, die separat in ihren Einzelkomponenten ausgebaut werden – ein großer, charaktervoller Wein mit viel Terroirausdruck.

Bei den Rotweinen gefällt neben dem *Cabernet Sauvignon Reserve* vor allem der seltene *Pinot Nero Reserve*. Die Teodor Rdece Reserve aus Merlot und Cabernet Sauvignon weist gute 14 Vol.-% Alkohol auf und ist besonders weich und rund am Gaumen, mit einem betörenden Finale.

KLINEC

Aleks und Konrad Klinec
Medana, 20
Dobrovo
Tel. 00386/53045092
E-Mail: klinec@s5.net
www.klinec.si

Nur 5 Hektar bewirtschaftet der kulturinteressierte Winzer Aleks Klinec, der auch Kunstevents und Künstlersymposien organisiert.

Seine Spezialität ist der Verduc Riserva Special, eine Verduzzo-Spätlese, die in Akazienfässern 2 Jahre lang reift, bekannt auch die rote Cuvée „Quela" aus Kirschholzfässern (die Klinecs ziehen nämlich heimisches Holz der Eiche vor), aber auch der Chardonnay und Pinot Grigio. Bei Klinec gibt es vier Gästezimmer und eine Gostilna, in der man vorzüglich besonders Fleischiges genießen kann.

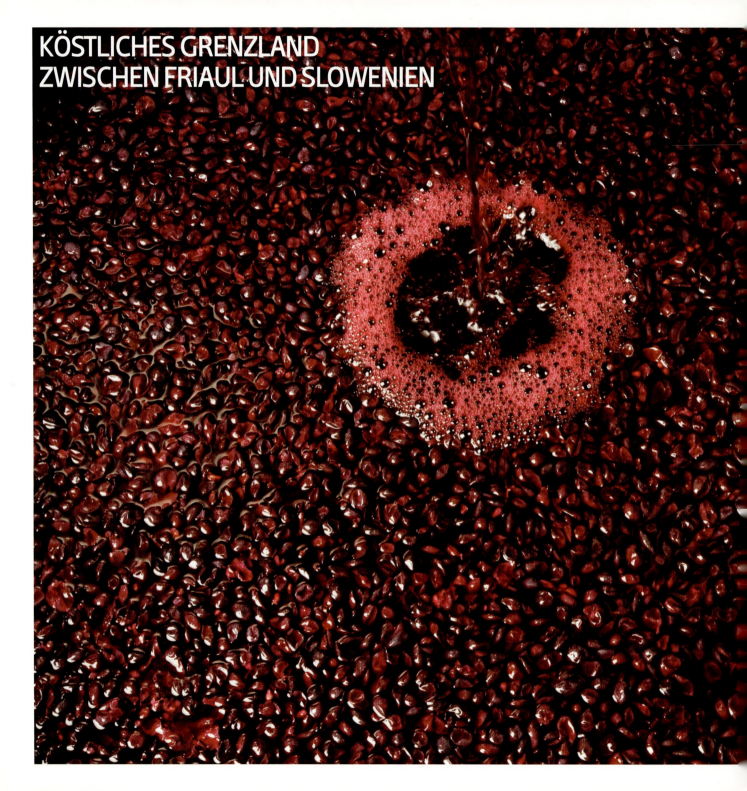

KÖSTLICHES GRENZLAND
ZWISCHEN FRIAUL UND SLOWENIEN

Oslavia

Oslavia, heute ein nördlich gelegener Vorort von Görz, steht für zweierlei, nämlich einerseits für die Erinnerung an die gnadenlosen Isonzoschlachten des Ersten Weltkrieges, die in einem imposanten Mahnmal aufrechterhalten wird. Etwa 60.000 italienische Gefallene und 540 Soldaten der k. u. k. Monarchie haben hier ihre letzte Ruhestätte gefunden.

Andererseits – und das ist der erfreulichere Aspekt – beginnt hier eine Zone, in der große Qualitätsweine wachsen und einige der besten Winzer des Collio Goriziano ihre Rieden pflegen – allen voran die kompromisslos naturnah produzierenden Meisterwinzer Gravner mit seinen spektakulären Amphoren und Stanko Radikon, der bedingungslos auf Holz setzt.

Der Isonzo durchfließt Oslavia, das zwischen den Fronten zerrissen war und das sich dennoch schöne Bauten wie die zentrale Burg, Dom, Synagoge und Palazzi bewahren konnte. Vom nahen 609 m hohen Monte Sabotino hat man übrigens eine tolle Aussicht auf Görz! (Auffahrt von Lenzzuolo Bianco)

San Floriano del Collio

Ein kleines, idyllisches Weinörtchen in einer Weingegend von ganz besonderem Reiz. Nur einen halben Kilometer von der Grenze entfernt, wird es dominiert von dem Castello Formentini, dessen Familie einen wesentlichen Beitrag zur Geschichte des friulanischen Weinbaus beigetragen hat. Besiedelt war der Ort schon lange vor den Römern, die ihn zur Feste machten, und der Wein spielt nachgewiesenermaßen schon im 12. Jh. eine Rolle. 1710 wurden anlässlich einer Hochzeit über 30.000 Rebstöcke als Mitgift gezählt und die Venezianer freuten sich über einen gut gefüllten Keller mit bestem Wein, als sie 1616 die Burg eroberten.

Da gibt es wohl keinen passenderen Ort für ein Weinmuseum als das Castello Formentini, das sich auch als luxuriöses Ferienressort einen Namen gemacht hat.

Auch in der Geschichte des umstrittenen Tocai spielte die Familie eine wichtige Rolle: Im Jahre 1632 heiratete nämlich eine gewisse Aurora Formentini in Wien einen adeligen Ungarn, dessen Güter in der heutigen ungarischen Tokajjgegend lagen. Einige Bauern aus St. Floriano folgten ihrer Herrin und nahmen eine heimische friulanische Rebe mit. Der gefiel es in Ungarn prächtig, so dass sie bis heute dort angebaut wird. So erzählt man es sich in San Floriano – die EU-Behörden haben offensichtlich dieser Version nicht so recht Glauben schenken wollen und den Friulanern kurzerhand die Bezeichnung Tokai zugunsten der Ungarn verboten ... (siehe S. 19).

WEINLAND OSLAVIA

Großer Wein wächst hier auf den breiten Terrassen, die Gegend ist aber auch bekannt für ihre Kirschbäume, die zur Blütezeit duftige Tupfer in die Landschaft setzen. Es ist Weißweinland, obwohl auch gute, lagerfähige Merlots (gute Jahrgänge des Radikon Merlot sind Italien-Spitze!) gelingen: An erster Stelle rangiert ein großartiger Ribolla Gialla (kräuterwürzig von Radikon, aus dichtest bepflanzten Rieden von Gravner), aber auch die aromatischen Chardonnays (z.B. Leopold von Fiegl), Sauvignons (Gmajne von Primosic) und Tocai Friulano wie der Bensa von Castellada oder der mächtige Jakot von Radikon haben große Klasse.

WEINLAND SAN FLORIANO

Höher und steiler als die sanften Erhebungen des Collio wirkt der Hügel von San Floriano, an dessen abschüssige Hänge sich die Weingärten schmiegen. Vornehmlich besonders frische, süffige Weißweine werden hier gezogen und das ganz spezielle Mikroklima begründet sich zum einem auf die Höhe der Hügel und deren Ausrichtung, zum anderen auf die Winde aus dem Vipacotal und die Meeresbrisen, die über die Weinberge streifen.

Ribolla Gialla (z.B. von Roberto Princic, Tercic), Pinot Grigio (z.B. der Grappoli Luwa von Ascevi Luwa, Terpin) erreichen hier besondere Klasse, auch der Malvasia, wenn auch keine großen Mengen von ihm angebaut werden.

Großartige Sauvignons produzieren nicht nur z.B. Ascevi Luwa und Il Carpino reinsortig, oft steckt diese internationale Rebsorte mit Chardonnay, Tocai Friulano und/oder anderen Rebsorten in den prächtigen Cuvées, die hier vielerorts die Flaggschiffe – oder gar die einzigen Etiketten – der Kellereien repräsentieren, wie z.B. die beiden Collio Bianco von Zuani, der legendäre Breg Anfora von Gravner, der Oslavje von Radikon, der Bianco della Castellada, der Leopold Cuvée Blanc von Fiegl u.v.m.

Nach Slowenien in die „Goriška Brda"

Es sollte nicht zusammengehören, was von der Natur als Einheit gedacht war und seit dem Jahre 1000 von den Grafen von Görz und den Patriarchen von Aquileia auch einheitlich verwaltet wurde. Die Habsburger herrschten von 1500 bis 1918, dann kamen bis zum Zweiten Weltkrieg die Italiener und mit dem Kriegsende die Teilung: Das Hügelland im Osten Friauls wurde in zwei Teile gerissen. Seit 1945 gibt es den italienischen Collio und die slowenische Brda, genauer gesagt die Goriška Brda, deren Name nichts anderes besagt als „Görzer Hügel". An Schönheit und guten Lagen steht der slowenische Teil dem friulanischen um nichts nach – im Gegenteil, selbst so mancher Vinicoltore aus dem Collio blickt bewundernd auf die herrlichen Lagen im Osten, die vom Judrio im Westen und dem Isonzo, oder besser gesagt der Soča, im Osten begrenzt werden. Und manche von ihnen haben ja auch ihre Weinberge noch immer dort – bzw. umgekehrt! Die Anwesen geteilt durch eine willkürlich de-

EINKEHREN

Golf-Hotel Castello Formentini
Via Oslavia, 2
San Floriano del Collio
Tel. 0481/884051
Restaurant: Montag und Dienstagmittag geschlossen
Weinmuseum: Via Oslavia, 5, Tel. 0481/884131
Mo-Sa 8-17 Uhr, Samstag nur nachmittags
E-Mail: isabellaformentini@tiscali.at
www.golfhotelformentini.com

Hotel, Restaurant und Weinmuseum. In nördlicheren Gegenden wäre es ein klassisches „Romantikhotel" mit sehr geschmackvoll antik-rustikal eingerichteten Zimmern im weinumrankten Steinhaus. Im Restaurant im Haupthaus biegen sich die Tische unter üppigen Buffets, schwerem Silber und Damast, von der Terrasse ein entzückender Blick auf Görz. Vor so viel Eleganz muss man nicht erschrecken, es gibt durchaus erschwingliche Angebote!

Der 9-Loch-Golfplatz ist übrigens inzwischen verschwunden – nur ein Putting Green ist übrig geblieben – und einer Kooperation mit dem Golfclub Gorizia beim Castello di Spessa gewichen, zum Entspannen gibt es aber Park, Pool und Tennisplätze.

Al Ponte di Calvario di Mirko
Vallone delle Aque, 2
Lenzzuolo Bianco
Tel. 0481/534428
Ruhetag Dienstagabends und Mittwoch

Ein ansehnliches Lokal mit nettem Garten und guter Küche, deren Favorit die gegrillten Forellen sind. Von diesem Ort geht auch die Straße auf den Aussichts- und Schicksalsberg Monte Sabotiono (610 m).

EINKAUFEN & EINKEHREN

Vinothek Brda
Grajska cesta, 10
Dobrovo v Brdih
Tel. 00386/53959210
E-Mail: info@vinotekabrda.si

Eine noble Adresse: Die Vinothek ist im Keller des Schlosses Dobrovo untergebracht. An die 200 Weine werden angeboten, geöffnet Di-Sonntag, 11.30–21 Uhr.

Weinkellerei Goriška Brda
Zadruzna cesta, 9
Tel. 0386/53310-100
www.klet-brda.com

Auch hier können Weine von etwa 40 Winzern verkostet und erstanden werden. Voranmeldung nötig.

Gostilna Bužinel
Medana Ortsbeginn
Tel. 00386/53045082
Ruhetage Montag, Dienstag, Mittwoch

Das ist der neue Stern unter den Brdalokalen, auch bei den italienischen Nachbarn sehr beliebt: Wer Fisch und Meeresfrüchte liebt, kehrt hier ein. Die Portionen sind groß, die Fische frisch (Wirt Elvis holt sie persönlich vom Triester Fischmarkt).

Ein besonderes Highlight ist die Terrasse mit Aussicht auf die Brda. Bužinel macht auf 11 Hektar auch eigene Weine, die sich bestens zum Menü machen, und bietet für müde Häupter auch Zimmer.

finierte Trennline, oft mitten durch die Höfe gezogen, die Weingärten zerrissen, hatten diese Winzer in den Jahren vor der Öffnung kein leichtes Los, wenn auch kleine, inoffizielle Grenzübergänge die Bearbeitung der Rebflächen weiter ermöglichte.

Erst der Beitritt Sloweniens zur EU im Mai 2004 sollte mehr Normalität in den Alltag der bilateralen Winzer bringen, und auch der Qualitätsentwicklung der slowenischen Weinbauern tut der leichtere Zugang zu den westlichen Nachbarn gut.

Besonders bezaubernd an der Weinregion Brda, in der ca. 5.000 Menschen auf Bauernhöfen und in über 40 kleineren Ortschaften leben, sind die vielen Hügel, denen kleine Dörfer, Kirchen und einzelne Anwesen ihren Stempel aufdrücken, umgeben von Weingärten, Kirsch- und Pfirsichbäumen und Wäldern. Bauernhöfe, Buschenschenken und Weingüter, Wein und Kirschen, hausgemachte Schinken, Käse und Würste, das sind die Schätze der Brda.

Mittelpunkt der Weinproduktion ist *Medana*, nur wenige Kilometer von Cormòns entfernt, wo im April ein großes Weinfest gefeiert wird. Seit 1157 war Medana eine Dependance der Wein machenden Mönche von Corno di Rosazzo. Die besaßen dort einige der hervorragenden Weinberge mit besten Flyschböden und terrassierten ihn wie auch im Friaul üblich zum Schutz gegen die Erosion. Ein nettes Städtchen ist Medana auf alle Fälle – und auch touristisch hat es einiges zu bieten, so z.B. das überaus einladende Wein- und Tourismusressort Belica direkt im Ort, von dessen Terrasse (mit Pool!) man einen wunderbaren Ausblick in die Weinberge hat. Oder die beiden Buzinell-Betriebe, das kleine, alte Gasthaus neben der Kirche, das seit einem Jahr von einem Bužinel-Bruder geführt wird, und das moderne, großzügige Restaurant (mit Zimmern) am Ortsende, in dem die köstliche Fischküche einen Ausflug wert ist!

Markant ist das weiße Schloss von *Dobrovo*, dem Hauptort mit 450 Einwohnern, mit der hohen Mauer und vier imposanten Türmen aus dem 17. Jh., das auch ein Restaurant beherbergt. Stolz ist man hier auf den Künstler mit Weltruf, Zoran Music, dem eine ständige Ausstellung gewidmet ist.

Zwar würde dem Schloss etwas frische Farbe guttun, denn der Zahn der Zeit hat es schon ordentlich geschwärzt, sehenswert ist es aber allemal, schon allein wegen der Vinothek im Untergeschoß, in der die Schätze der hiesigen Winzer zu verkosten und zu kaufen sind – allerdings mitunter zu Preisen, die sich überraschend selbstbewusst geben.

Im uralten, ausgesprochen hübschen Festungsdorf *Smartno* steht neben der Pfarrkirche St. Martin ein auffälliger Glockenturm mit Zinnen, der einst als Festung diente, auch der Blick von hier ist bezaubernd. Die engen Gassen, zum Teil nur geschottert, sind von teilweise schon etwas baufälligen Häusern flankiert, kein Wunder, sind doch keine 50 Einwohner noch im Ort verblieben. Doch schon bald wird sich das Bild ändern: Viele der Liegenschaften werden von betuchten Liebhabern und Spekulanten gekauft und renoviert und so wird Smartno vielleicht schon bald eine neue Bestimmung als Gemeinde der Zweit- und Ferienwohnungen haben – und hoffentlich seinen Charme in etwas aufgefrischter Fassung bewahren.

Lassen Sie sich einfach treiben durch die Brda und genießen Sie die liebliche Kulturlandschaft voller Weingärten und Obstbäume – oder nehmen Sie den Weg über die Weinstraße. Die führt von Ceglo (mit dem Traditionsweingut Movia) südlich von Medana und gleich hinter der italienischen Grenze Richtung Osten über Dolnje Cerovo, Hum nach Gonjace. Sollten Sie mal vom Weg abkommen, wundern Sie sich nicht, wenn Sie sich in Italien wiederfinden – nicht immer sind die heute offenen und unbesetzten Grenzen deutlich erkennbar – und flugs ist man im Nachbarland – und genauso problemlos wieder zurück ...

WEINLAND:

Das Flaggschiff der Brda ist der Rebulla (Ribolla), der spritzig und erfrischend ausgebaut wird. Gerne angebaut der Sivi Pinot (Grauburgunder) und der Beli Pinot (Weißburgunder). Auch Pikolit gedeiht hier prächtig, der Furlanski Tokaij schmeckt, wie es ihm geziemt, leicht nach bittern Mandeln. Unter den Roten ist der Merlot der häufigste, der sich rubinrot und mit mäßiger Säure präsentiert.

WAS IST WAS?

Sivi Pinot – Pinot Grigio, Grauburgunder
Beli Pinot – Pinot Bianco, Weißburgunder
Renski Rizling – Rheinriesling
Laski Rizling – Welschriesling
Rebula – Ribolla Gialla
Modri Pinot – Blauburgunder/Pinot Noir
Pikolit – Picolit
Refosk – Refosko
Moscata Gialla – gelber Muskateller

Belica
Zlatko Mavrič
Medana, 32
Dobrovo
Tel. 0386/3042104
E-Mail: info@belica.net
www.belica.net

Ein überaus schöner, blumengeschmückter Hof in der Nähe der Kirche von Medana, qualitätsvoller Wein, ein stilvolles Restaurant, das hauseigene und regionale Köstlichkeiten serviert (besonders gut der selbst gemachte luftgetrocknete Schinken!), komfortable Zimmer und ein herrlicher Ausblick kennzeichnen das Reich des Zlatko Mavrič. Rebula, Tokaj, Sivi Pinot – allerlei an guten Weinen steht am Programm. Es kann auch verkostet werden und einkaufen kann man im Hofladen auch eigens Olivenöl, Essig und Grappa, Kräuter- und natürlich Kirschschnäpse. 6 Zimmer und 2 Appartements, Pool mit herrlicher Aussichtsterrasse. Sogar für Seminare ist man gerüstet!

VON GÖRZ ÜBER GRADISCA NACH RONCHI – ENTLANG DES ISONZO

Route 5

VIE DI ROMANS

Gianfranco Gallo
Loc. Vie di Romans, 1
Mariano del Friuli
Tel. 0481/69600
E-Mail: viediromans@tiscalinet.it
www.viediromans.it

WEINTIPPS:

Die Weinkritiker jubeln über den fruchtcharmanten, legendären *Flors di Uis*, eine kuriosinteressante Vermählung von Tocai, Malvasia und Riesling, die sehr duftig wirkt und exotische Komponenten aufwirft.

Chardonnay und Sauvignon gibt es jeweils in den Ausbauarten Stahl und Barrique:

Der *Chardonnay Ciampagnis Vieris* (Stahltank) wirkt sehr elegant: Pfirsich, Äpfel und etwas Exotik. Der stoffige *Chardonnay Vie di Romans* (Barrique) gilt als eine der gelungensten Barriquevarianten überhaupt und steht für den unnachahmlichen Stil des Hauses. Grapefruit, weißer Pfirsich, Holunder – eine Duftexplosion.

Der konzentrierte *Sauvignon Vieris* (Barrique und Tonneaux) gibt sich als internationaler Typ cremig und finessenreich strukturiert.

Ungewöhnlich der *Pinot Grigio Dessimis*, ein Wein von modelhafter Stilistik aus dem Barrique. Doch selbst beim Weißweinpuristen Gallo gibt es einen Rotwein – einen prächtigen Merlot namens *Voos dai Ciamps*, den dieser nur in guten Jahren führen darf. Er reift 9 Monate in Barriques und gut 38 in der Flasche. In „normalen" Weinjahren firmiert der Wein unter dem Namen *Maurus* – mit einem großartigen Preis/Genussverhältnis!

Seit 1978 leitet Gianfranco Gallo in dritter Generation das Geschick dieses prachtvollen Weingutes, das sowohl an Schönheit als auch an Anspruch und Qualität eines der führenden Italiens ist. Der große kalifornische Weinindustriegigant Gallo setzte es durch, dass Gianfranco Gallo seinen Familiennamen von den Etiketten nehmen musste, die heute den Namen der nahen antiken Römerstraße tragen.

Dem Weingut hat das DOC-Gebiet Isonzo maßgeblich seine heutige Stellung zu verdanken – es war Wegbereiter für moderne Maßnahmen in den Weingärten und im Keller und war auch das erste, das eigene Wege mit den Etiketten ging. 44 Hektar bester Weingärten auf dem flachen Schwemmland des Flusses Isonzo nennt Gallo heute sein Eigen.

Seine große Passion galt immer schon dem Weißwein, die väterlichen Weingärten brachten alle Voraussetzungen für große Kreszenzen mit. Allerdings stand vor dem Traum von den großen, lagerungsfähigen Weißen noch eine Menge Arbeit, denn erst musste sich Gianfranco die Weingärten so herrichten, wie er es für optimal erachtete.

Im Keller wurde mit französischer Eiche unterschiedlicher Herkunft und Toastings und mit unendlich vielen Assemblagen und Cuvéetierungen experimentiert. Die jugendlich-frischen Weine waren nicht sein Metier – er wollte Eleganz und Komplexität.

Das Ergebnis versetzt manchmal tief ins Burgund: Seine Chardonnays weisen die gezügelt-kraftvolle Eleganz, Feinheit und exemplarische Dichte großer Mersaults oder Montrachets auf, verfügen aber dennoch über die unverwechselbare Handschrift ihres Regisseurs Gianfranco.

Nach burgundischem Vorbild reifen die Trauben harmonisch perfekt: späte Lese, kalte Mazeration auf den Schalen, viel Zeit gibt es für die Reifung auf der Hefe. Heute beziffert er die Lagerfähigkeit seiner Weine mit 15 Jahren, mit einem Höhepunkt bei 7 bis 10 Jahren.

BORGO CONVENTI

Ruffino Gruppe - Familie Folonari
Strada della Colombara, 13
Farra d´Isonzo
Tel. 0481/888004
E-Mail: info@borgoconventi.it
www.borgoconventi.it

WEINTIPPS:

Die Paradeweine finden sich zweifelsohne in der Collio-Linie, unter diesen der *Collio Chardonnay* (raffinierter Duft nach weißen Melonen und Banane), *Pinot Grigio* (floreal-mineralisch), *Ribolla Gialla* (tolle Frucht, wunderschöner Säurebogen, erfrischend) und der samtig-weiche Evergreen *Merlot*.

Immer mehr Anerkennung finden aber auch die Isonzoweine mit *Chardonnay* und *Pinot Grigio, Sauvignon, Tocai Friulano* und dem besten Wein der Serie, dem *Refosco del peduncolo rosso* mit exzellenter Textur, Tiefgang und Charakter.

Von Trauben aus allerbesten Mergel- und Lehmböden wird seit den achtziger Jahren ein ganz besonderer Tropfen kreiert – der *Braida Nuova*, der eine Komposition aus Merlot, Cabernet Sauvignon und Cabernet Franc ist und sich 24 Monate in kleinen französischen Eichenfässern seinen letzten Schliff holt. Er ist ein Kraftbündel mit komplexem Duft nach Weichseln, Brombeeren, Tabak und dem zartem Eichenholzflair. Im Geschmack weist er Struktur und Persönlichkeit auf, die angenehme Frische begleitet die weichen und sanften Tannine. Der noch heute legendäre Jahrgang 1988 wurde am Weingut en primeur versteigert – damals ein Novum mit Vorbildcharakter für die gesamte Friulaner Weinwelt.

1975 wurde Borgo Conventi als Weingut in einem alten Kloster, ganz in der Tradition des landwirtschaftlich geprägten Farra, gegründet. Die Anfänge waren hart, nur wenige Hektar gehörten zum Anwesen und im ersten Jahr wurden nur an die 10.000 Flaschen abgefüllt. Gianluigi Vescovo führte es in kurzer Zeit mit Hilfe seiner Frau Genny und seinen Töchtern Erica und Barbara an die Spitze der friulanischen Weingüter und erkämpfte sich vor allem am internationalen Markt einen hervorragenden Namen. Dann erlag Gianni den langjährigen Kaufbemühungen der Familie Folonari (Ruffino) aus der Toscana, die seit 2001 das Sagen über das stattliche Anwesen und über mittlerweile 42 Hektar Weinland hat. Ein Borgo Conventi ohne seinen Schöpfer Gianni Vescovo war für dessen Freunde und Weinkenner in aller Welt allerdings schwer zu akzeptieren.

Die Folonaris gestalteten es unter der Führung von Paolo Corso nach ihren Vorstellungen um, es ist außerdem Wirkungsstätte der „Donna del Vino" Michaela Cantarut.

Der eindrucksvolle Barriquekeller ist unterirdisch mit der schmucken Villa verbunden, in deren erstem Stock ein stimmungsvoller, rustikal-eleganter Verkostungsraum zum Verbleiben, Verkosten und Fachsimpeln einlädt.

Die Ländereien liegen in zwei verschiedenen DOC-Gebieten – dem Collio Goriziano und dem Isonzo, aus denen zwei Linien gekeltert werden: die Edellinie „Borgo Conventi" aus dem Collio und die Linie „I Fiori del Borgo" aus dem Isonzo.

CONTI ATTEMS

Virginia Attems und Lamberto Frescobaldo
Via Giulio Cesare, 36/a
Lucinico
Tel. 0481/393619
E-Mail: virginia.attems@attems.it
www.attems.it

Den Anfang machte eine Schenkung eines Salzburger Bischofs an die Familie Attems. Durch Erbschaft ging es an den Grafen Douglas Attems, der sich in den Nachkriegsjahren nicht nur um den Betrieb selbst, sondern auch stark für die Collioweine engagierte und 1964 das Consorzio Collio gründete. 1999 schloss sich der Graf standesgemäß mit den Marchesi di Frescobaldi zusammen – Adelige aus der berühmten toskanischen Weindynastie. Mit Virginia Attems, gräfliche Tochter und zuständig für Öffentlichkeitsarbeit, ist der Gutsname aber weiterhin in persona vertreten!

Die Frescobaldis hätten es nicht besser treffen können. Selbst Schöpfer von nahmhaften Rotweinen im Chianti Rufina, in Montalcino sowie in der Maremma wollten ihr Portfolio mit den prestigeträchtigen Collio-Weißweinen ergänzen.

50 Hektar entlang der slowenischen Grenze gehören zum alten Besitz des Gutes, die Weinlinien wurden mittels moderner Techniken vorteilhaft „entstaubt".

Kellerstar ist der *Collio Bianco Cicinis* aus Sauvignon, Tocai und Pinot Bianco, in dem sich Komplexität und Frische auf das Angenehmste ergänzen. Der *Chardonnay* (weißer Pfirsich, Banane, Melone), der *Sauvignon* (grüne Paprika, Salbei und Litschi) wie auch ein zupackender *Ribolla Gialla* versinnbildlichen die neue Gangart mit stark steigender Qualitätskurve.

LIS NERIS

Alvaro Pecorari
Via Gavinana, 5
San Lorenzo Isontino
Tel. 0481/80105
E-Mail: lisneris@lisneris.it
www.lisneris.it

Alvaro Pecorari ist ein begnadeter „bianchista". Ein Mann, der das Talent für tolle Weißweine in seinem kleinen Finger trägt und dessen Interpretationen zu den Perlen Friulaner Önologie zählen. Basis für Alvaro Pecoraris Erfolg ist neben Talent die gründliche Erneuerung des Gutes in den 90er Jahren, in denen er die 54 Hektar zwischen Slowenien und Isonzo samt Keller auf Vordermann brachte. Pecoraris Geschick liegt darin, aus scheinbar einfachen Tropfen ganz große Weine entstehen zu lassen – was er mit seinem Pinot Grigio *Gris* (komplexe Mineralik, fruchtcharmant) unter Beweis stellt. Was nicht heißt, dass seine weiteren anspruchsvollen Etiketten nicht ebenso überzeugen:

Der *Lis,* eine bewährte Komposition aus den besten Partien von Sauvignon, Pinot Grigio und Chardonnay, besticht mit Eleganz und Finesse.

Der *Confini* (Pinot Grigio, Traminer und Riesling), wie kein anderer Wein Symbol für grenzgängerische Ambitionen Pecoraris, präsentiert sich eher im Stil des Elsass.

Dem Chardonnay *Jurosa* entströmt ein warmer Duftbogen von tropischen, reifen Früchten, gebrannter Haselnuss und Vanille. Ein mächtiger, großartiger Wein, der geschmeidig ist und mit frischen Zitrusreflexen überrascht.

PECORARI PIERPAOLO

Via Tommaseo, 36c
San Lorenzo Isontino
Tel. 0481/808775
E-Mail: info@pierpaolopecorari.it
www.pierpaolopecorari.it

32 Hektar betreut Pierpaolo Pecorari, Spross einer alteingesessenen Familie von Landwirten. Vor nahezu 35 Jahren hat Pierpaolo übernommen und alle Umbauar-

beiten durchgeführt, die ihm notwenig erschienen – die Weingärten des relativ flachen Schwemmlandbodens dicht bepflanzt, die Kellerei erneuert und auf biologischen Anbau umgestellt. Mit der Unterstützung von Andrea Pittana, einem erstklassigen Fachmann, wird viel Forschung in den Weingärten betrieben, gilt es doch der Mineralität als unnachahmlichem Ausdruck des Isonzogebietes mehr Ausdruck zu verleihen. Dies gelingt in erster Linie in den anspruchsvolleren Weißweinen der *Altis*-Linie (der Pinot Grigio gibt den Ton an) und den Edeltropfen, die im Fass reifen – erkennbar am Zusatznamen wie *Soris*, *Olivers* oder *Kolàus*.

Die Einsteigerweine zeigen sich jung, frisch und süffig, in der Qualität können diese Weine zu den hervorragenden Selektionen jedoch nicht aufschließen.

TENUTA VILLANOVA
Giuseppina Grossi Bennati
Loc. Villanova
Via Contessa Beretta, 29
Farra d´Isonzo
Tel. 0481/889311
E-Mail: info@tenutavillanova.com
www.tenutavillanova.com

1499 ist das Geburtsjahr des Vorzeigegutes mit den beeindruckenden Dimensionen und dem Land mit den seltsam anmutenden Hügeln, die wie Kegel aus dem Isonzoschwemmland herausragen. Seit 1932 wurde die Geschichte von Arnoldo Bennati und seiner Familie geprägt, heute hat seine Frau Giuseppina Grossi die Leitung inne, und sie tut dies mit geschickter Hand. Sowohl Collio als auch das Isonzogebiet gehören zu ihren Weingärten, entsprechend gibt es eine Isonzo-Linie *Mansi di Villanova* und aus dem Collio eine solide Basislinie und eine beachtliche Selezioni-Linie. Der exotisch anmutende Sauvignon *Ronco Cucco* führt mit dem beachtlich-konzentrierten *Fraja* (Merlot mit Cabernet Sauvignon) das Feld der Topweine an – beides Belege für enorme qualitative Fortschritte. Herausragend bei der Isonzolinie ist der Malvasia *Saccoline* (grüner Apfel und Lavendel), in der Collioklasse der *Friulano* mit seinem typisch-kräftigen Aromabogen.

Herrlich prickelnd und lebhaft frisch der ausgezeichnete *Villanova Brut*, ein Spumante aus 100 % Pinot Nero mit zartem Zitrustouch.

Die Distilleria Val di Rose der Tenuta Villanova:
Wahrhaft historisch ist die Brennerei des Hauses – sie wurde schon 1409 gegründet und durch den Besuch Luis Pasteurs geadelt, der ab 1868 gleich zwei Jahre lang hier seine Studien betrieb. Berühmt wurde der erste Val di Rose-Grappa, der auch heute noch erzeugt wird.

Die charaktervollen Grappe aus Sauvignon, Moscato, Malvasia Istriana, Pignolo und Cabernet gehören zu den besten ihrer Art. Die duftvollen Distillati d´uva aus den Aromasorten Moscato Rosa (Rosenmuskateller) und Traminer Aromatico (Gewürztraminer) sind seidenweich und edel gebrannt.

CASA ZULIANI
Federico Frumento
Via Gradisca, 23
Farra d´Isonzo
Tel. 0481/888506
E-Mail: info@casazuliani.com
www.casazuliani.com

Ein Wein, der Winter heißt? Auch das gibt's im Friaul – die herrliche Villa mit dem mächtigen Torbogen gehörte nämlich einst der Familie Winter aus Österreich, die 1923 an Zuliano Zuliani verkaufte. Die Spuren des Weines sind allerdings noch länger zurückzuverfolgen, ist hier doch seit Menschengedenken historisch bestes Weinland. Heute ist der Urenkel Federico Frumento der Herr über die 20 Hektar, unterteilt in die Gebiete „La Rosetta" und „La Locatella". Er holte sich einen der angesehensten friulanischen Önologen als Berater, Gianni Menotti, und behauptet damit eine Spitzenposition unter den Weingütern Friauls.

Die Top-Position gilt vor allem dem Collio Rosso *Winter*. Ein Merlot-lastiger Blend, der immer viel Frucht nach Zwetschken und Schwarzbeeren aufweist und sehr komplex, aber auch elegant mit charaktervollem Kern am Gaumen liegt.

Der *Collio Bianco* ist schon aufgrund der kleinen Produktionsmengen eine der rarsten im Land.

BRESSAN
Fulvio L. Bressan
Via Conti Zoppini, 35
Farra d'Isonzo
Tel. 0481/888131
E-Mail: bressanwines@tin.it
www.bressanwines.com

Nereo Bressan hat die Azienda seiner Vorfahren übernommen und sich wie viele dieser Generation einiges einfallen lassen, um aus seinen wertvollen Böden seinen persönlichen Traum von Wein verwirklichen zu können – ein ausgeprägter Charakter, höchste Reinheit und Natürlichkeit sind dabei seine wichtigsten Kriterien. Die Rieden im Collio und Isonzo del Friuli waren vielversprechend, neue wurden dazugekauft und auf 20 Hektar vergrößert. Heute setzt sein Sohn Fulvio L. Bressan sein Lebenswerk fort. Hinter dieser immensen Arbeit steckt eine Passion für „Wein ohne Grenzen für die Qualität", wie es die Bressans definieren.

Bei den Weißweinen strahlt der *Carat* (Tocai Friulano, Malvasia und Ribolla), mit Anklängen an Marillen und Pfirsichen. Der B.B. *Bressan Blanc* (kräuterwürzige Fruchtnoten) ist eine gewagte Interpretation von Pinot Bianco, Pinot Grigio und Sauvignon.

COLMELLO DI GROTTA
Francesca Bortolotto
Via Gorzia, 133
Loc. Villanova
Farra d'Isonzo
Tel. 0481/888445
www.colmello.it

Luciana Bennati hat sich 1965 dieses halbverfallenen Borgos angenommen und daraus mit viel Aufwand ein wunderschönes Weingut gestaltet. Auch heute ist es fest in weiblicher Hand – ihre Tochter Francesca Bortolotto ist mit viel Herzblut in das Geschäft eingestiegen. 21 Hektar in den Zonen DOC Collio und Isonzo sind zu bewirtschaften, dazu holt sich Francesca die fachliche Unterstützung des bekannten Önologen Fabio Coser.

In der Nähe bietet das Borgo Colmello (siehe S. 157) beste Übernachtungsmöglichkeiten und ein gutes Ristorante. Das Weingut hat noch viel Potenzial. Die ersten bedeutsamen Ansätze sieht man am klar definierten *Friulano*, der nach frischem Heu, Thymian und Wiesenblüten duftet.

Aber auch der *Chardonnay* steht ihm mit seiner Raffinesse und weichem Duft nach Exotik und Vanille qualitativ um nichts nach.

Top auch der *Pinot Grigio*, der die Aromen von Lindenblüten, Holunder, Birne und rosa Grapefruit in sich zu vereinen scheint.

Der kraftstrotzende *Rosso Rondon*, eine spannende Cuvée aus Merlot mit Cabernet Sauvignon, unterstreicht die präzise, technische Arbeit in Keller und Weingärten.

TENUTA LUISA
Michele und Davide Luisa
Via Campo Sportivo, 13
Mariano di Friuli
Tel. 0481/69680
E-Mail: info@tenutaluisa.com
www.tenutaluisa.com

Untrennbar ist der Name Eddi mit der Tenuta Luisa verbunden – er und seine Frau haben aufgebaut, was die Söhne Michele und Davide heute erfolgreich weiterführen. Auch hier gab es ständige Neuerungen in Weingärten, Keller und Gebäuden – mittlerweile gibt es neben dem großzügigen Verkostungsraum mit tollem Panoramablick in die Weingärten auch einen eigenen Weinshop, der ob des günstigen Preis-Leistungs-Verhältnisses auch gern frequentiert wird. Der Platz unter den Besten des Isonzo ist ihnen sicher – und sie gehören auch zu den Großen, die 70 Hektar bewirtschaften.

Der cremige Chardonnay *I Ferretti* (elegant-mineralisch), der Merlot *I Ferretti* (samtig-weich) wie auch der nach Waldbeeren duftende Cabernet Sauvignon *I Ferretti* haben einiges gemeinsam: die gute Hand ihres Schöpfers, die eisenhältigen Böden, aus denen sie stammen, und den behutsamen Ausbau in 500 Liter Tonneaux aus Eichenholz.

MASÙT DA RIVE
Silvano, Fabrizio und Marco Gallo
Via Manzoni, 82
Mariano del Friuli
Tel. 0481/69200
E-Mail: fabrizio@masutdarive.com
www.masutdarive.com

Schon viele Generationen der Familie Gallo haben sich auf Masùt da Rive dem Wein gewidmet, jede brachte zeitgemäßen Fortschritt und Verbesserung. Silvano Gallo bekam 1975 die Chance, seine Ideen zu verwirklichen. Er investierte in moderne Techniken in Weinberg und Keller und setzte auf die ersten sortenreinen Weine, die sofort guten Anklang fanden. Viele Fans von Silvano Gallos Weinen erinnern sich noch heute an die unglaublich dichten Rotweine der 80er Jahre wie den legendären Cabernet. Heute stehen ihm seine beiden Söhne zur Seite und das Gut ist gleichermaßen für rote und weiße Qualitätsweine bekannt. Jede Sorte findet die optimale Lage innerhalb der 20 Hektar Weinland – die Kiesböden verleihen den Weißen eine angenehme Frische, während die Roten von eisenhältigen Böden profitieren.

Der *Tocai Friulano* ist immer einer der größten Weißen der Azienda (engmaschig gestrickt, schöne Säurestruktur), der Chardonnay *Maurùs* mit viel Frucht und Reife ist dennoch einladend. Die beiden *Cabernet*-Typen waren und sind noch immer eine Klasse für sich.

MARCO FELLUGA
Via Gorizia, 121
Gradisca d´Isonzo
Tel. 0481/199164
E-Mail: info@marcofelluga.it
www.marcofelluga.it

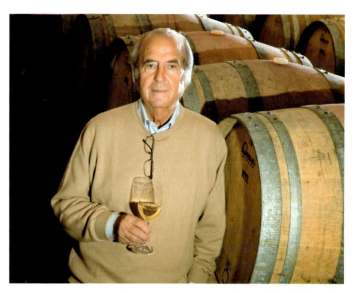

Es gibt kaum einen Namen in der europäischen Winzerwelt, der so für Qualität und jahrzehntelange Kontinuität, für Noblesse, faire Preise und Verlässlichkeit steht wie der von Marco Felluga. Mittlerweile hat sich die Familie ein weit verzweigtes Imperium aufgebaut. In Gradisca d´Isonzo steht das Stammhaus von Marco, dem jüngeren Bruder des Livio und Vater einer bereits ebenso erfolgreichen Nachkommenschaft (siehe Zuani, Castello di Buttrio, Russiz Superiore …).

Hier wird guter Wein in großem Stil gemacht – gut 700.000 Flaschen werden jährlich abgefüllt, jede einzelne davon gereicht dem Friaul zum Ruhme. Vis-à-vis des Stammhauses liegt die Osteria alle Viole, die den Fellugas gehört und die eine gemütliche und qualitätsvolle Einkehr garantiert (siehe unten Osteria alle Viole, Via Gorizia, 44, Tel. 0481/92630).

Auf hohem Niveau präsentiert sich die gesamte weiße Collio-Palette, vom cremigen *Chardonnay* über den duftvollen *Sauvignon* bis zu einem erfrischenden *Ribolla*.

Der Lagenwein *Pinot Grigio Mongris* ist ein Prototyp eines Pinot modernen Zuschnitts (elegant, schöne Struktur, perfekt ausgeglichen). Der *Collio Bianco Molamatta* ist eine Komposition aus Tocai Friulano, Pinot Bianco und Ribolla Gialla: leuchtendes Strohgelb, Pfirsichnoten, saftig und mineralisch.

Das rote Glanzstück des Hauses ist immer wieder der seidig weiche *Carantan*, ein Bordeaux-Blend, der sich mit den Noten von reifen Weichseln und der zarten Würze des Holzes am Gaumen weit und druckvoll öffnet.

Bemerkenswert der *Cabernet Sauvignon* (Cassis) und vor allem der *Merlot Varneri*, der jedes Jahr an Qualität noch weiter zuzulegen scheint.

Nahezu einzigartig im Collio ist im Süßweinbereich der *Moscato Rosa*: Dieser Rosenmuskateller duftet nach welken Rosen und hat eine angenehme Süße, unaufdringlich durch einen zarten Tanninschleier.

BLASON

Giovanni Blason
Via Roma, 32
Gradisca d´Isonzo
Tel. 0481/92414
E-Mail: info@blasonwines.com
www.blasonwines.com

Giovanni Blason ist einer der jüngeren, aber umso talentierteren Önologen des Isontino. „Die moderne Technologie und die Tradition sind die Ingredienzien für meine Weine", sagt er und es scheint, als fände man im Ausdruck seiner Weine diese Philosophie wieder.

Ein traumhaftes Herrenhaus aus dem 18. Jh. bildet den Mittelpunkt der Azienda, sienarot, umgeben von einem uralten Park mit majestätischen Baumveteranen.

Der Name der „Casa in Bruma" findet sich auf einigen der Etiketten wieder, die Giovanni Blason seit seiner Übernahme des Traditionsgutes 1993 keltert. 16 Hektar liefern die kostbaren Inhalte für die 45.000 Flaschen, die jährlich abgefüllt werden – und zwar in einer Klassik-Linie mit einem sehr sortentypischen, ausgezeichneten *Tocai Friulano, Pinot Grigio, Merlot* und *Cabernet Franc*. Weiters als „Selezioni" die internationalen Sorten, die „Uvaggi" stammen aus Weingärten mit 50-jährigen Rebstöcken und tragen die Namen *Bianco Venc* und *Rosso Vencjar*, benannt nach den Weidenruten, die beim Binden der Weinstöcke zum Einsatz kamen.

SANT´ELENA

Dominic Nocerino
Via Gasparini, 1
Gradisca d´Isonzo
Tel. 0481/92388
E-Mail: sant.elena@libero.it

Ein in New York erfolgreicher italienischer Weinimporteur namens Dominic Nocerino, der schon mit 21 in die USA ausgewandert war, fasste 1997 den Entschluss, selbst Wein zu machen.

Von Gianni Vescovo kaufte er St. Elena, das einst Aldo Moro, dem 1978 ermordeten italienischen Regierungschef, gehört hatte. Nocerino strukturierte die Weingärten und Keller des imposanten, in einem alten Park am Ortsende von Farra gelegenen Anwesens vollkommen neu und erweiterte den Besitz von 7 auf 38 Hektar. Der Önologe Maurizio Drascek, unterstützt vom anerkannten Franco Bernabei, leitet das Gut: Die konstant ansprechenden Weine finden besonders am U.S.-Markt regen Absatz. Auf die DOC-Bezeichnung verzichtet man hier freiwillig – was der Qualität keinen Abbruch tut, im Gegenteil, man ist frei von den Fesseln des Konsortiums – und frei für höhere Ziele …

Hervorragend unter den Etiketten ist der *Pinot Grigio* mit seinen Apfel- und Birnennoten, die sehr floral ausklingen. Auch der prächtige *Sauvignon* überzeugt mit seiner Holunderwürze und der lebendigen Frische.

Der *Merlot* mundet mit seinem intensiven Bouquet nach Brombeeren, Marascakirschen und Lakritze. Am Gaumen schön aufgestellt, das Tannin durch eine 15-monatige Permanenz in der hier präferierten slawonischen Eiche gut eingearbeitet.

In großen Jahren gesellt sich der *Merlot-Ros di Rol* hinzu, eine Isonzo-typische Interpretation mit erstaunlichem Potenzial.

Der Cabernet aus Cabernet Sauvignon (mehrheitlich) und Cabernet Franc zeigt viel Charakter und Intensität am Gaumen.

TENUTA DI BLASIG
Elisabetta Bortolotti Sarcinelli
Via Roma, 63
Ronchi dei Legionari
Tel. 0481/475480
www.tenutadiblasig.it

Die Blasigs sind eine Adelsfamilie aus Zadar, die sich vor über 300 Jahren bei Monfalcone niederließ. Die jetzige Besitzerin ist Elisabetta Bortolotto Sarcinelli, die auch im Keller und im Verkauf von sachkundigen Frauen unterstützt wird; die weitere weibliche Dominanz garantieren drei Töchter. Elisabetta ist es auch gelungen, das väterliche Gut „Bortolotto Sarcinelli" zu integrieren und mit Erica Orlandino ein Mastermind in der Weinbereitung zu engagieren.

Die schöne alte Villa und die Cantina, in Kriegszeiten Kommandozentrale der Alliierten, sind nicht nur schmuckes Weineldorado – sondern auch zum belebten Kulturzentrum avanciert.

Bora und Adriawinde streifen über die 16 Hektar des Gutes, und so heißt eine Linie auch „Gli Affreschi", die allerdings auf die besten Jahre beschränkt ist und zurzeit mit dem Jahrgang 2001 am Markt ist, aber auch für die Jahre 2003 und 2004 bei den Testern des Gambero Rosso Gefallen gefunden hat.

Star darunter ist der *Rosso Gli Affreschi* im Bordeauxstil (Merlot mit Cabernet Sauvignon sowie 20 % von Cabernet Franc). Ein fruchtbetonter Rotwein mit Noten von schwarzem Pfeffer, Nelken und geröstetem Kaffee, am Gaumen viel Persönlichkeit, gute Struktur und neben einer einladenden Frische auch eine maßgeschneiderte Tanninstruktur. Abgerundet wird die Linie von Bianco, Merlot und Cabernet Affreschi. Die klassische Linie punktet bei den Weißen mit *Tocai Friulano, Pinot Grigio und Malvasia,* bei den Roten überzeugen *Merlot* und *Refosco d.p.R.*

Nennenswert auch der *Verduzzo Le Lule*, eine beachtliche Spätlese aus altem Rebbestand mit angenehmem Tanninschleier.

GENUSSTOUR ENTLANG DES ISONZO

TAJUT – ADRESSEN IN GÖRZ:

Al Tajeto
Piazza De Amicis, 7
Tel. 0347/9811947
Samstagnachmittag und Sonntag Ruhetag

Ein Klassiker für Tajetofreunde (die haben hier sogar einen Club gegründet!), mit feiner friulanischer Jause oder für ein unkompliziertes warmes Essen, natürlich bestehend aus oben genannten warmen Deftigkeiten.

Vito Primozic
Via XX Settembre, 134
Tel. 0481/82117
Freitag Ruhetag

Traditionsreiche Osteria, früher Stützpunkt der Marktfahrer. Wer die traditionellen Suppen wie die Jota kosten möchte, ist hier richtig, natürlich auch Schinken, Salami & Co. Spezialität sind die Blecs al sugo di lepre (Nudelflecken mit Hasensugo). Leckere Mehlspeisen nach altösterreichischer Tradition!

Alla Delizia
Piazza Cavour, 11
Tel. 0481/535596
Sonntag Ruhetag

Gemütlich mit viel Atmosphäre. Der Rohschinken liebevoll von Hand geschnitten, Wurst und Salami von bester Bauernhofqualität. Guter offener Wein als Tocai oder Merlot – am Weg zur Burg, unter dem Laubengang.

Ca'di Pieri
Via Codelli, 5
Tel. 0481/533308
Samstagabend und Sonntag Ruhetag

Auch hier gibt der offene Wein den Ton an, dazu die üblichen Köstlichkeiten. Wird mittags von den Einheimischen gestürmt.

Osteria L´Alchimiste
Via Garibaldi, 16
Sonntag Ruhetag

Witzige Mini-Hinterhofkneipe, die mit ausgesuchten Köstlichkeiten wie z.B. den Delikatessen der Gänsespezialisten Jolanda Colo aufwarten kann.

TAJUT UND MEHR:

Alla Luna
Via Oberdan, 13
Tel. 0481/530374
Montag, Donnerstagabend und Sonntagabend

Willkommen in der ältesten Osteria von Görz: 1876 wechselten hier noch die Fuhrwerke

Görz

Schon ein Blick auf die Landkarte lässt Ungewöhnliches vermuten: eine Stadt am äußersten Rand des Staatsgebietes, eine Grenze, die sie in zwei Teile schneidet. Tatsächlich wurde die blühende Stadt Görz durch die Weltkriege grausam in Mitleidenschaft gezogen: Im 1. Weltkrieg war sie Kriegsschauplatz, der 2. Weltkrieg beraubte sie gar ihres Hinterlandes und teilte sie jählings in eine italienische und eine jugoslawische Hälfte.

Ein Zaun trennte das italienische Zentrum vom jugoslawischen Bahnhof und den östlichen Vorstädten, zerriss Familien und teilte Grundbesitz.

Doch die Zeiten wendeten sich für die Stadt zum Guten. Erst verschwand nach 47 Jahren der Zaun, dann kam 2004 Slowenien zur EU und damit wehte ein frischer Wind durch die Straßen einer historisch so bedeutenden Stadt, die sich nie dem Selbstmitleid hingab und sich voller Leben, Geschäftigkeit, prächtigen Bauten und viel frischem Grün präsentiert – eine Stadt, die einen ausgedehnten Besuch wert ist!

Görzer Lokalstreifzug:

Was wir schon im Kapitel Udine das erste Mal angesprochen haben – nämlich den netten Brauch des „tajut" –, nimmt in Görz seine Fortsetzung. Es ist immer Zeit für ein „tajéto", ein „biciére" oder einen „calice de vin"! Wie im Friaul gewohnt, ist ein „blanc" ein Tocai und „neri" meist ein Merlot oder ein roter Verschnitt, und wie könnte es anders sein, begleitet von mehr oder weniger üppigen Happen in Form von Schinken, Wurst, Mortadella, Prosciutto crudo – gern aber auch gekochtem Schinken mit Kren, wie er auch in Triest beliebt ist.

In Triest wie in Görz hat sich aber eine noch wesentlich nahrhaftere Sitte erhalten, wenn sie aufgrund geänderter Lebensumstände auch nicht mehr so ausgeprägt gepflegt wird wie anno dazumal: das zweite Frühstück am Vormittag, das aufgrund seiner Üppigkeit eigentlich schon eine ausgewachsene Mahlzeit ist – die „merenda di piron". Den Arbeitern, die schon im Morgengrauen ihr Frühstück einnahmen, knurrte am Vormittag schon wieder der Magen und die anstrengende körperliche Betätigung trug zusätzlich dazu bei, dass Energiezufuhr vonnöten war – nämlich in Form von Gulasch, Kutteln, Cotechino (Kochwurst) und ähnlichen Deftigkeiten. Und so ist es auch kein Zufall, dass gerade dort, wo viele Schwerarbeiter Beschäftigung fanden und finden, die meisten dieser „Beisln" zu finden sind – um Märkte, Lagerhallen und Häfen.

Wirklich feine Lokale sind in Görz ohnehin Mangelware – ein Grund mehr, es den Einheimischen gleichzutun!

Auf dem Weg nach Gradisca

Über Lucinico mit dem Gut Conti Attems führt uns der Weg nach Mossa. Früher zauberte hier Simone Turus seine berühmten Salamis, leider hat er vor kurzem seine Produktion aufgegeben – zu viel Arbeit, zu wenig Ertrag. Jetzt produziert er auf den drei Hektar, die zu seinem Bauernhof gehören, Wein unter dem Namen „Oro di Attila", darunter einen angenehm zu trinkenden, frischen Sauvignon, den Bianco della Battaglia (Tocai) und Merlot (Simone Turus, Via Campi, 1, Loc. Mossa, Tel. 0481/80471 oder 349/4752916).

Die Übergänge von Ortschaft zu Ortschaft sind dabei fast fließend und die Dichte an hervorragenden Weingütern atemberaubend, denn San Lorenzo Isontino und Villanova sind die Heimat von Colmello di Grotta, Bresson, Casa Zuliani, Lis Neris und der berühmten Azienda und Destilleria Tenuta Villanova, Borgo Conventi und dem Jermann-Stammhaus.

Corona und Mariano del Friuli mit den Gütern Masùt da Rive und der Tenuta Luisa sind auch gleich um die Ecke, und mit einem der besten Fischristorantes Friauls, dem La Dune, gibt es für Feinspitze noch einen Grund mehr für diesen Abstecher.

Unversehens findet man sich in Gradisca wieder – Zeit, in städtischem Ambiente bei einem Spaziergang durch das liebenswerte historische Städtchen mit besonderer Nahbeziehung zu Österreich die Edelwinzer geistig zu sortieren und als Pflichtprogramm eines Weinreisenden in der berühmten Enoteca Serenissima an den schweren, alten Holztischen noch den einen oder anderen Tropfen zu verkosten.

DAS WEINLAND DOC FRIULI ISONZO:

Höchst unterschiedliche Beschaffenheit und Voraussetzungen bietet das DOC Isonzo für den Weinanbau, denn es gibt Anbauzonen im Fachland und Hochland von unterschiedlichem Mikroklima und Bodenbeschaffenheit. Drei Zonen (von denen die Zone Cormòns Isonzo bei der Route Cormòns bereits zur Sprache kam) werden unterschieden, um Mariano del Friuli – Villanova ist die Hauptgegend mit roten, eisenhältigen, manchmal auch kiesigen Böden.

Villanova ist der Ort im Isonzogebiet mit dem meisten Niederschlag, kein Wunder also, dass sich genau hier frische, sortentypische Weißweine von hoher Qualität entwickeln: Chardonnay, Pinot Grigio, Tocai und Malvasia. Dort, wo der Regen seltener wird und die Temperaturen höher – nämlich Richtung Gradisca –, fühlen sich die Rotweine wie Merlot und die Cabernets daheim, die rassig und langlebig sind.

Bei Ronchi dei Legionari hat das Meer schon einiges mitzureden – die Temperaturen steigen, der Regen nimmt ab und an Böden ist alles da, von steinig bis zum schweren lehmigen Untergrund. Weiß und Rot gedeiht hier –

ihre Pferde – traditionell ist nicht nur die Arbeitstracht der Bedienung, sondern auch das Speiseangebot von der Palacinke bis zum Lubjanska (Cordon bleu), vom Musetto bis zur Sarde in savor.

Vecia Gorizia
Via San Giovanni, 14
Tel. 0481/32424
Samstag und Sonntag Ruhetag

Gut frequentierte kleine Traditionsosteria mit familiärem Ambiente, die nur tagsüber geöffnet hat. Auch hier ist die Küche ein kalorienreicher Kulturenmix mit vielen Schinken, Wurst- und Käsespezialitäten, aber auch Pasta, Suppen und Fleischgerichte.

Rosen Bar
Via Duca d'Aosta, 96
Tel. 0481/522700
Sonntag und Montag Ruhetag

Wohl das beste und sehr sympathische Ristorante der Stadt, dem die Bezeichnung „Bar" nicht ganz gerecht wird! Gut frequentiert, schön am Rande des Parkes di Rimembranza gelegen und ausgestattet mit bestem Weinangebot aus Friaul und Slowenien. In der einfallsreichen Küche wird frisch, kreativ und gut als Schwerpunkt Fisch und Gemüse aufgetischt – am liebsten im hübschen Gastgarten!

CAFÉ:

Besonders am Corso Italia drängt sich eine Bar an die nächste, nicht immer von einladender Qualität. Die breite Präsentierstraße lädt natürlich zum Aufenthalt im Freien ein.

Garibaldi
Corso Italia, 49

Traditionelles, mit Kristallustern erleuchtetes Eck-Kaffeehaus mit einem – nicht immer gut gelaunten – Original namens Elvio Ferigo als Besitzer, der die Geschichte des Hauses und seine sportlichen Erfolge als unterhaltsame Dekoration an die Wand gehängt hat.

Caffè del teatro
Corso Italia, 1

Beliebter Treffpunkt, wo man nett im Freien sitzen kann und guten Kaffee trinkt.

EINKEHREN

Borgo Colmello
Agriturismo - Ristorante
Strada della Grotta, 8
Farra d'Isonzo
Tel. 0481/889013
www.borgocolmello.it

Traditionelles Ristorante mit friulanischer Küche und einem wunderbaren Garten, einer gut sortierten Enoteca, in der auch Piemont und Toskana vertreten sind. Zum Übernachten gibt's acht rustikal-elegante Zimmer. Borgo Colmello gehört übrigens zum Felluga-Imperium.

Trattoria Blanch
Via Blanchis, 35
Mossa
Ruhetag Dienstagabend und Mittwoch
Tel. 0481/80020

Etwas außerhalb des Ortskerns findet sich das dottergelbe und blumengeschmückte Anwesen der beliebten Trattoria Blanch. Schattig und groß der Garten, ebenso wie der Parkplatz. Küche ist gut und bodenständig und bietet stets auch Saisonales. Auf den offenen Hauswein darf man vertrauen, oder man wählt aus dem ausreichenden Flaschenangebot mit guten Marken.

Al Piave
Via Cormòns, 8
Corona/Mariano del Friuli
Tel. 0481/69003
Dienstag Ruhetag

Hübsche, rustikale Trattoria mit Plätzen im Freien, in der die Familie Fermanelli viel Wert auf Tradition und Saisonales legt. Mitten im Weingebiet fast verpflichtend ist die gute Weinauswahl lokaler Größen.

Le Dune
Via Dante, 41
Mariano del Friuli
Tel. 0481/69021
Montag Ruhetag

Was man hier erwarten darf: hervorragende, kreative Fischküche, die alle Stückerl spielt. Der gebürtige Sarde Giovanni Carta rangiert unter den Top-Fischrestaurants des Landes.

wobei beiden gemeinsam ist, dass sie jung getrunken werden sollten, die Weißen frisch, die Roten leicht.

Gradisca d'Isonzo

Hier muss man nicht nur der Weine wegen her – Gradisca sollte man einfach gesehen haben! Es ist ein hübsches, gepflegtes Städtchen mit einem großen Stadtpark, mit Straßenzügen, in denen venezianische Palazzi mit altösterreichischen Barockpalästen um die Gunst des Betrachters wetteifern, mit netten Geschäften, einer mittelalterlichen Zitadelle und dem alten Stadttor Porta Nuova – und mit einer hervorragend sortierten Enoteca in einem hinreißenden historischen Ambiente im Haus der Serenissima. Auch sind die österreichischen Spuren prägend – was beim Hang der k. u. k. Familien zu schmucken Bauten durchaus positiv zum Stadtbild beiträgt – immerhin war Gradisca bis 1921 österreichisch!

Die Stadtmauern bauten aber noch im 15. Jh. die Venezianer, die vor den Habsburgern da waren und ein Bollwerk gegen ihre Feinde zu errichten trachteten. Dazu nahmen sie auch die Hilfe des Großmeisters Leonardo da Vinci in Anspruch, der in der Porta Nuova verewigt ist. Nichtsdestotrotz verloren sie Gradisca 1508 an die Habsburger. Später wurde die Stadt verkauft – an die steirische Familie Eggenberg. In der darauf folgenden Blütezeit, in der Gradisca für seine Seidenraupenzucht und die Teppichfabrik bekannt war, folgten ihnen viele wohlhabende Familien, denen der Ort die vielen repräsentativen Paläste und Bürgerhäuser verdankt. Nach dem Aussterben der Eggenberger fiel es wieder an die Habsburger und wurde Görz unterstellt.

Via Battisti: Hier stehen noch venezianische Häuser, die die Stadtmauer nicht überragen durften, aber Platz für mehrere Pferde bieten mussten – schließlich befand man sich ja in einer Kriegsfestung!

Ebenfalls hier befinden sich die *Loggia dei Mercanti* mit einem *Lapidarium* und das *Museo Civico Gradiscano.* Und nicht zu vergessen die *Enoteca „La Serenissima"*! Stadtauswärts gelangt man zur *Porta Nuova,* stadteinwärts zum *Dom Santi Pietro und Paolo.*

Das Kastell um den *Palazzo del Capitano* ist ziemlich mitgenommen – auch dieses gehört zum venezianischen Festungswerk.

Das Zentrum der Stadt liegt heute um die *Piazza del'Unita del'Italia* mit dem kleinen Theater und dem stimmungsvollen Park, in dem immer was los ist – vom Markt bis zu Festen.

Gradisca ist auch für kulinarische Highlights eine gute Adresse: Das Pflichtprogramm für Freunde des Weines ist natürlich eine Einkehr in die sehenswerte Enoteca La Serenissima, die wunderbare Weinverkostungen organisiert, natürlich begleitet von lokalen Schmankerln. Wer danach noch in Richtung „Pranzo" oder „Cena" (Mittag- bzw. Abendessen) tendiert, findet sowohl in der Stadt als auch auf dem nahen Monte Michele sicher das Richtige: Originell, einfach und deftig zum Beispiel die Mulin Vecchio in der Via Gorzia mit der rustikal-gemütlichen Kupferkesseldekoration; gehobener die Küche in der Osteria alle Viole, die zum Marco-Felluga-Imperium gehört und in deren schönen Stuben und beschatteten Plätzen im Freien man bestens aufgehoben ist.

Ganz anders die Atmosphäre im Restaurant Al Ponte, in dem man in rotem Plüsch versinkt und das wie die Gostilna Devetak am Monte Michele zur Gruppe der gehobenen Trattorien und Restaurants gehört, die sich gemeinsam unter dem Namen „Friuli Via dei Sapori" am Markt präsentieren.

Präsident dieser kulinarischen Speerspitze Friauls ist übrigens jener Walter Filiputti, der als Weinpapst, Önologe und Autor schon mehrmals in Zusammenhang mit Wein in diesem Buch aufgetaucht ist – u.a. bei der Abbazzia di Rossazzo, der er aus dem önologischen Dornröschenschlaf geholfen hat.

Monte Michele:

Gleich bei Gradisca liegt der Monte Michele, bei dem sich das Angenehme (Aussicht und Einkehr) mit Geschichtskunde verbinden lässt:

Die Hälfte der 12 Isonzoschlachten fand rund um diesen Schicksalsberg statt, dessen Höhlen und Unterschlupfe wie geschaffen für Verstecke und Verschanzungen waren. Das Schöne ist der tolle Ausblick – über die Ebene Richtung Norden und aufs Meer und die Werften Monfalcones, das Traurige die Erinnerung an den Krieg, dokumentiert im Museum und Stellungen und Stollen.

Museum bei freiem Eintritt geöffnet Mo – Do 8 – 16, 12 – 13 Uhr Mittagspause, Fr nur vormittags. Ist das historische Monument noch relativ leicht von Gradisca aus zu erreichen, bedarf es schon einiger Hartnäckigkeit, um zur entlegenen Trattoria Devetak vorzustoßen. Schon unter dem Gipfel des Monte Michele mit dem Museum führt die Straße zum Devetak nach rechts ab und ca. 4 km durch die unbewohnte, grüne „Wildnis" bis zum Ort San Michele del Carso. Wer sich von der Görzer Seite des Berges aus auf den Weg macht, kommt übrigens leichter ans Ziel!

La Serenissima
Via C. Battisti, 26
Gradisca d'Isonzo
Tel. 0481/99528

Im einstigen Sitz der venezianischen Gouverneure in der Casa dei Provveditori Venti dreht sich heute alles um den Wein.

Mulin Vecio
Via Gorizia, 2
Gradisca d'Isonzo
Tel. 0481/99783
Mittwoch und Donnerstag Ruhetag

Die ehemalige Mühle vor der nördlichen Stadtmauer bezaubert mit der Dekoration mit unzähligen Kupferkesseln, bietet auch im Freien reichlich Platz und hält gute Tropfen bereit.

Osteria alle Viole
Via Gorizia, 44
Gradisca d'Isonzo
Tel. 0481/92630
Dienstag und Freitagmittag Ruhetag

Vis-à-vis des Stammhauses des großen Marco Felluga, dem die Osteria auch gehört und dessen Bouteillen gut vertreten sind, wird große Küche geboten: Samuele Puntel weiß kreativ aufzutischen, natürlich ohne die regionalen Highlights zu vernachlässigen.

Al Ponte
Viale Trieste, 122
Gradisca d'Isonzo
Tel. 0481/961116
www.albergoalponte.it
Montagabend und Dienstag Ruhetag

Seit 1985 führt die Familie Rizzotti das Hotel an der stark befahrenen Ausfallsstraße. Im Ristorante, in dessen wirklich ausgezeichneter Küche (zarter Schweinsbraten aus Ferkelfilet, Ravioli aus wildem Fenchel ...) auch die traditionelle Bergmannküche von Mama Maria aus der Carnia einfließt, speist man elegantissimo.

Devetak
Trattoria und Gostilna
Savogna d'Isonzo
San Michele del Carso, 48
Tel. 0481/882005
E-Mail: info@devetak.com
Montag und Dienstag Ruhetag, nur am Wochenende auch mittags geöffnet

Am Monte Michele, wo der Karst schon grüßen lässt und der Krieg besonders schlimm tobte, kocht die slowenische Familie Devetak seit 1870 auf. Sehenswert ist der Weinkeller, der in Fels gehauen und mit allerlei Kostbarkeiten gefüllt ist.

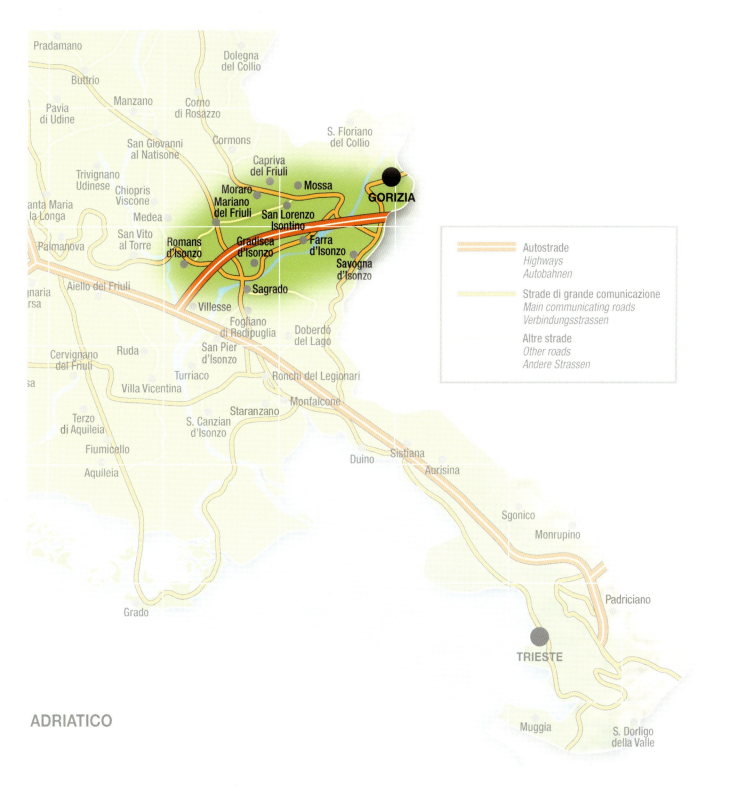

ÜBER DEN KARST NACH TRIEST
Route 6

EDI KANTE

Fraz. S. Pelagio
Loc. Prepotto, 1A
Duino Aurisina
Tel. 040/200255
E-Mail: kante.edi@libero.it

WEINTIPPS:

Zum Repertoire gehört neben *Terrano* und *Vitovska* auch der bei Robert Parker Junior oftmals weit über 90 Punkte geadelte *Malvasia Istriana*. Er scheint die Elemente des Meeres in sich zu vereinen: er verschmilzt den Touch von Salz, Jod und Algen mit jenem der Sonne auf burschikose Art, Karstgräser, Feuerstein und viel würziger Fruchtcharme entströmen dem Glas. Am Gaumen wirkt der Wein anfangs sehr einfach, dann geht er mächtig auf und wirkt sehr elegant, unterstrichen vom dezenten Holzausbau in gebrauchten Barriques. Die angenehme Säurestruktur lässt den Malvasia Istriana angenehm tänzelnd auftreten.

Chardonnay und Sauvignon Blanc werden nirgendwo so interpretiert wie von Edi Kante. In ganz großen Jahren erzeugt er auch eine Serie an *Selezione*-Weinen, die um Jahre zeitversetzt auf den Markt gebracht werden.

Der kräftigere *Chardonnay* ist strahlend-blitzend in der Farbe, in der Nase reife exotische Frucht, Kräuter und duftige Blüten, am Gaumen zupackend und kräftig. Ein emotionaler Wein, dessen Saftigkeit von salzigen Meeresbrisen untermalt zu sein scheint.

Der *Sauvignon* zeigt viel Finesse, typische Aromen des Sauvignon mit frischen Heunoten. Stachelbeere und weißem Pfirsich vereinigen sich mit den zarten, fast gedämpften Noten gebrauchter Barriques zu einem strukturierten und harmonisch ausgeglichenen Gesamtkunstwerk.

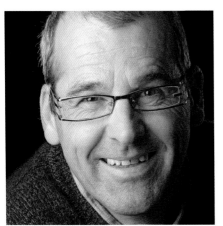

Edi Kantes Weine wurden zur Legende – und er selbst zu einem der wenigen Karstwinzer von internationalem Ruf. Er ist der geniale „Karstpoet", tief mit den bizarren Felsen, Dolinen und der roten Karsterde verbunden und kreiert Weine, die in ihrer Emotionalität einzigartig sind. Nicht nur das Überleben der ansässigen autochthonen Sorten hat er bewerkstelligt, er hat ihnen auch die Anerkennung von Weinkennern gesichert, die vor ihm speziell beim Terrano, einer lokalen Spielart des Refosco, eher zur Verweigerung neigten.

Das Verdienst Kantes war es, den rauen, sperrigen *Terrano* zu zähmen und doch seine Persönlichkeit – mit blutroter Farbe und duftigem Fruchtspiel – zu erhalten. Ähnliches gelang Kante mit dem *Vitovska*, einem unkomplizierten, schlanken Weißen, den er wohl vor dem endgültigen Aus bewahrt hat. Mit seinem zitronigen Säurespiel, eher neutralen Duft und knochentrockenen, mineralischen und zurückhaltenden Charakter stellt er ein Kuriosum für (fortgeschrittene!) Weinfreunde dar.

Kantes Erfolge beruhen auf harter Arbeit, Überzeugung und einer unglaublichen Kreativität, mit der er an die Dinge herangeht, was sich schon an seinem außergewöhnlichen Keller zeigt: Unter einem einfachen Winzerhäuschen spektakulär 12 m tief in den Felsen des Karstes einer Tropfsteinhöhle gegraben, mit dicken Säulen gestützt, zwei Stockwerke tief, ist sie schon an sich ein Erlebnis. Hier lagern, ähnlich wie auf Chateau Lafite-Rothschild die Barriques in kreisrunder Anordnung. In erster Linie sind es gebrauchte Hölzer, in die alle Weine Kantes wandern, geschützt vor störenden Temperaturschwankungen.

Die heimischen Kenner bekommen Edis Kreszenzen in der Liter- oder Halbliterflasche – wieder ein Resultat Kante´scher Tüftlereien, der auf der Suche nach dem idealen Korken auf diese optimalen Proportionen stieß. Und weil der sympathische und leutselige Edi auch Künstler ist (was er heftig bestreitet!), schmücken seine abstrakten, farbstarken Gemälde nicht nur den Keller, sondern auch seine Etiketten.

ZIDARICH

Fraz. S. Pelagio
Loc. Prepotto, 23
Duino Aurisina
Tel. 040/201223
E-Mail: info@zidarich.it
www.zidarich.it

WEINTIPPS:

Star der Zidarich-Weine ist zweifelsfrei der finessenreiche *Prulke*, ein ungewöhnlich interessanter Karst-Mix aus Sauvignon, Malvasia und Vitovska, der seinen Namen von einem kleinen Landstück unterhalb des Ortes Prepotto bezieht. Der schon fast kupferfarbene Weißwein glänzt mit Noten nach Steinobst wie Pfirsich, aber auch gelbe Äpfel und Quitten drängen sich in den Vordergrund. Elegant-mineralisch und würzig-aromatisch im langen Nachgeschmack. Der rare *Vitovska* wird bis zur Hälfte in offenen Maischgärständern vergoren. Kräuter, Wiesenblumen und duftendes Heu charakterisieren die Nase, am Gaumen druckvoll, mit zartem Eichenholzflair.

Der rote *Terrano* betört mit Schwarzbeer- und Brombeernoten. Der kraftvolle, extraktreiche Körper liefert sich am Gaumen ein Duell mit einer lebendigen und zupackenden Säurestruktur, die bei Zidarich wohldosiert wirkt.

Prepotto, nicht zu verwechseln mit jenem der Schioppettino-Hochburg in den Colli Orientali, ist wie geschaffen für Charakterweine fern von vinologischem Einheitsbrei. Gemeinsam ist den beiden Prepottos die Konzentration auf lokale, beinah vergessene Rebsorten. Winzer wie Benjamin Zidarich bewahren diese alten Traditionen, jedoch nicht ohne modern-zeitgeistiges Verständnis.

In einem schönen, im typischen Stil des Karstes errichteten Steinhaus, inmitten herb-schöner Karstlandschaft, befindet sich seine Azienda mit der beliebten Frasca. Erst seit 1988 gehört das Gut den Zidarichs – heute ist es an Beniamino, das Beste aus dem elterlichen Betrieb zu machen. Und das tut er mit viel Innovationswillen und der ihm eigenen Beharrlichkeit, mit der er es geschafft hat, den Betrieb von einem halben Hektar auf 8 Hektar zu vergrößern. Leicht war und ist es nicht, hier Wein zu kultivieren – auf diesem Land aus Fels und Stein, das nur von einer dünnen Schicht roter Erde bedeckt wird, ständig bedroht, von der Bora weggeweht und von harten Regengüssen fortgeschwemmt zu werden.

20.0000 Flaschen entringt Zidarich seiner Erde, und die zählen zu den besonders guten, die im Friaul gekeltert werden. Und zu den verlässlichsten, denn bei den Zidarich-Etiketten darf man regelmäßig mit sortentypischen Weinen rechnen, die ausgewogen und reintönig schmecken. Würzigkeit, Säure und Aroma werden durch die angewandten Techniken gefördert, die sich u.a. in langen Maischestandzeiten, dem Einsatz lokaler Hefen und dem Verzicht auf Filtrierung manifestieren.

Bei der Errichtung des Kellers, der aus dem Felsen herausgeschlagen wurde, sind auch lokale Gegebenheiten in die Architektur mit einbezogen worden. Er ist in mehreren verschachtelten unterirdischen Ebenen konstruiert und steckt voller Details und Überraschungen. Bis zu 15 m reicht er hinab, zu ebener Erde liegt der einladende Degustationsraum mit herrlichem Ausblick.

CASTELVECCHIO
Familie Terraneo
Winzer: Gianni Bignucolo
Via Castelnuovo, 2
Sagrado
Tel. 0481/99742
E-Mail: info@castelvecchio.com
www.castelvecchio.com

Im nördlichen Karst gibt es keine bedeutendere Kellerei als Castelvecchio, und das ist nicht nur eine Frage der Größe – wobei 40 Hektar für die Gegend durchaus beachtlich sind! Wunderschön ist das historische Anwesen mit der Villa, den Terrassen und dem weitläufigen, von Zypressen gesäumten Park, der von dem Geschlecht der Thurn und Taxis erbaut und heute gern für prunkvolle Feste und für Hochzeiten genutzt wird. Gianni Bignucolo, zuvor verdienstvoller Kellermeister bei Marco Felluga, hat seit Beginn der 80er Jahre das Gut an die Spitze herangeführt – die Natur hat es ihm dabei nicht leicht gemacht, herrschen doch oberhalb von Sagrado typische Karstbedingungen mit Wasserknappheit und steinigen Böden. Das Resultat der Mühe und des naturnahen Anbaus sind prächtige Rotweine, die 70 % der Produktion ausmachen, darunter vor allem *Terrano* und *Refosco dal peduncolo rosso*.

Ersterer blitzt schon fast violett aus dem Glas. Der Duft ist fruchtbetont-weinig und intensiv zugleich. Zarte Tannine und die reichhaltig strukturierte Säure tragen den Wein und sorgen für Typizität.

Der *Refosco dal peduncolo rosso* zeigt sich in dunklem Rubinrot, im Duft wilde Brombeeren und zarte Holznoten, am Gaumen voll, kräftig und durch 24-monatigen Ausbau im Holzfass auch gut geschliffen.

Legendär ist der rote *Sagrado*, eine Cuvée aus Cabernet Franc und Cabernet Sauvignon. Sein komplexes Duftspiel allein schon zeugt von großer Harmonie und Ausgeglichenheit der Aromen, im Geschmack tummeln sich Lakritze, Waldbeeren, schwarzer Pfeffer, Unterholz sowie frisch gemahlener Kaffee.

Der ungewöhnliche Rotwein *Turmino* hat seine Typizität vom Terrano, der mit Cabernet Franc und Merlot veredelt und gezähmt wird. Würznoten und Sauerkirschen bringen den Aromabogen auf einen Punkt.

Nicht nur feine Rote werden hier gemacht, auch der weiße, fruchtbetonte *Malvasia Istriana* ist bemerkenswert, beachtlich auch der trockene *Traminer Aromatico* (Gewürztraminer). Sauber und grundsolide *Pinot Grigio* wie auch der duftvolle *Sauvignon*.

Neben Grappa wird auch Karster Honig und Olivenöl erzeugt. Aus gut 550 Olivenbäumen verschiedener Sorten, hauptsächlich Biancheria und Leccino, aber auch Frantoio, Pendolino, Grignano, Moraiolo, wird ein duftendes, leicht aromatisches Öl gepresst, das jenem des Gardasees sehr ähnlich scheint und besonders mit Fisch und Gemüse harmoniert.

ŠKERK
Sandi und Boris Škerk
Fraz. S. Pelagio
Loc. Prepotto, 20
Duino Aurisina
Tel. 040/200156
E-Mail: info@skerk.com
www.skerk.com

Sandi Škerk ist der Beweis dafür, dass nicht jeder sein Handwerk auf der Schule lernen muss, um erfolgreich zu sein – er hat bei Vater Boris geschnuppert und sein

Forscher- und Experimentierdrang tat ein Zusätzliches, um ihn zu einem exzellenten Winzer werden zu lassen. Die 6 Hektar Weingärten in den schwierig zu kultivierenden Karstlagen sind hauptsächlich lokalen Sorten gewidmet: *Vitovska* (eine ganze Blumenwiese, knochentrocken, feiner Mandelton), *Malvasia* (fruchtig-aromatischer Aromabogen) und *Terrano* (Cassis, Schwarzbeere und Himbeere).

Auch der weiße *Sauvignon* (tolle Aromatik), obwohl ursprünglich nicht heimisch, weiß sich unter den pflegenden Händen der Skerks in dieser harten Umgebung mehr als zu behaupten. Der große Weißwein der Azienda nennt sich *Idila*, eine ungewöhnliche Kombination des gesamten heimischen Rebsortenspiegels wie Vitovska, Malvasia, Ribolla Gialla und des raren Glera; für die Aromatik sorgt etwas Sauvignon.

Die Naturverbundenheit ist in der Authentizität und im Ausdruck der Weine spürbar.

Sie werden nicht gefiltert und erscheinen daher etwas trübe, was dem Genuss der gut strukturierten Tropfen in keiner Weise einen Abbruch tut.

In der *Osmizza Škerk* kann man mit Blick auf Duino wirklich Gutes aus dem Karst schmausen – Prosciutto, Käse, Cotechino und Holzofenbrot zu hauseigenem Wein.

LUPINC
Daniele und Matej Lupinc
Loc. Prepotto, 11/b
Duino - Aurisina
Tel. 040/200848
E-Mail: info@lupinc.it
www.lupinc.it

Vom kleinen Karstdorf Prepotto hat man von manchen Stellen des Hochplateaus aus einen atemberaubenden Blick auf das Meer – vom Golf von Triest über das Castello di Duino bis hin in die Lagune von Grado. Hier liegt auch das Anwesen der Lupinc, das schon wegen der Osmiza einen Besuch wert ist.

Als die Flaschenabfüllung noch nicht verbreitet war, waren die Lupinc die Ersten im Karst, die auf dieses heute nicht mehr wegzudenkende Gebinde umstiegen. Doch nicht nur die Innovationsbereitschaft zeichnet sie aus, auch die Qualität der Weine. Die Sorten *Terrano, Vitovska, Malvasia, Glero* und *Tokai* werden im traditionellen Pergolensystem gezogen, eine Weinbauform, die schon den alten Ägyptern bekannt war und besonders in Südtirol beliebt ist.

In der Osmiza tischt die Familie für Gäste regionale und auch leichte, gemüsige Köstlichkeiten auf. Das ehemalige Stallgebäude, das im Ersten Weltkrieg den österreichischen Soldaten als Wäscherei diente, wurde zu lokaltypischen, aber komfortablen Ferienappartements ausgebaut.

Viel Eichenholz, Terracotta, aber auch Karstgestein laden zum gemütlichen Verweilen ein, auf der schattigen Karstwiese labt man sich herrlich an schweren Eichenholztischen. Lupinc ist ein beliebter Treffpunkt der Triestiner, für den Touristen aber noch ein absoluter Geheimtipp!

SANCIN

Vitjan Sancin
Dolina, 360
Trieste
Tel./Fax 040/228870
Mobil 329/2126972
E-Mail: sancin@sancin.com
www.sancin.com

San Dorligo della Valle, im Hinterland südöstlich von Triest, ist das Mekka der wieder erstarkten Olivenöl-Produktion Friauls.

Dottore Vitjan Sancin ist nicht nur ein famoser Weinbauer, sondern fast noch bekannter für seine qualitätsvolle, fast wissenschaftlich betriebene Olivenölproduktion. Seine Öle lösen in Kennerkreisen und bei den gestrengen Testern des Feinschmecker-Magazins alljährlich Begeisterungsstürme aus und erringen Höchstnoten bei internationalen Vergleichstests.

Als vor 22 Jahren rundherum die Bauern ihre Höfe verließen, schlug Sancin einen anderen Weg ein: Er begann die Olivensorte Bianchera wieder anzupflanzen, die im Golf von Triest schon immer prächtig gedieh. Dazu kultivierte er noch einige andere Sorten wie Leccino und Piangente, die dem Öl besonderen aromatischen Geschmack verleihen.

Berühmt ist sein ungewöhnlich erfrischendes und raffiniertes *Lemon Celo*, benannt nach dem Olivenberg und dem Hauch an Zitrone, die mit abgepresst wird und dem Öl eine animierende Leichtigkeit verleiht, die besonders gut zu Fisch passt.

Die Ausbeute aus über 2.000 Olivenbäumen ist allerdings nur gering: 10 Hektoliter werden tagesaktuell verarbeitet, sodass das daraus gewonnene Öl zwar mild, aber besonders geschmacksintensiv wird.

Den Wein vernachlässigt Vitjan Sancin dabei aber nicht. 10 Hektar Land umfasst seine Azienda, auf denen er hauptsächlich autochthone Sorten wie den zitrusfrischen *Vitovska* und den sehr raren, weißen *Glera* anbaut. Er gilt auch als Retter dieser Rebsorte: Der Glera, eine Art Prosecco Bianco, war schon fast verschwunden, bis Sancin einzelne Stöcke in verlassenen Weingärten rund um das kleine Karstdorf Prosecco auftreiben konnte und nach jahrelanger Kultivierung wieder einen eigenen Glera-Weingarten pflanzen konnte. Der Glera ergibt einen sehr fruchtbetonten und ungewöhnlichen Weißwein mit zarten Mandeltönen.

Neben der Lokalgröße *Malvasia* gibt es auch einen beachtlich fruchtintensiven *Refosco*.

Bei dem ausgeprägten Forscherdrang des Dottore Sancin verwundert es übrigens nicht, dass er im günstigen Mikroklima des Golfes auch Kiwis anbaut!

UNTERWEGS ZU TERRANO, GLERA, OLIVENÖL UND TRIESTINER CAFÉS

EINKEHREN IM KARST

Skerk, Lupinc, Zidarich (siehe Winzer)

Milic, Sagrado
*Andrej und Bernarda Milic
Agriturismo Azienda Agricola
Sagrado, 2
Sgonico
Tel. 040/229383 od. 2296735
E-Mail: info@zagrajski.com*

Nicht weit von Rubingrande und Rubinpiccolo, in Richtung Sgonico (Zgonik) liegt das Bauernhaus und die Osmizza der Familie Milic.

Mais und Gerste werden angebaut, Haflingerpferde gehalten, und Kühe, Kälber, Schweine und allerhand Federvieh finden sich schmackhaft veredelt auf dem Speisetisch wieder. Berühmt ist das Triestiner Goulash bianco, Jotà sowie als Dessert die „Palacinke" in mehreren Varianten. Die soliden, ehrlichen Weine sind vom Haus: Vitovska, Malvasia und Terrano reifen im Eichenfass in einem unterirdischen Keller und ergänzen perfekt die üppigen Köstlichkeiten des Karstes.

Skerlj
*Azienda agricola
Sales, 44
Sgonico
Tel. 040/229253
E-Mail: kristinaskerlj@yahoo.it*

Schön hergerichteter Bauernhof, der auch Ferienwohnungen anbietet. Im Gasthaus wird viel aus eigener Erzeugung angeboten, Cevapcici, Würstel, Koteletts, alles vom Grill. Auch der Wein wird selbst gekeltert. Schöne Laube fürs Mahl im Freien.

Zagrski
*Azienda Agricola
Zagradec, 2, Sgonico
Tel. 040/229383
www.zagrski.com*

Bauerhaus mit schönem Hof, guter Karstküche, typischen Karstweinen und hausgemachten Kräuterschnäpsen zur Verdauung. Man kann hier auch übernachten.

Entlang der Weinstraße

In Sistiana beginnt die Terrano-Weinstraße – wie sonst könnte hier eine Weinstraße heißen, wenn nicht nach dem wichtigsten Wein der Region. Dörfer und Bauernhöfe reihen sich entlang der Straße, die seit 1986 offiziell existiert. Manche von ihnen haben „ausgesteckt", kenntlich durch die Laubbuschen oder Tafeln, und halten oft die ungezähmte Form des Terrano bereit, die manch verwöhnten Gaumen in Aufruhr versetzt, sich aber zu den lokalen Deftigkeiten gar nicht schlecht macht. Mit nach Hause nehmen ist allerdings sinnlos, ein Wein dieses Kalibers schmeckt sicher nur vor Ort!

Auf Sistiana folgt bald San Pelagio mit der Località Prepotto (nicht zu verwechseln mit dem Prepotto in der Schioppettino-Gegend der Colli Orientali), einem gut erhaltenen Karstdorf, das sich durch besonders schöne Aussicht auf den Golf auszeichnet. Zidarich und Kante, die hervorragendsten Winzer des Karstes, haben hier ihre Aziendas. Lupinc und Skerk warten nicht nur mit guten Tropfen auf, sondern auch mit einer Einkehr, die nichts zu wünschen übrig lässt – kurz eine Ecke, in der man gut hängen bleiben könnte!

Doch die Straße geht weiter und schon in Sgonico wartet mit der Azienda von Milic die nächste interessante Station. In der Cantina des Ortes können die lokalen Erzeugnisse verkostet und erstanden werden, Naturfreunde wenden sich in den Süden zum Giardino Botanica Carsiana, in dem die Flora des Karstes zu bewundern ist.

Nicht weit von Rupingrande mit der Casa carsica – einem lokalen Volkskundemuseum – liegt die berühmte Grotta Gigante, eine sehenswerte Tropfsteinhöhle von so gigantischen Ausmaßen, dass sogar der Petersdom in ihr Platz hätte! Monrupino, einst befestigte Wehranlage, ein sogenannter Tabor, entwickelte sich später zu einem Wallfahrtsort – Ziel ist die Wehrkirche aus dem 16. Jh. Bekannt ist Monrupino für ein alle zwei Jahre stattfindendes Volksfest in Form einer traditionellen Karsthochzeit.

Der offizielle Teil der Straße endet in Villa Opicina bei Triest, doch wem der Sinn danach steht, kann sich bis Muggia durch die faszinierende Karstlandschaft hanteln.

Andererseits: unten am Meer, da wartet Triest mit seinen Versuchungen: mit seinen repräsentativen Plätzen und Palästen, mit Museen, Geschäften und nostalgischen Kaffeehäusern. Und jeder Menge guter Lokale – ob opulentes, einfaches Buffet oder feines Fischrestaurant.

WEINLAND:

Der Karst hat viele Gesichter: Eines seiner bezauberndsten offenbart sich z.B. im Herbst, wenn ein Spaziergang über das in Zinnoberrot getauchte Karstplateau den Blick auf das schillernde Meer und den geschichtsträchtigen Golf von Triest eröffnet.

Das zweite Gesicht des Karstes ist ein unerbittliches, dann erscheint er als eine von kalten und heftigen Bora- und Nordwinden gebeutelte Gegend, wo die Winter nicht enden wollen und sich im wahrsten Sinne des Wortes „Fuchs und Hase gute Nacht sagen".

Für den Winzer bedeutet der Karst Extremweinbau unter schwierigsten Bedingungen:

Die Böden sind kalkig, durch die dünne Erdschicht dringt oft das Gestein. Nur in den tiefen Trichtern der Dolinen sammelt sich die kostbare Erde und auch das Wasser. Wer den Wein dieser Gegend – allen voran der Terrano – verstehen will, muss auch die Charakteristik dieses Landstrichs kennen, denn der Terrano ist ein echtes Kind dieser Erde, in all seiner Sprödheit und manchmal Unzugänglichkeit …

An der Küste herrschen wieder andere Bedingungen, die Weine hier sind geschmeidiger und gefälliger, das Klima wird sanfter, die Böden weniger karg. Refosco und Malvasia gelingen hier gut, und immer beliebter wird der weiße, alkoholarme Vitovska.

Die Osmizze

Heuriger, Buschenschenke und die Osmizza, auch Frasca genannt, haben ihren Ursprung gemeinsam, nämlich die Verordnung von Joseph II. aus 1784, die den Bauern acht Tage (osmizze = acht) lang Ausschank erlaubte. Die Öffnungszeiten wurden durch einen Buschen an dem Tor deutlich gemacht, im Karst meist ein Efeubusch. Osmizze gibt es viele im Karst, gehört dazu doch nicht mehr als eigener Wein, Jause aus Wurst, Käse, Eier und ein paar Tische – und die Qualität kann sehr unterschiedlich sein. Den Triestinern gefällt's, sie suchen in Scharen ihre Lieblingsfrasce auf, wie die Osmizze auch heißen, um dem Treiben der Stadt einen ländlichen Kontrapunkt entgegenzusetzen.

An der Küste
Olivenöl im Friaul

Olivenbäume wurden im Friaul bereits zu Römerzeiten angebaut. Maria Theresia förderte den Ausbau der damals bescheidenen Bestände – ein verheerender Frost im Jahre 1929 zerstörte jedoch so gut wie alle Olivenbäume.

Zaghaft, aber ambitioniert begannen in den letzten Jahrzehnten einige (Wein-)Bauern wieder mit dem Anbau, darunter Giovanni Dri, der seit 2001 sein fruchtiges, nach Artischocken und Mandeln schmeckendes „Uéli" produziert, Walter Filiputti auf Abbazia di Rosazzo mit einem leicht süßlichen und

RISTORANTE GRUDEN

Loc. San Pelagio, 49
Loc. Prepotto, 14
Tel. 040/200151
www.myresidence.it

Weit mehr als rustikale Osmizza ist das Ristorante Gruden (mit Appartements) – in herrlicher Umgebung wird hier gut aufgekocht.

EINKAUFEN – OLIVENÖL

Danilo Starec
Bagnoli della Rosandra
San Dorligo della Valle, Triest
Tel. 040/228827, www.starec.it

Roberto Ota
Loc. Bagnoli della Rosandra
San Dorligo della Valle, Triest
Tel. 040/227019

Ota produziert nicht nur begehrtes Olivenöl, sondern auch Wein, natürlich die autochthonen regionalen Sorten.

Rado Kocjancic
Loc. Krogle
San Dorigo della Valle, Triest
Tel. 040/228503.

Er hat zusätzlich zu den eigenen Hainen Gründe gepachtet, in denen er Wein und Oliven anpflanzt und aus Letzteren ein besonders reines und geschmackvolles Öl presst.

Sancin
Vitjan Sancin
Dolina, 360
Trieste
Tel./Fax 040/228870
Mobil 329/2126972

(siehe auch Seite 170)

EINKEHREN IN DUINO

Direkt im kleinen Hafen von Duino warten gleich zwei hervorragende Fischlokale – herrliche Küche, nicht ganz billig:

Alla Dama Bianca: Tel. 040/208137. Weithin bekanntes Fischlokal, auf der Terrasse sitzt man direkt am Meer. Zimmer zum Übernachten.

Al Cavalluccio: Tel. 040/208133, Hafen von Duino. Ebenfalls köstliche Fischküche, hübsche Terrasse gleich über dem Parkplatz.

TRIEST

CAFÉS

Caffè degli Specchi: Im Freien auf der Piazza Unità der beste Platz zum Sehen und Gesehen werden.

Antico Caffè San Marco: Besuch ist Pflicht – wunderschönes Jugendstilcafé mit Künstlerambiente. Via Battisti, 18

Caffè Tommaseo: ältestes Café der Stadt, gegründet 1825. Hier trank schon Stendhal seinen Kaffee. Ausgestattet mit Spiegel und Stuck. Riva III Novembre, 5

Café Pirona: Hier brütete James Joyce über seinem Ulysses und schwelgte in den süßen Leckereien wie presnuitz und putizza. Largo Barriera Vecchia, 12

Café Torinese: gegründet 1919. Im Schiffskabinen-ähnlichen Ambiente (die Architekten statten auch Schiffe aus) traf sich Triests bessere Gesellschaft. Corso Italia, 2

Illy Bar: modern, chic, cool. Auch das mögen die Triestiner. Via delle Torri, 3

La Bomboniera: eigentlich eine Konditorei mit sehenswertem holzgeschnitztem Jugendstil-Interieur. Legendär die Schokoladentorte Rigojanci. Via XXX Ottobre, 3 am Canal Grande.

ENOTECE

Enoteca Bischoff
Via Mazzini, 21
Tel. 040/631422
E-Mail: info@bischoff.it
www.bischoff.it
Sonntag und Montagnachmittag Ruhetag

Tausende Etiketten führt diese Traditionsenoteca, die 1777 von der Schweizer Einwandererfamilie Bischoff als Bottega da Caffè gegründet wurde. Heute findet man vom Novello bis zum Brunello alles, was den Weinkeller füllt – friulanisch und international.

weniger pikanten Öl (siehe S. 83) und Vitjan Sancin (siehe 170) im Karst – wie überhaupt der Karst die größten Mengen innerhalb Friauls liefert.

War bis vor kurzem friulanisches Öl im Handel kaum zu haben, weil es gerade mal für die heimische Gastronomie ausreichte, hat sich das in letzter Zeit geändert, auch wenn nur lächerliche 0,01 % des italienischen Gesamtaufkommens aus der nördlichen Provinz stammen. 175 ha Olivenhaine im Collio und im Karst ergeben nun mal nicht mehr als 70 Tonnen – und die haben meist auch ihren Preis für den Endverbraucher.

Das Karstöl

In der Gegend um San Dorligo della Valle mit dem Zentrum Dolina ist die Hochburg der friulanischen Olivenölproduktion, die seit 2001 auch dem italienischen Verband „Città dell'olio" angehört. „DOP Tergeste" ist die kontrollierte Ursprungsbezeichnung, die nur bei Einhaltung strenger Kriterien erteilt wird, z.B. muss ein Anteil von 20 % Bianchera enthalten sein.

Vor dem großen Frost war die Ölpresse von Bagnoli große Olivensammelstätte, dann wurde sie geschlossen und die wenigen Olivenbauern, die es noch gab, mussten nach Istrien zum Pressen ausweichen. Heute ist sie wieder in Betrieb, gespeist von den Früchten der ca. 500 Triestiner Ölbauern und Ölbaumbesitzern (manchmal sind es ja nur ein paar Bäumchen im Gemüsegarten), zumeist der autochthonen Sorte Bianchera – slowenisch Belica –, die mit dem lokalen Klima am besten zurechtkommt, das mitunter auch sehr niedrige Temperaturen bereithält. Außerdem trägt sie viele Früchte, die ab Mitte Oktober geerntet werden – fast immer per Hand.

Das Triester Olivenöl ist fein, mit einem Hauch von Artischocke und harmoniert bestens mit Salaten, Gemüse, Fisch und Meeresfrüchten.

In unmittelbarer Nachbarschaft von Sancin hat sich auch Danilo Starec auf exklusives Olivenöl spezialisiert – er verwendet entkernte Oliven und verzichtet auf künstliche Bewässerung und Düngung. Das „Extra vergine Belica" stammt zu 100 % von entkernten Biancheraoliven.

Schloss Duino

Noch vor Sistiana kommt man nach Duino mit dem herrlichen Schloss, das allemal einen Besuch wert ist, so prächtig ist die Aussicht, der Park und die Ausstellung. Das Kastell aus dem 14. Jh. hat sich seit vielen hundert Jahren schon als humanistischer Ort der Begegnung etabliert und zahlreiche Denker und Künstler beherbergt. Nach Rainer Maria Rilke wurde sogar ein spektakulärer Weg entlang der Klippen benannt, der ca. 2,5 km nach Sistiana führt und ebenfalls erhebende Ausblicke auf den Golf bietet.

Öffnungszeiten: im Winter nur am Wochenende, von März–September ganztägig außer Dienstag. Tel. 040/208120, www.castellodiduino.it

Cafékultur in Triest

Triest begann seine Kaffeekarriere als Umschlaghafen, aber schnell kamen findige Unternehmer dahinter, dass sich mit der Rösterei noch mehr aus der Bohne holen ließ. 1792 eröffnete Herman Hausbrandt eine der ersten Röstereien, auch Illy und Segafreddo sind hier zu Hause. 1768 öffnete das erste Triester Café. Die Kaffeehäuser wurden zum Ort des Gedankenaustausches und der politischen Meinungsbildung. Dichtern, Philosophen und Denkern wurde das Café zur zweiten Heimat.

Diese Kultur blüht noch heute – mit einem kleinen Caféhausrundgang leicht zu überprüfen. In den vielen Röstereien, „Torrefazoni" genannt, kauft man eine der vielen angebotenen Kaffeesorten und Röstungen. Auch sie sind Treffpunkt für ein Tässchen Kaffee, von dem die Triestiner weit mehr als der italienische Durchschnitt konsumieren. Kleiner Tipp am Rande: Bestellen Sie einen Cafè Latte, wenn Sie einen Cappuccino möchten; steht der Sinn nach einem Macciatto, versuchen Sie es mit einem „Capo". Viel Glück!

Buffet

Vergessen Sie in Triest unsere gleichnamige Speisenpräsentation – Buffet hat in Triest eine andere Bedeutung: Es sind die kleinen Wirtshäuser, meist ganz einfache Beiseln und oft besser frequentiert, als einem lieb ist. Das Speisenangebot manifestiert sich schon am Duft, der aus den Töpfen steigt, in denen Wurst und Fleisch gemeinsam vor sich hin köcheln und sich gegenseitig im Geschmack verstärken: Kaiserfleisch, Cotechino, zartes Schweinefleisch (Porcina), Würstel in den Unterarten Luganighe di Vienna (Frankfurter bzw. Wienerwürstel) und Luganighe di Cragno (Krainer) u.v.m.

Dazu Sauerkraut, Senf, frisch geriebenen Kren, getrunken wird Bier oder Wein. Das ist das Herz der Buffets, die von Einheimischen aller Schichten vom Vormittag weg liebend gerne besucht werden – es war ja auch ursprünglich die zweite Jause für Schwerarbeiter wie Fischer und Hafenarbeiter. Kleine kalte und warme Happen gibt's natürlich auch, und oft auch zusätzliche Gerichte, immer traditionell im Stil der Multi-Kulti-Küche vom Stockfisch bis zum Gulasch.

Rex 3
Galleria Proti, 1
34121 Trieste
Tel. 0039 040 773411
E-Mail: info@rexgourmet.it

Das Rex 3 hat sich in kurzer Zeit zu einem beliebten Wein-Szenetreff der Hafenstadt Triest entwickelt.

Das junge Triest zeigt sich begeistert von Friulaner Weinkulinarik mit typischen Wurst- und Käseschmankerln bei Livemusik. Die Weinkarte brilliert mit über 250 Gewächsen, darunter viele Raritäten und Kuriositäten.

Enoteca Nanut
Via Genova, 10/E
Tel. 040/360642
Sonntag u. Montag Ruhetag

Bei Luca Nanut gibt's außer Weinen zum Probieren und Kaufen auch allerhand Gutes zum Schmausen – auch zum Mitnehmen!

BUFFETS

Da Pepi
Tel. 040/366858
Via cassa di Risparmio, 3
Sonntag Ruhetag

Gleich in der Nähe der Alten Börse liegt das berühmteste und traditionsreichste Buffet Triests – selbst wenn der Magen nicht knurrt, einen Blick sollte man hineinwerfen! Er ist der Spezialist in Sachen Schwein – ob Porcina, Schweinskopf oder Cotechino, die Kochwurst vom Schwein.

Re di coppe
Via Geppa, 11
Tel. 040/370330
Ruhetag Samstag und Sonntag

Tagsüber ein klassisches Buffet mit Prosciutto, Schweinsbraten und Apfelstrudel, mittags und abends wird richtig aufgekocht. Spezialität ist der Braten vom Kitz.

Da Giovanni
Via San Lazzaro, 14
in der Nähe des Canal Grande
Tel. 040/639396

Wie aus dem Bilderbuch: Der Buffethimmel hängt voller Schinken und Riesenmortadella. Für den Imbiss Frittiertes und „rodoletti" (belegte Brötchen). Auch Fischiges gibt es, natürlich Richtung pesce azzuro. Schön sitzen im Freien, schön zentral (Nähe Kirche Sant´Antonio) und immer schön voll.

Toni da Mariano
Viale Campi Elisi, 31
Stadtrand
Tel. 040/307529
Samstagnachmittag, Sonntag geschlossen

Dieses Buffet darf in einem Weinbuch nicht fehlen, bietet es doch im Gegensatz zu bierlastigen Kollegen eine tolle Auswahl an regionalen und italienischen Weinen zu den typischen Buffet-Deftigkeiten!

FISCHADRESSEN

In Triest darf man sowohl als Liebhaber von Fisch und Meeresfrüchten als auch von fleischlichen Genüssen Topqualität erwarten – in der Vielvölker-Küche am Meer hat eben alles Platz!

Scabar
Erta Sant Anna, 63
Tel. 040/810368
Nur abends, Ruhetag Montag und Dienstag

Triests berühmtestes Fischlokal – mit Aussicht und beim ersten Anlauf schwer zu finden. Erlesen und hochpreisig.

Antipastoteco dell Mare
Via delle Fornace, 1
Tel. 040/309606

Pesce azzuro (von „sardoni marinai" bis zu „schie e girai", sprich Krebse und Ährenfischlein), Essen in rustikalem (Fischer-) Kneipenambiente – gut und günstig. Weine von Karstwinzern. In der Gasse zur Kathedrale San Giusto.

El Fornell
Via dei Fornelli, 1
Tel. 040/3220262

Hier gibt's Fisch günstig – einfach und gut.

VON GRADO NACH LATISANA – IN DER LAGUNE
Route 7

TENUTA CA'BOLANI

Zonin-Gruppe, Leiter Marco Rabino
Via Ca'Bolani, 2
Cervignano del Friuli
Tel. 0431/32670 - 0431/30904
E-Mail: info@cabolani.it
www.cabolani.it

WEINTIPPS:

Hier gedeihen besonders die aromatischen Weißweinsorten wie *Traminer* (zartes Rosenholz) und *Riesling Renano* (Rheinriesling) hervorragend, aber auch *Chardonnay* (fruchtintensiv-betörend), *Sauvignon* (mineralisch, Weißdorn- und Salbeinoten) und *Pinot Bianco* gelangen hier zu respektablen Qualitäten.

Star unter den Rebsorten ist jedoch der Refosco dal peduncolo rosso Gianni Zonin Vineyards, der sich gerade hier um Aquileia hervorragend entwickelt. Der Wein ist einzigartig an Fruchtsüße und Aroma (wilde Brombeeren) und erreicht durch seinen 18-monatigen Barriqueausbau kraftvoll-würzige Noten und beste Lagerfähigkeit.

Zu dieser Rebsorte hat übrigens auch der berühmte französische Chemiker und Biologe Louis Pasteur Ende des 19. Jhs. seinen Beitrag geleistet: Er war mit dem Weinexperten Luigi Chiozza befreundet und experimentierte gemeinsam mit ihm während seines Aufenthaltes im kleinen Ort Scodovacca nahe Cervignano.

In den 70er Jahren fasste der umtriebige Unternehmer Zonin aus Vicenza den Beschluss, die Aktivitäten der Zonin-Gruppe in Sachen Wein auch ins Friaul auszudehnen – und er tat dies mit 550 Hektar Weingärten gleich im großen Stil. Mit insgesamt 1.800 Hektar im Friaul, dem Veneto, der Toscana und in Sizilien ist Gianni Zonin der bedeutendste Weinproduzent Italiens und auch die Qualität kann sich sehen lassen, denn Gianni Zonin zeichnet aus, dass er das Typische in jeder Region sucht und nicht austauschbare Einheitsware produzieren will – und das fördert er mit der ganzen Kraft seiner millionenschweren Marketingmaschinerie.

Gianni Zonin ist außerdem ein Macher und ein Visionär. Seine Weinberge im fernen Virginia (USA) zum Beispiel gehörten zu den ersten dieses Staates. Er war dort, bevor die Großinvestoren, die ein zweites Kalifornien suchten, tausende Hektar Weinflächen ebendort anlegten.

Zu seinem friulanischen Gut gehören gleich drei Kellereien: Ca'Bolani, Molin di Ponte und Ca'Vescovo. Hier atmet jeder Rebstock Geschichte: Die Weinbautradition reicht bis in römische Zeiten zurück, und der Name Bolani stammt von einer alten venezianischen Familie, deren prominentester Vertreter Statthalter der Republik Venedig war. Schon zuvor gab es prominente Eigentümer wie den Patriarchen von Aquileia, später wurde es von Benediktinermönchen betreut und ging dann in den Besitz eines Triestiner Barons über.

Die bretterebenen, wie mit dem Lineal gezogenen Weingärten sind begünstigt durch das herrschende Mikroklima, das von den Meeresbrisen positiv beeinflusst wird. Die sandig-lehmigen Schwemmböden, die Torre und Natisone hinterlassen haben, machen die Weingärten zwischen Cervignano und Aquileia zu den interessantesten der ganzen küstennahen Weinbauregion.

Ca'Bolani bietet übrigens auch eine perfekte Besucher-Infrastruktur mit Vinothek und Führungen.

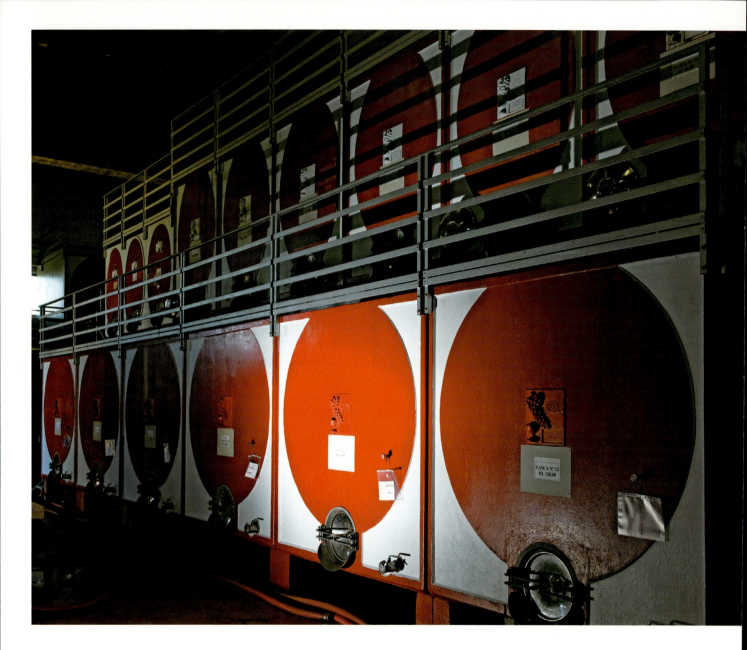

ISOLA AUGUSTA

Massimo Bassani
Casali Isola Augusta, 4
Palazzolo dello Stella
Tel. 0431/58046
E-Mail: info@isolaugusta.com
www.isolaugusta.com

WEINTIPPS:

Refosco und Cabernet Franc gehören zu den Stammsorten. Dem *Cabernet Franc* hat die Interpretation des Massimo Bassani gutgetan. Er hat seine Strenge und markante Kräuternote abgestreift, ohne seinen Charakter zu verlieren, und ist so zu einem gefälligen Tropfen avanciert, der auch dem nicht-friulanischen Gaumen viel Freude macht.

Auch in der *Cuvée Augusteo* kommt in erster Linie der Cabernet Franc zu Ehren, ergänzt durch die wuchtigen Nuancen des Cabernet Sauvignon. Zarte, würzige Holznoten unterstreichen den samtigen Charakter des Weines.

Unter den Weißen gefallen der bananenfruchtige *Chardonnay*, ein kräuterwürziger Malvasia, *Pinot Grigio* und Sauvignon wie auch ein – ungewohnt für die Region – apfelfruchtiger *Ribolla* mit zitrus-erfrischender Säurestruktur. Ein herrlich verspielter, cremiger Spumante – Edgardo II Metodo classico, zur Gänze aus Chardonnay, rundet das vielfältige Programm ab.

Eine der besten Ausgangslagen Westfriauls hat die Azienda Isola Augusta bei Lignano:

Die Meeresstrände und Zerstreuungen von Lignano sind nahe, noch näher das Naturschutzgebiet des Flusses Stella mit seinem Vogel- und Fischparadies, einen Steinwurf entfernt die Villa Manin und der Fischerhafen von Marano – kein Wunder, dass Isola Augusta – die Einfahrt liegt direkt an der Hauptstraße nach Palazzolo – auch eine perfekte Urlaubs-Infrastruktur mit 10 Ferienwohnungen, weinbelaubten Parkplätzen und einer eigenen großen verpachteten Trattoria (Tel. 0491/586283) aufweist. Sogar im Winter wird es hier nicht ungemütlich, denn unterirdische warme Quellen machen die Behausungen auch in der kalten Jahreszeit behaglich.

Die Hauptrolle spielt hier dennoch der Wein und er spielt seine Rolle so gut, dass Isola Augusta zu den besten Gütern der Region Latisana gehört.

Den Hof gibt es schon lange, seit den 50er Jahren gehört er der Familie Bassani. Renzo Bassani hat damals begonnen, seine Vorstellung von Weinen umzusetzen, sein Sohn Massimo hat danach übernommen. Wie es die Zeichen der Zeit verlangten, stellte er den Betrieb auf moderne Produktionsmethoden um und gab dem Wein die Möglichkeit, die Individualität dieses speziellen Terroirs widerzuspiegeln.

Die 50 Hektar, die Massimo als Weinland bewirtschaftet – das Gut insgesamt umfasst 70 Hektar –, bieten fruchtbare, sandhaltige Böden, die leichte, duftvolle und gefällige Weine in Rot und Weiß hervorbringen – ganz im Gegensatz zur Küstenregion um Aquileia.

Die Weine von Isola Augusta sind allesamt sehr fruchtbetont, eher leichtfüßig-tänzelnd und gerade zur Sommerfrische an der Küste ein niemals enttäuschender Begleiter. Schon Renzo Bassani pflanzte zwischen den Weingärten ca. 800 Olivenhaine hauptsächlich der Sorte Leccino, aber auch andere Sorten und 1999 wurde das erste eigene Olivenöl mit den Namen Fior di Fiore gepresst. Es wird nicht gefiltert, ist von leuchtend grüner Farbe mit wenig Säure und ohne bittere Note, im Geschmack fruchtig mit einem Hauch von Nüssen. Außerdem wird auch noch Honig hergestellt. Im hofeigenen Chiosco kann man all diese Produkte probieren und erstehen, ebenso wie in der Cantinetta an der Strada Statale Lignano Nord.

BROJLI

Franco Clementin
Via G. Galilei, 5
Terzo di Aquileia
Tel. 0431/32642
E-Mail: info@fattoriaclementin.it
www.fattoriaclementin.it

Hier trifft Kunst auf Kulinarik: Gleich neben dem „Wigwam" genannten gesellschaftlichen Zentrum der Fattoria Clementin stehen die Edelstahltanks, in denen die Weine ihrer Vollendung zustreben. Der Hintergrund dieser ungewöhnlichen Namensgebung von Franco Clementin ist sein Verständnis des Wigwams als Ort, in dem sich das Leben in allen seinen Facetten abspielt: In dem salonartigen Raum mit offenem Kaminfeuer trifft Wein auf originäre Friulaner Kultur. Und wenn die legendären selbst gemachten Würste und die charaktervollen Grappe auch noch die geselligen Zusammenkünfte bereichern, kann es hier durchaus bacchantisch zugehen!

Der für unsere Ohren etwas sperrige Name Brojli stammt übrigens aus dem Keltischen und meint Gärten und Parzellen beim Haus - in den sechs Brojli von Clementin wachsen Trauben für Weine und Grappe, die ausschließlich biologisch bearbeitet werden. Der *Traminer Aromatico* (Gewürztraminer) ist derart exzellent, dass er mit seinem weitgespannten Aromabogen mit Rosenholz, kandierten Früchten bis zu vollreifen Marillen alle Hofprodukte seit Jahren überstrahlt. Hervorragend der fruchtintensive *Pinot Bianco* wie auch der *Chardonnay* mit seinem aromatisch-mineralischen Finale. Was wäre ein Topbetrieb aus Aquileia ohne regionales Aushängeschild, dem *Refosco dal peduncolo rosso* mit seinem leidenschaftlichen Fruchtspiel, wild und gezähmt zugleich.

Aus dem Trester dieses Refoscos, aber auch aus Verduzzo entstehen bemerkenswerte Destillate mit weichem Antrunk.

CA'TULLIO

Calligaris Paolo
Via Beligna, 41
Aquileia
Tel. 0431/919700
E-Mail: info@catullio.it
www.catullio.it

Das Stammhaus liegt in Aquileia und ist mit seinem ganz besonderen Ambiente überaus eindrucksvoll und einen Besuch wert. Paolo Calligaris betreibt aber auch seit Jahren in den Colli Orientali (Vigneto Sdricca in Manzano) mit über 30 Hektar Qualitätsweinbau.

In Aquileia gelangen heute in den 1994 sorgfältig restaurierten Backsteingebäuden, wo früher Tabak getrocknet wurde, edle Tropfen zur Reife. Ein kleines Museum mit römischen Ausgrabungsstücken zeugt vom historischen Boden. In der stimmungsvollen „Taberna Romana" pflegt man altrömische Wein- und Esskultur. Das obere kathedralenartige Stockwerk dient als Festsaal für gesellschaftliche Anlässe mit bis zu 300 Teilnehmern.

Auch bei der Bewirtschaftung der Gesamtfläche von gut 100 Hektar wird Tradition großgeschrieben. In Aquileia kultiviert man die aromastarken, lokaltypischen Sorten:

Der frech und ungemein würzig duftende *Refosco* gelingt Jahr für Jahr hervorragend. Der Ausbau im Stahltank bewahrt dem Wein seine Rasse und Charakter. Die weiteren Aromabomben werden von einem interessanten, nach Pfirsich und Marillen duftenden und fast spritzigen *Riesling* angeführt. Der *Traminer* spielt ebenfalls auf einer ganzen Duftorgel, mit einladend-zitrusnotigem Finale. Der lagerfähige *Il Patriarca Rosso*, eine fordernde Komposition aus Refosco, Cabernet Sauvignon und Merlot, ist komplex und würzig-fruchtig.

GIOVANNI DONDA

Donda Giovanni
Via Manlio Acidino, 4
Aquileia
Tel. 0431/91185
E-Mail: info@vinidonda.it
www.vinidonda.it

EMIRO BORTOLUSSO

Sergio und Clara Bortolusso
Via Oltregorgo, 10
Carlino
Tel. 0431/67596
E-Mail: info@bortolusso.it
www.bortolusso.it

In diesem Teil von Aquileia, wo die Weine der Azienda Agricola Donda wachsen, befand sich zu Römerzeiten der Circo Massimo. Heute werden die Ländereien friedlicher genutzt: Seit 1924 wird hier Wein gekeltert, der Betrieb wird von Gianni Donda in dritter Generation geführt. Wenn es eine Prämierung für eine über Jahre konstant hohe Leistung gäbe, wäre Gianni fixer Preisträger dieses Titels. Giorgio Bertossi, ein befreundeter Önologe, der auch im Collio tätig ist, berät Gianni Donda in seinem Streben nach bester Qualität. Die Fachgespräche, die in Aquileia so offen geführt werden wie sonst nirgends im Friaul, sind dabei für alle Beteiligten sowohl önologisch als auch bei der gemeinsamen Bewerbung eine wahre Bereicherung.

Das mit 6 Hektar für diese Gegend eher kleine Gut produziert hauptsächlich Weißwein:

Der *Chardonnay* könnte exemplarischer nicht sein: Tropenfrucht untermalt vom Duft frischen Weißbrotes und Zitrusfrüchten. Der *Sauvignon* betört mit Holunder und würzigen Paprikanoten.

Talis heißt die spannende weiße Cuvée des Hauses aus Sauvignon, Pinot Grigio und Chardonnay, die in Barrique zu einem kraftvollen, fast cremigen Wein ausbaut wird.

In Rot macht der *Cabernet Franc,* dessen Kräuterwürze sanft ins Cassisähnliche übergeht, mit weichem Schmelz und zarten Tanninen viel Freude.

Bemerkenswert das Preis-Genussverhältnis, das sicher eines der besten in der Lagunenregion ist!

Emiro Bortolusso war der Wegbereiter der neuen DOC-Region Annia im Süden des Isonzogebietes, eingezwängt zwischen jenem von Latisana und Aquileia. Emiro, die federführende Instanz der Region, lebt nicht mehr. Seine Nachkommen Clara und Sergio konzentrieren sich ganz auf den Weinbau – mit Hilfe des Önologen Luigino di Giuseppe erzielen sie auch beachtliche Ergebnisse in der Cantina nahe der Lagune. Der Barriquekeller liegt unter dem Meeresspiegel und sichert konstante Temperaturen für den Ausbau. Für Gäste und Verkostungen tischen die Bertolussos auch kalte Köstlichkeiten auf. Die Familie produziert einen der wenigen anerkannten Verduzzi außerhalb des Collio-Gebietes, auch Sauvignon (Pfirsich, Paprika) und Pinot Bianco (duftvoll, gelbe Äpfel und Quitte) sind überaus reizvoll und mit einer regionstypisch salzig-würzigen Note. Das Preis-Leistungs-Verhältnis ist dabei überaus attraktiv!

Star im Portfolio ist der *Malvasia* mit seiner Eleganz, seinem kräuterverliebten Duft und knochentrockenen Struktur. Der prachtvolle *Tocai* prahlt mit Birnen, Äpfeln und Mandelnoten und geizt auch nicht mit komplexer Struktur und fruchtigem Finish.

VILLA CARATTI

Domenico und Luca Fraccaroli
Via S. Ermacora, 16
Paradiso di Pocenia
Tel. 045/8980154
E-Mail: info@villacaratti.it
www.villacaratti.it

Schmiedeeiserne Tore öffnen sich zum stattlichen Anwesen, seit 1714 von der Familie Caratti betrieben, seit 1957 von der Familie Fraccaroli. Seither hat der Wein deutlich an Bedeutung gewonnen, das Rebland wurde auf 48 Hektar erweitert. Im aristokratischen Umfeld von alten Gärten und historischen Bauten wartet auch eine gemütliche Osteria, die einst Volksschule war, auf Gäste.

Auch in Venetien hat die Familie ein Weingut, nämlich Grotta di Ninfeo bei Verona, das heute ebenso wie die Villa Caratti in dritter Generation geführt wird.

Bei den Weißweinen wird neben *Pinot Bianco* (eine duftende Sommerwiese, fruchtig), *Pinot Grigio* (Akazienblüten) und *Tocai Friulano* in kleinen Mengen die ganz besondere Tocai-Selektion *Flores* gekeltert: Sie wird in Barriques ausgebaut und durchläuft einen biologischen Säureabbau. Typisch friulanisches Strohgelb, aromatische Tropenfrucht, am Gaumen saftig, mineralisch mit dezentem Mandelton im Finale.

Grundsolide, fruchtbetonte Rotweine sind der *Merlot*, der *Refosco dal peduncolo rosso* und der *Cabernet Franc*. Außergewöhnlich die Cuvée *Robur* aus 70 % Carmenère, einer fast vergessenen Rebsorte aus dem Bordelais, die in Chile mittlerweile eine neue Heimat gefunden hat, und mit 30 % Refosco dal peduncolo rosso. Der Robur ist ein nahezu aristokratischer Wein mit toller Fruchtpräsenz nach Marascakirschen, Zwetschken und Schwarzbeeren. Am Gaumen zarte Vanilletöne und Bitterkakao, kraftvoll zupackend mit kernigen, angenehm präsenten Tanninen.

GIORGIO ZAGLIA

Via Crescenzia, 10
Frassinutti, Precenicco
Tel. 0431/510320
E-Mail: info@zaglia.com
www.zaglia.com

Zwischen Stella und Tagliamento liegt im DOC Friuli Latisana auf 30 Hektar das Reich von Giorgio und Monica Zaglia. Sie haben den Betrieb um ein Verkaufsgeschäft und eine schmucke Osteria mit schattigem Garten bereichert, in der selbst produzierte Produkte wie Wurst, Geflügel, Gemüse und natürlich Wein im Mittelpunkt stehen. Auf 18 Hektar wird Wein angebaut. In den Weingärten und im Keller wurden seit 1995 große Veränderungen vorgenommen: neue Rebflächen dicht bepflanzt, die Weingärten naturnah gepflegt und bei der Kellerarbeit die chemische Unterstützung auf ein Minimum reduziert.

Wer mit der sympathischen und engagierten Winzerfamilie spricht, spürt die Passion und tiefe Verbundenheit zu ihrem Land und ihren Rebgärten, ja, man merkt sie förmlich in ihren exzellenten Weinen.

Der *Tocai Friulano* (grünliche Reflexe, frisch, saftigsüffig), der *Chardonnay* (elegant, gelbe Äpfel, frisch) und der *Pinot Grigio* (Akazienblüte, typisch, leichtes Bitterl) zeugen von gelerntem Winzerfach. In Barrique ausgebaut wurde der *Vigna Aldina*, ein elegant gereifter Chardonnay. Der rote *San Salvadore*, ein Cabernet Franc mit typischem grasigem Duft wurde ebenfalls in französischen Hölzern ausgebaut. Aber auch die sogenannte „normale" Linie braucht sich nicht zu verstecken – so gefällt zum Beispiel der *Merlot* mit viel Weichselfrucht und süffig-weichem Ansatz.

WO SCHON DIE RÖMER WEIN ANBAUTEN

Meer und mehr

Eine Strecke, die wohl vielen schon seit Kindheit vertraut ist: Küberl und Badehose einpacken und ab ans Meer! Mit zunehmendem Alter haben sich die Interessen etwas verschoben, jetzt erfreut man sich eher an den Früchten des Landes und des Meeres:

Das Meer liefert den vielen guten Fischlokalen die Zutaten für ihre Kochtöpfe, das Land neben Pfirsich, Melonen, Spargel und anderem Gemüse vor allem auch Wein, dessen Anbau in den meeresnahen Ebenen schon von den Römern betrieben wurde. Feinschmecker legen spätestens bei der Rückfahrt in Palmanova einen Zwischenstopp ein, um sich bei Jolando di Colo mit Delikatessen von Gans und Ente einzudecken. In Cervignano steigt der Weinreisende schon erstmals auf die Bremse, um dem Gut Ca'Bolani seine Referenz zu erweisen; mit Brojli in Terzo di Aquileia, Giovanni Donda und der alten sehenswerten Tabbacceria Ca'Tullio in Aquileia geht es weiter Richtung Süden.

Von Grado aus ließe sich das weinige Umfeld z.B. bestens erkunden. Quartier und empfehlenswerte Ristorante gibt es hier wie Sand am Meer – nur den Hochsommer sollte man besser meiden. Der Besuch bei der Azienda Bortolusso in Carlino lässt sich z.B. bestens mit einem Abstecher im Fischerhafen Marano Lagunare und einem vorzüglichen Fischschmaus verbinden.

Oder man wendet sich gleich nach Pocenia zu Tiziano und weiter nach Palozzolo della Stella zum imposanten Vorzeigegut Isola Augusta. Darben muss man auch in dieser Ecke nicht: Im „Al Paradiso", der historischen Osteria in Paradiso di Pocenia, sind schon viele Feinspitze glücklich geworden!

DAS WEINLAND:

Zwischen Cervignano und Aquileia liegt auf fruchtbaren, lehmigen Schwemmlandböden und im milden meeresnahen Klima das Kernland von Friuli Aquileia, mit einfachen, aber runden und jung zu trinkenden Weinen, deren weiße Spitze der Tocai und der Pinot Bianco bilden. Bei den Roten werden Refosco dal peduncolo rosso, Cabernet Franc und Merlot bevorzugt angebaut, die bei entsprechendem An- und Ausbau auch gut lagerfähig sind.

Ein kleiner Ort bei Cervignano del Friuli namens Scodovacca hat eine besondere Geschichte geschrieben, in der der Refosco die Hauptrolle spielt: Ende des 19. Jhs. errichtete ein gewisser Luigi Chiozza eine herrliche Villa und legte auch einen Refosco-Weingarten zum Experimentieren an, an dem sich auch Louis Pasteur versuchte (siehe Tenuta Ca'Bolani). Es ist die wohl beste Refosco-Lage Friauls, die den Wein fruchtig und gefällig macht.

Der aromatische Traminer erzielt in den lockeren Böden um Aquileia Bestform. Westlich schließt das DOC-Gebiet des Friuli Annia und Latisana an: Friuli Annia ist die jüngste DOC-Zone, gegründet 1995, und hat ihren Namen

---

EINKEHREN & EINKAUFEN

Distilleria Aquileia Di Flavio Comar & C.S.n.c.
Via Julia Augusta, 87/a
Aquileia, Udine
Tel. 0431/91091, Fax 0431/918696

Aus ganz Italien liefern Unternehmen ihren Qualitätstrester an – so z.B. werden die Grappe der Fattoria di Felsina in der Toscana in der Distilleria Aquileia von Alessandro Comar destilliert.

Azienda Agricola Altran
Loc. Cortona, 19
Ruda
Tel. 0431/969402
Di und Mi Ruhetag

Ein prächtiges Gut, das eines der renommiertesten Restaurants der Gegend beherbergt. Museumsreifes Ambiente, große Küche auf Basis der regionalen Produkte – vom Spargel bis zur Gans. Ein schöner Rahmen für besondere Anlässe.

„Alla Buona Vite" Azienda Girardi
Via Dossi - Località Boscat di Grado
Tel. 0431/88090
E-Mail: info@girardi-boscat.it
www.girardi-boscat.it
Trattoria im Sommer kein Ruhetag, im Winter am Donnerstag

Agrotourismobetrieb mit schönem Gasthaus, vor allem im Garten unter der Pergola sitzt es sich vortrefflich. Feines aus dem Meer, aber auch Fleisch wie z.B. Ente stehen auf der Karte. Dazu eigene Weine. Neu sind die vier schönen Appartements, von denen aus man einen herrlichen Blick auf Barbana oder die Weingärten hat.

EINKEHREN

All´Androna
Calle Porta Piccola, 4, Grado
Tel. 0431/80950
Außer Saison Dienstag Ruhetag

Grados renommiertester Gourmettempel inmitten der Altstadtmauern. Fisch und Meeresfrüchte mit Stil und Klasse, gehobenes Preisniveau.

Santa Lucia
Campo Porta Nuova, 1, Grado
Tel. 0431/85639

Ein schöner, gepflegter Garten und eine Speisekarte, die alle Stückerln spielt. Feinstes

von einer wichtigen römischen Straßenverbindung. Die Böden müssen sandig-lehmig sein – zu feuchte Lagen dürfen die Bezeichnung nicht führen –, und sie zaubern herrliche Düfte in die Weißweine der Region, in den Tocai, den Malvasia und den Pinot Grigio, die rund sind, wenig Säure aufweisen und jung getrunken werden sollten. Bei den Roten empfiehlt sich der Cabernet Franc als angenehmer Speisenbegleiter.

Friuli Latisana: auch hier ein ähnliches Bild mit sandig-lehmigen Böden und mildem Meeresklima. Entlang des Tagliamento und zwischen Ronchis und Pertegada finden sich die besten Gebiete, mit kalkhaltigen Böden, die die Weißen wie Tocai, Pinot Bianco und Grigio zum Duften bringen. Auch hier haben sie wenig Säure und guten Alkoholgehalt. Die Rotweine – Merlot, Cabernet Franc und Refosco – entwickeln sich am besten um Palazzolo della Stella, wo sie gute Lagerfähigkeit erreichen.

Aquileia

Einst eine der schönsten und wichtigsten Städte des Römerreiches, heute wegen des prächtigen Domes und der Ausgrabungen kulturelles Pflichtprogramm. Die Straße führt mitten durch das Forum, dessen Säulen die einstige Pracht andeuten.

Aquileia wurde 181 v. Chr. als militärischer Stützpunkt der Römer gegründet und war später Hauptstadt der römischen Region Venetiae et histria. Ab dem 3. Jh. war es Sitz der Bischöfe, die sich ab dem 6. Jh. zu Patriarchen erhoben und eine wichtige Rolle in der Christianisierung spielten.

Grado

Lieblingsdestination für viele Österreicher, die mit der historischen Altstadt und den vielen hervorragenden Lokalen weit über dem Niveau anderer Adriabäder rangiert. Strand, Meer und Sonne gibt's sowieso, dazu aber eben auch eine entzückende Altstadt mit verwinkelten Gässchen und versteckten Plätzen, die die besten Osterien und Bars beherbergen, einen malerischen Fischerhafen, eine attraktive neuere Stadt mit Fußgängerzonen, Promenaden und eleganten Geschäften, die die Geldbörse locker sitzen lassen. Natürlich die alten Gotteshäuser, allen voran der herrliche Dom aus der Zeit, in der Grado noch hochangesehener Sitz der Patriarchen war.

Marano Lagunare

Das Fischerstädtchen an der anderen Seite der Lagune ist einer der wichtigsten und ältesten Fischmärkte der oberen Adria, seine Flotte die wichtigste Friauls – und der hier gefangene „Pesce Azzurro", das sind die eigentlich minder wertvollen Fische wie Sardelle, Sardine, Makrele und Äsche, gilt als der beste der Welt.

von Fisch und Co, kreativ in Szene gesetzt, herrliche Desserts. Gehobenes Preisniveau.

Trattoria alla Borsa
Via Conte di Grado, 1, Grado
Tel. 0431/80126

Gute und unverfälschte Fischküche und Gutes vom Fleisch, am besten serviert im kleinen Vorgarten, innen Schiffskabinenambiente. Mittleres Preisniveau.

Alla Marina
Piazza Oberdan, 9, Grado
Tel. 0431/82513

Wer es lieber bodenständig als chic will, isst hier gut und preiswert. Gleich beim Hafen.

La Ravaiarina
auf der gleichnamigen Insel
Tel. 0431/84576

Nur mittags, abends nur Freitag und Samstag. Unbedingt reservieren! Schlemmen auf der Insel, nur 5 Minuten mit den Bootstaxi (im Hafen) entfernt. Frische, ehrliche Fischküche, dazu gute Weine.

Trattoria alla Laguna
(früher Vedova Raddi)
Piazza Garibaldi, 1, Marano Lagunare
Tel. 0431/67019

Das traditionsreichste und bekannteste Lokal, das auch nach dem Umbau grandios das Beste und Frischeste aus dem Meer aufkocht!

Al Paradiso
Via S. Ermacora, 1
Paradiso di Pocenia
Tel. 0432/777000
Mo und Di Ruhetag

Die Atmosphäre ist heimelig und geschmackvoll, die Küche eine Geschmackssensation, zu der der Hausherr das Wild beisteuert.

Ristorante Casa del Traghetto
Localita Baiana, 48/51
Torviscosa
Tel. 0335/5244130
Ruhetag: Dienstag

Was Gigi Missio serviert, ist beeindruckend. Keine Beilagen oder Saucen lenken vom eigentlichen Frisch-Fisch-Erlebnis ab. Rohe Scampi, perfekte Cape Sante und Canestrelli, „Al forno" werden Meeresfische wie Wolfsbarsch, Goldbrassen, St.-Peters-Fisch oder Drachenkopf zum Erlebnis.

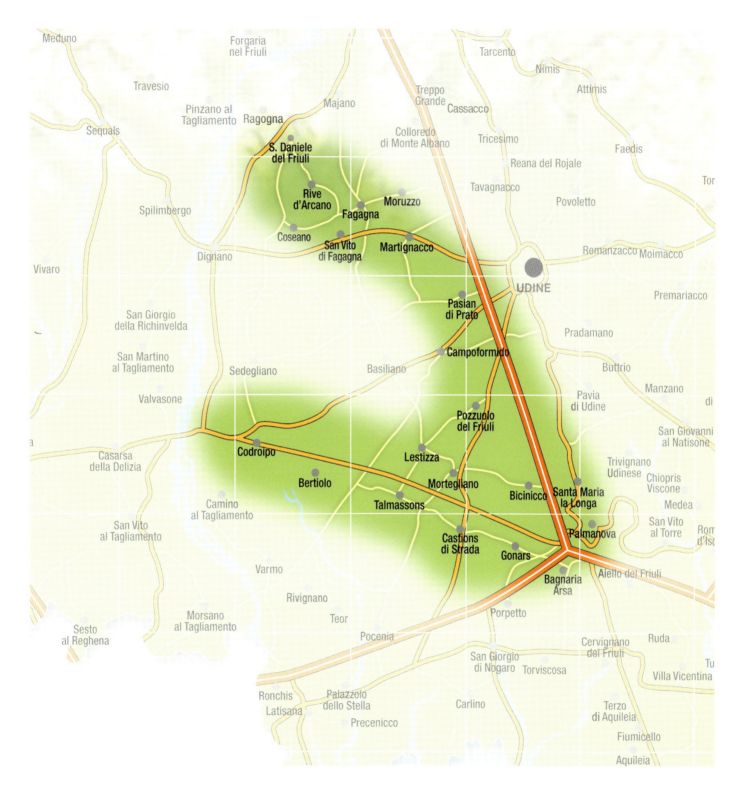

VON DER VILLA MANIN BIS SAN DANIELE – ENTLANG DES TAGLIAMENTO

Route 8

VIGNETI PIERO PITTARO

Via Udine, 67
Zompicchia
Codroipo
Tel. 0432/904726
E-Mail: info@vignetipittaro.com
www.vignetipittaro.com

WEINTIPPS:

Der *Manzoni bianco* aus der sehr seltenen Rebsorte Incrocio Manzoni 6.0.13 (eine Kreuzung zwischen Pinot Bianco und Riesling) ist ein Wein, der seine optimale Ergänzung zu Scampi aus der Lagune mit asiatischen Aromen, aber auch zu Curry findet. Eine Duftorgie aus Grapefruit und süßem Birnensaft, am Gaumen sehr frisch, saftig und harmonisch. Der 5 % Barriqueanteil unterstreicht seine einnehmende Persönlichkeit.

Der *Chardonnay-Mousqué* unterstreicht Pittaros Vorliebe für duftige, aromatische Weine. Diese seltene Spielart des Chardonnays begeistert mit seiner strohgelben Farbe, seinem delikat-eleganten Duft und seinen muskierenden Noten.

Die rote *Cuvée Agresto* aus Cabernet Sauvignon, Cabernet Franc, Refosco dal peduncolo rosso und Pinot Nero stellt den Topwein des Hauses dar.

Natürlich pflegt Piero Pittaro auch die üblichen Rebsortenweine der Region mit großer Aufmerksamkeit, wie zum Beispiel den *Pinot Grigio* (Akazienblüten, elegant), den *Sauvignon* (gelbe Paprika, Melone), aber auch den *Cabernet Franc* (mediterrane Kräuter, duftvoll) und einen beachtlich sauberen *Merlot*.

Seine große Leidenschaft entfaltet sich auch in den Süßweinen, allen voran der legendäre *Apicio* aus Sauvignon, Incrocio Manzoni 6.0.13, Riesling und Chardonnay. Der *Valzer in Rosa*, ein Moscato Rosa, beeindruckt mit seinem klar definierten Rosenduft, der von Brombeeren, Himbeeren und Walderdbeernoten begleitet wird.

In mehrfacher Hinsicht ist die Azienda von Piero Pittaro bemerkenswert: Zum einen ist sie eine der wenigen friulanischen Kellereien, die Spumante, also Schaumwein, im großen Stil erzeugt, und auch eine der wenigen, die den seltenen Manzoni Bianco anbaut.

Zum anderen macht der Winzer Pittaro selbst von sich reden, gilt er doch als umtriebiger Funktionär, der sich sogar die Anerkennung der Franzosen gesichert hat.

Ausgezeichnet mit dem Ordre de mérite agricole, war er mehrere Jahre Präsident des internationalen Önologenverbandes in Paris und ist nun deren Ehrenpräsident. Im Friaul war er nationaler Präsident der Önologen und steht dem Centro Vitivinicolo Friauls vor. Die „Casa del vino", ein Informationszentrum über die Weinproduktion Friaul-Julisch Venetiens, in der Via Poscole in Udine (vis-à-vis der Weinbar „Speziaria pei Sani") geht auf seine Initiative zurück. Seine Liebe gehört neben dem Wein der Musik – er wollte eigentlich Dirigent werden – und dem Sammeln von allerlei Raritäten. Von der Gondel bis zum venezianischen Trinkglas, von der Druckmaschine bis zu Weinbaugeräten, alles hat er in dem sehenswerten, 600 m² großen Museum ausgestellt. Besonders die kostbaren Gläser und Flaschen sind eindrucksvoll, und bei dieser Liebe zu dem edlen Material verwundert es auch nicht, dass Pitarro einer der wenigen Friauler ist, der für junge Weine auch Glasverschlüsse verwendet.

Daneben hat Pittaro, Erbe einer mehr als 450 Jahren zurückreichenden Weindynastie, dem seit 1970 die Azienda Vigneti Pittaro gehört, auch noch Zeit zum Weinmachen. Mit seinem Kellermeister Stefano Trinco holt er konstant gute Qualitäten aus den eisenhaltigen, kiesigen Böden seiner 75 Hektar großen Azienda mit der eindrucksvollen, kalifornisch anmutenden Gebäudekonstruktion von mehr als 3.000 m².

CANTINA CABERT

Cantina di Bertiolo
Pres. Giuseppe Crovato
Via Madonna, 27
Bertiolo
Tel. 0432/917434
E-Mail: info@cabert.it
www.cabert.it
Verkaufsstelle auch in Udine
Via Volturno, 31
Tel. 0432/530892

WEINTIPPS:

Die glockenklaren Rebsortenweine sind allesamt auf beachtlichem Niveau. Herausragend der *Rosato DOC*, ein herrlich erfrischender Rosé. Komponiert aus Cabernet Sauvignon und Merlot präsentiert er sich mit Nuancen von Himbeeren und Veilchen.

Der *Cabernet Sauvignon Riserva* wird auch in Doppelmagnums gefüllt – er ist ein Klassiker in leuchtendem Granat, in der Nase Anklänge an Cassis und Waldbeeren, am Gaumen komplex. Kraft und Eleganz machen den Wein sehr reizvoll und typisch.

Bemerkenswerte Veränderungen prägen das in den letzten Jahren so aktiv gewordene Haus: Unter der geschickten Führung von Presidente Dott. Crovato und dem ambitionierten Kellermeister Daniele Calzavara schreitet die Entwicklung vom Geheimtipp zur soliden Topadresse zügig fort. Mehr als erfreulich dabei ist die vernünftige Preispolitik.

Cabert, gegründet 1960 in Bertiolo, dem kleinen, ländlichen Marktflecken im Zentrum des Grave del Friuli, weiß traditionelle Werte zu wahren. Die Besonderheit von Cabert sind nämlich die adeligen Besitzer, die einigen der ältesten und vornehmsten Familien der Region angehören, wie de Eccher, Beretta, Ancilotto, Giavedoni, Venier, Stroili, da Conturbia Rota, di Colloredo Mels, Marchesi und Nizetto. Nicht alle haben ihre Weingärten im Grave, auch DOC Latisana und DOC Colli Orientali del Friuli sind vertreten. Es sind Familien, die auf jahrhundertealte Leidenschaft und Achtung für die Rebe zurückblicken können und ihr kulturelles Erbe von Generation zu Generation weitergeben.

Insgesamt 350 Hektar kommen da zusammen, die jährlich in 660.000 Flaschen abgefüllt und in alle Welt exportiert werden. Dieser hohe Exportanteil ist dem Geschick des langjährigen Wegbegleiters und Exportverantwortlichen Marcello Donadi, Querdenker und einer der schillerndsten Persönlichkeiten der Friulaner Weinszene, zu verdanken.

BIDOLI

Margherita und Arrigo Bidoli
Fornas dai Fradis
Via Fornace, 19
Arcano Superiore
Rive d´Arcano
Tel. 0432/810796
E-Mail: info@bidolivini.com
www.bidolivini.com

Das ursprüngliche Stammhaus der Familie Bidoli stand im Herzen der Prosciuttohochburg von San Daniele. Giobatta Bidoli, ein Weggefährte Marco Fellugas und des legendären friulanischen Weinjournalisten Isi Benini, errichtete sich damit im Sog der allgemeinen Friulaner Wein-Goldgräberstimmung in den 70er und 80er Jahren ein önologisches Denkmal.

Schon damals besaß das Unternehmen der Bidolis keine eigenen Weingärten, umso mehr konzentrierte man sich beim Traubenzukauf auf die allerbeste Reife, Selektion und Qualität des Traubengutes. Wie niemand anderer zu jener Zeit verstand man es, ehrliche, süffige und vor allem preisgünstige Weine in großen Quantitäten zu erzeugen.

Nach dem Tod des Patriarchen wurde dem Geschwisterpaar Margherita und Arrigo das alte Anwesen zu klein, sie adaptierten in ca. 5 Kilometer Entfernung eine neue, spektakuläre Kellerei in der alten Ziegelei mit dem alles überragenden Kaminschlot.

Nach wie vor versteht sich Bidoli als Kellerei und kauft die Trauben zu, die mit viel Geschick gekeltert werden - die nach wie vor verlässliche Qualität ist zu einem bleibenden Markenzeichen des Betriebes geworden.

Der *Cabernet Briccolo* und der *Merlot Briccolo* sind die Qualitätsspitzen des Betriebes. Ersterer begeistert mit seinen Cassisanklängen und dem samtigen Charakter, der von feinen Gerbstoffen sehr harmonisch abgerundet wird; der Merlot wiederum glänzt mit einladend-fruchtigem Charakter, kräftig ausladendem Körper und - für einen Roten aus der Ebene - mächtigem Finish.

DI LENARDO VINEYARDS

Massimo di Lenardo
Fraz. Ontagnano
Piazza Battisti, 1
Gonars, Udine
Tel. 0432/928633
E-Mail: info@dilenardo.it
www.dilenardo.it

Massimo di Lenardo, der junge, dynamische Freidenker und Besitzer der Azienda, steigert Jahr für Jahr Qualität und Output. Seine Weine sind mehr als überzeugend und gleichsam auch angenehm modern gestrickt. Auf der ehemaligen gemischten Landwirtschaft regiert heute der Wein, der auf 36 Hektar in den vier Weingärten „Vigne dai Vieris", „Vigne da San Martin", „Vigne da Lis Maris" und Tiare d´Albe angebaut wird, dazu kommen 5 gepachtete Hektar in der Zone DOC Aquileia. Das Gut ist eines der erfolgreichsten des DOC Grave del Friuli mit begeisterten Abnehmern in der ganzen Welt. Max di Lenardos Strategie, je nach Bedarf die besten Önologen Italiens zu Rate zu ziehen, erzielt gute Resultate. Ungewöhnlich auch die Namen: Der Tocai Friulano heißt *Thoh* und zeugt von Feinheit und Typizität. Der Weißweinblend *Father's Eyes* aus zu gleichen Teilen Tocai Friulano, Riesling, Sauvignon und Chardonnay stammt von später gelesenen Trauben. Zarte Vanillenoten zeugen schon in der Nase vom Ausbau in Barriques. Voll, weich und sympathisch mit toller Aromatik.

Der in großer Stückzahl erzeugte *Pinot Grigio* gibt sich elegant-floreal und leicht im Antrunk.

Unbedingt probieren sollte man auch den Merlot *Just me* und den fruchtsüßen Verduzzo *Pass the cookies*.

MULINO DELLE TOLLE

Giorgio und Eliseo Bertossi
Via Mulino delle Tolle, 15
Sevegliano
Bagnaria Arsa
Tel. 0432/928113
E-Mail: info@mulinodelletolle.it
www.mulinodelletolle.it

Auf den historischen Überresten des Römerweges Postumia und Julia wurde das Weingut Mulino delle Tolle errichtet, das von Giorgio Bertossi und seinem Cousin Eliseo geleitet wird.

Das weiße Anwesen liegt direkt an der Straße nach Grado, der ehemaligen Grenzlinie des Königreiches Italien mit Österreich-Ungarn, und bietet mit der Casa Bianca auch Übernachtungsmöglichkeiten und eine einladende Trattoria (Do–So geöffnet, im Jänner zu). Im Mittelpunkt des Gutes, auf dem seit 1988 Wein gekeltert wird, steht natürlich der Wein, der auf 22 Hektar angebaut wird. Aber auch sonst wird hier von der Familie einiges an Köstlichkeiten produziert, dazu gehört Viehzucht mit eigener Schlachtung und Verarbeitung.

Der *Tocai Friulano* gehört zu den Musterknaben des Sortimentes. In manchen Jahren wird er vom Bianco Palmade übertroffen, einem interessanten Blend aus Malvasia, Chardonnay und Sauvignon: ein hochkomplexer Weißwein mit duftigen Noten nach Birne, Quitte und Blüten, der am Gaumen erstaunlich frisch wirkt, aber auch harmonisch-würzig ausklingt.

Der beste Rotwein ist zweifelsfrei der *Rosso Sabelius*, eine tanninreiche und würzige Cuvée aus Cabernet Franc, Refosco und Merlot.

TENUTA BELTRAME

Christian Beltrame
Loc. Antonini, 4
Fraz. Privano
Bagnaria Arsa, Udine
Tel. 0432/923670
E-Mail: info@tenutabeltrame.it
www.tenutabeltrame.it

Christan Beltrame und sein Önologe Giuseppe Golino entsprechen allen Klischees modern denkender Winzer: eine fundierte Ausbildung gehört da ebenso dazu wie Passion für den Weinbau, aber auch die Fähigkeit, Signale des Marktes zu erkennen und Antworten auf die raschen Entwicklungen in der Welt des Weines zu finden.

Die Rebflächen der Tenuta Beltrame (25 Hektar) liegen in der DOC Aquileia und bringen nach aufwendigen Neubepflanzungen der Weingärten besonders unter den roten Sortenvertretern Bemerkenswertes hervor: Die verheißungsvollen Cabernet Francs, Merlots u.a. werden gänzlich ohne Barrique ausgebaut, was an sich schon erstaunlich ist, trifft man doch selten auf rigorose Eichenfassverweigerer. Zur Edelpalette gehört auch ein mit viel, aber weichem Tannin ausgepolsterter *Cabernet Sauvignon Riserva* mit balsamisch untermaltem Fruchtspiel. Der Chardonnay *Pribus* zeigt alle Eigenschaften großer holzfassgelagerter Chardonnays: tropische Frucht, Vanille, Melone, Butterscotch und Tee. Ebenfalls ein exemplarischer Sortenvertreter ist der Sauvignon mit seinen feinen Holunder- und Paprikanoten.

Poggio Alto aus hauptsächlich Chardonnay zeigt sich delikat in der Nase: Marillen, kandierte Zitrusfrüchte und Babybanane. Am Gaumen strukturiert, perfekt ausgeglichen, frische Aromatik charakterisiert das Finale.

Der *Refosco dal peduncolo rosso* zeigt ein helles Rubin und eine aromatische Textur am Gaumen, die wiederum mit würzig-mineralischen Noten und mit präsenten, lebhaften Tanninen aufwartet.

ANTONUTTI

Adriana Antonutti und Lino Durandi
Fraz. Colloredo di Prato
Via d'Antoni, 21
Colloredo di Prato
Tel. 0432/662001
E-Mail: info@antonuttivini.it
www.antonuttivini.it

Unweit von Udine liegt die Azienda der Antonuttis, die der Großvater schon 1921 gegründet und zu einer stattlichen Kellerei ausgebaut hat. Der Enkelin Adriana und ihrem Mann Lino (sie werden bereits von ihren erwachsenen Kindern Nicola und Caterina unterstützt) blieb bei so viel Tradition eine kräftige Modernisierung mit allen damit verbundenen Mühen und Investitionen nicht erspart. In der schönen Ebene um Spilimbergo wurden selektiv neue Weingärten angelegt und ein neuer Keller errichtet, der einen qualitativen Aufstieg und ein traditionsbewusstes Wachstum des Weingutes erst ermöglichte.

Die Mühe hat sich offensichtlich gelohnt, denn die Weine präsentieren sich heute in prächtiger Form: Der *Sauvignon* mit seinem unverwechselbaren Duftspiel nach grünem Paprika, Minze und Salbei. Der *Bianco*

KUNSTGENUSS UND SCHLEMMER-ADRESSEN

Im Herzen Friauls

Eine Route, charakteristisch für die Mitte Friauls: Hier liegen die wirklich qualitätsvollen Güter nicht so dicht gedrängt wie etwa im Collio, wo man praktisch an jeder Ecke auf einen klingenden Winzernamen stößt. Der Vorteil: Es bleibt genug Muße, auch die landschaftlichen Schönheiten und kulturellen Highlights mit der Burgen- und der Schlösserstraße, dem entzückenden San Daniele, der großrahmigen Villa Manin und vielem mehr zu genießen.

Darben muss man auch nicht, großartige Schlemmeradressen sorgen dafür, dass die Qual der Wahl schwerfällt. Das beginnt schon in Mels nahe Colloredo di Monte Albano mit dem einladenden, schönen Gasthaus „La' di Petrós", in dem Ida Dondolo mit Hingabe Rezepte für Gans & Co zelebriert.

In Colloredo di Monte Albano wartet die berühmte und gefeierte Trattoria „La Taverna" mit ihrem erlesenen Weinkeller, der eine Sammlung von über 1.300 Etiketten beinhaltet – kostbare Jahrgangsweine inbegriffen. Das nahe gelegene Kastell, in dem auch der Schriftsteller Ippolito Nievo logierte, wurde vom großen Erdbeben 1976 schwer in Mitleidenschaft gezogen. Es ist bis heute noch nicht vollständig renoviert.

Die Landschaft ist hier zauberhaft, langsam gehen die Berge des Nordens in eine Ebene über, die noch von vielen kleinen und größeren Erhebungen durchbrochen wird. Die berühmte Schinkenstadt San Daniele hat sich so einen Aussichtsposten gesichert – dicht an dicht drängen sich die Häuser auf dem Hügel. Das moderne San Daniele hat sich natürlich schon längst mit all seinen Schinkenfabriken in die Ebene ausgebreitet.

Verkosten kann man den Schinken in allerlei Stationen und Osterien vor und in der Stadt, die allerdings schon um ihrer selbst willen einen Besuch wert ist. Tipp: Sollten Sie in einer der Osterien auf Räucherforelle stoßen, dann greifen Sie zu! Die Lachsforelle ist eine weitere Spezialität der Stadt, sie wird geräuchert und in feine Scheiben aufgeschnitten mit einem guten Olivenöl genossen.

Zwischen San Daniele und Tavagnacco setzt eine ganze Reihe eindrucksvoller Burgen und Schlösser mit ihrer malerischen Lage schöne Akzente in die Landschaft, die meisten von ihnen sind allerdings nicht öffentlich zugänglich. Die gut erhaltene Burg von Arcano z.B. gehörte einst einer der mächtigsten Familien des Landes – nicht weniger interessant für Weinreisende ist allerdings das Weingut Bidoldi, das sich in Rive d´Arcano in einer alten Ziegelei niedergelassen hat. (Unter der Marke Castello di Arcano haben sich übrigens fünf traditionsreiche Weingüter zusammengeschlossen, die in Arcano Superiore eine gemeinsame Cantina betreiben.)

Folgt man der Straße in den Süden, gelangt man nach dem Ort Sedegliano bald nach Codroipo mit den Aziendas Pittaro mit dem berühmten Schaumwein und etwas weiter nordöstlich in Bertioli zur riesigen Cantina Cabert, die für einige der renommiertesten Güter den Wein keltert und vermarktet.

Für alle, die sie noch nicht kennen, ist ein Besuch bei der Villa Manin Pflicht – sie liegt in Passariano, zwischen Codroipo und Bertiolo. In den letzten Jahren hört man aufgrund des regen Kulturbetriebs auch bei uns vermehrt von der gewaltigen Villa, die mehr durch ihre Ausmaße denn durch ausgewogene Schönheit beeindruckt. Kein Wunder, wollte ihr vermögender Erbauer Ludovico Manin sich damit bei den venezianischen Patriziern entsprechend in Szene setzen. Napoleon, der sein Hauptquartier hier aufschlug, hat der Prunkbau jedenfalls nicht sonderlich verzückt. Er meinte, die Villa sei „zu groß für einen Grafen, zu klein für einen König". Heute finden hier und auf dem vorgelagerten – natürlich ebenfalls riesigen – Platz Ausstellungen und diverse Veranstaltungen statt, auch Konzerte vom REM bis Bocelli gehen hier über die Bühne (Villa Manin, Piazza Manin, 10, Passariano/Codroipo, Tel. 0432/906657, www.villamanin.it).

Richtung Palmanova gelangt man bei Gonars zur Azienda di Leonardo. Hier im Umfeld von Palmanova liegen auch die Mulino del Tolle in Sevegliano und die Tenuta Beltrame – beides gute Gründe, hier vorbeizuschauen. Einen weiteren Anreiz liefern die Spezialitäten von Jolanda di Colo, die in der Nähe des Bahnhofs von Palmanova ihre Spezialitäten von Gans & Co feilhält.

Auch Palmanova selbst, das meist links liegen gelassen wird, hat seine Reize – sie sind nur vom Boden aus etwas schwer zu erkennen: Es wurde nämlich als perfekter Stern mit einer riesigen, sechseckigen Piazza Grande errichtet, die umfassende Mauer ist 9-eckig und besitzt neuen Bastionen. So viel Akkuratesse ist kein Zufall, wurde doch Palmanova als militärischer Schutzwall von den Venezianern auf dem Reißbrett entworfen. Napoleon baute die Festung noch aus – Pech, dass niemand in die künstliche Stadt ziehen wollte. Mit Müh und Not fand man 5.000 Seelen, die bereit waren, sich hier niederzulassen, obwohl sie für 20.000 Einwohner konzipiert worden war.

Von Palmanova ist es nur mehr ein Katzensprung zum Meer, wenn man sich nach Süden wendet. Allerdings – die Azienda Antonutti in Pasian di Prato liegt im Norden, Richtung Udine. Auf halber Strecke liegt etwas westlich der Autobahn Mortegliano, eine weitere verheißungsvolle Gourmetadresse mit der Trattoria Da Nando. Aber auch nördlich von Udine gibt's z.B. in Tavagnacco tolle Adressen, die Feinschmeckerherzen höher schlagen lassen …

EINKEHREN UND EINKAUFEN:

La' di Petròs
Piazza Tiglio, 14
Mels
Ruhetag Dienstag

Das Erdbeben 1976 hat das Haus schwer in Mitleidenschaft gezogen, die Wirtsfamilie Liano Petrozzi und Ida Dandolo haben sich dadurch nicht entmutigen lassen. Heute genießt die Trattoria einen hervorragenden Ruf und ist besonders für die Fleisch, Geflügel und Gansspezialitäten bekannt – und für den exzellenten Weinkeller!

La Taverna
Piazza Castello, 2
Colloredo di Monte Albano
Tel. 0432/889045
Ruhetag Mittwoch

Ein weithin berühmtes Lokal, geführt von Piero Zanini, das mehr Besucher anzieht als alle Schlösser – es gilt als eines der besten und auch schönsten Restaurants Italiens. Sehr elegant, mit schönem Garten, erlesener Küche und sagenhaftem Weinkeller. Hohes Preisniveau!

Villa Manin
Ristorante del Doge
Villa Manin, Passariano
Tel. 0432/904829
Montag Ruhetag

Hier schwelgt man unter hohen Arkaden in italienisch-friulanischer Küche, besonders empfehlenswert sind Fisch und Meeresfrüchte, aber auch Regionales-Saisonales wie Pilze, Spargel usw.

La Campana d´Oro
Borgo Udine, 25 b
Palmanova
Tel. 0432/928719
Sonntag, Montagabend und Dienstag Ruhetag

In der Nähe der Piazza Grande wird einfache, bodenständige Kost serviert – von Meeresküche bis zur deftigen Fleischkost. Auch an Weinen gibt es reichlich Auswahl.

Da Toni
Via Sentinis, 1
Gradiscutta di Varmo
Tel. 0432/778003
Montag und Dienstag Mittag Ruhetag

Aldo Morasutti ist und bleibt der Grandseigneur der Friulaner Gastronomie. Aus seiner

Edeltrattoria mit dem großen Skulpturenpark unweit des Tagliamento gingen kräftige Impulse aus, die traditionelle Friulaner Küche zeitgemäß und raffiniert zu interpretieren. Die ausgezeichnete Qualität der Küche, wie das im Ganzen gebratene Kitz (zu Ostern) oder die geniale Ente, lockt Gourmets aus aller Welt zu den exzellenten Gastgebern Aldo und Lidia Morasutti und Küchenchef Roberto Cozzarolo. Mit dem Kärntner Alpe-Adria-Wirt „Tschebull" am Faakersee pflegt Morasutti einen eigenen Austausch, wurzelnd auf dem Gleichklang der Philosophie der impulsgebenden Wirte.

Trattoria „Da Nando"
Via Divisione Julia, 4
Mortegliano
Tel. 0432/760187
Dienstag und Sonntagabend Ruhetag

Die Küche zaubert das Beste aus friulanischen Rezepten und Zutaten, und die Brüder Ivan und Sandro Uanetto sind hinreißende Gastgeber.

Tipp: In der Spezialitätenecke hinter dem Garten kauft man ausgesuchte Köstlichkeiten – vom hausgemachten Schinken à la Osvaldo (mit dem die Brüder kooperieren) bis zu Käse und Balsamico!

Da Nando vermietet auch Zimmer!

Al Grop
Piazza della Chiesa
Tavagnacco
Tel. 0432/660240
Mittwochabend und Donnerstag Ruhetag

Was einst eine Einkehr von Mönchen der Kirche Sant´Antonio Abate war, wird heute von der Familie Del Fabbro mit viel Liebe und Erfolg geführt. Viel Grün rund ums schöne alte Anwesen prägt das Ambiente, die Küche ist vor allem mit ihren sensationellen Spargelgerichten weithin bekannt geworden.

Antica Locanda Al Parco
Piazza di Prampro, 1
Tavagnacco
Tel. 0432/650039
Sonntagabend und Montag Ruhetag

Mitten in Tavergnacco liegt dieses bodenständige Lokal, das einst Poststation war. Natürlich gibt es auch einen Fogolar für das Grillgut und friulanische Kost ganz nach Saison. Im Sommer sitzt man im schönen Garten.

WEINLAND:

Westlich von Udine bis zur venetischen Grenze hin zieht sich das Territorium des DOC Friuli Grave – des größten DOC-Gebietes, das naturgemäß auch sehr unterschiedliche Böden und klimatische Einflüsse aufzuweisen hat. Der Tagliamento zieht eine Grenze zwischen den Zonen der Ebene von Udine und der von Pordenone.

Rund um Cordroipo sind die Böden karg und vom Eisenoxid rötlich gefärbt. Die Niederschläge reichen nicht aus, um die Rebstöcke durchzubringen, meist muss mit künstlicher Bewässerung nachgeholfen werden. Weiß- und Rotweine gedeihen gleichermaßen gut in dieser Gegend und als König der Weißweine hat sich der Pinot Grigio durchgesetzt, der hier duftig, frisch und dennoch kräftig ist. Der Tocai hat seine Hochburg in Bertiolo. Fruchtig und süffig gerät der Refosco dieser Region, auch der Merlot präsentiert sich in guter Form.

Doch auch die anderen DOC-Zonen spielen in diese Route herein. So hat Leonardo auch Anbaugebiete im DOC Aquileia, Cabert mit den weit verstreuten Mitgliedsbetrieben nicht nur im Grave, sondern auch im DOC Latisana und sogar in den Colli Orientali.

Friaul ist Prosciutto-Land

Von Sauris bis San Daniele, vom Karst bis Cormòns atmet die feine Schweinekeule nach einfühlsamer Behandlung die lokalen Düfte und Lüfte, bevor sie in unterschiedlichen Nuancen am Gaumen des Feinschmeckers zergehen darf.

San Daniele: der Großproduzent unter den Friulanern – 2,5 Millionen Schinken mit dem Herkunfts- und Gütesiegel werden von 28 Herstellern produziert. Er wird luftgetrocknet und nicht geräuchert. Die Reifezeit beträgt mindestens 12 und bei Spitzenprodukten 18–20 Monate. Auf die Qualität achtet streng das Consorzio del Prosciutto di San Daniele, das die geschützte Ursprungsbezeichnung DOP nur bei Erfüllung aller Kriterien vergibt. Beim mehrtägigen „Aria di Feste" am letzten Juni-Wochenende wird dem Schinken in der ganzen Stadt mit einem großen Fest gehuldigt. Er ist weit verbreitet und auch in Österreichs Läden erhältlich. Wichtig für optimalen Genuss: hauchdünn aufschneiden – per Hand oder mit der roten Kultmaschine der Marke „Berkel" – und sofort verspeisen! Unter Friulanern ist es übrigens verpönt, saures Gemüse wie Pfefferoni und Gurkerl zum zarten Schinken zu reichen – das verdirbt den Geschmack! Und: probieren Sie dazu ein Glas Tocai anstelle eines Roten, er ist der standesgemäße Partner dieser Delikatesse.

Sauris: In den Bergen Karniens im Norden Friauls liegt abgeschieden das Bergdorf Sauris, das sich nicht nur als Sprachinsel auszeichnet (hier hat sich ein mittelhochdeutscher Dialekt erhalten), sondern auch in der Speck- und Schinkenproduktion, die von der Familie Wolf betrieben wird. Zum Teil ist der

Schinken luftgetrocknet, zum Teil aber auch mit Buchenholz geräuchert. Er reift an die 400 Tage. Verkauf im Wolfbetrieb Sauris und in Delikatessläden. www.wolfsauris.it

Cormòns: Lorenzo Osvaldo produziert unter dem Monte Quarino einen heiß begehrten, weil süßlich köstlichen und äußerst raren Schinken. Osvaldo ist als Meister des gefühlvollen Räucherns über Kirschholz und Lorbeer bekannt. Er stellt nur 2.000 Keulen pro Jahr her – seinen Schinken verkostet man am besten in den Lokalen rund um Cormòns!

Karst: Der Prsut ist der ideale Begleiter zum Terrano – zwei, die die Landschaft zusammengeschmiedet hat. Viele Bauern produzieren ihren eigenen Schinken, in den Osmizze gehört er zur Grundausstattung. Prsut legt keinen Wert darauf, in hauchzarten Scheiben auf den Teller zu kommen – er wird meist mit der Hand gesäbelt und fällt entsprechend dicker aus. Auch der Geschmack ist kräftiger, würziger und immer etwas salzig. Schmeckt am besten in den Osmizze!

Und noch mehr Schinken, diesmal gekocht:

Der Prager Schinken: Vor allem in den Buffets von Triest und rund um Görz liebt man noch eine andere Art von Schinken, nämlich den gekochten, der seine Bestform mit frisch geriebenem Kren und Senf nach Geschmack erreicht. Bekannt sind die Produkte der Firma Principe, die als Erste den sogenannten „Prager Schinken" (dort wurde er kreiert) auch außerhalb von Triest feilbot. Er wird nicht einfach gekocht, sondern in speziellen Heißluftöfen zubereitet und danach leicht geräuchert.

In die Buffets gelangt er noch warm, dort wird er in den Schraubstock geklemmt und mit dem Messer in einem feierlichen Ritual aufgeschnitten.

Den Kärntnern wird noch eine Vorliebe bekannt vorkommen: Die Triestiner essen zu Ostern ihren Schinken gern mit der süßen Pinza, so wie die nördlichen Nachbarn ihren Osterschinken mit dem süßen Reindling.

Schinken in Brotteig: Eine Weiterentwicklung des Prager Schinkens, der entbeint, gewürzt und geräuchert in Brotteig gehüllt gebacken wird. Erfunden hat diesen – und noch mehr an Schinkenspezialitäten – Sergio Dentesano, der in Percoto in der Via Aquileia eine Salumificio betreibt.

Jolanda de Coló
Via Primo Maggio, 21
(Nähe Bahnhof)
Palmanova
Tel. 0432/920321

Alles Feine von Gans und Ente – wie Gänseleberpastete mit Picolit und Salami.

SCHINKENADRESSEN IN SAN DANIELE:

Al Paradiso
Via Cesare Battisti, 28
San Daniele
Tel. 0432/957252
Sonntag Ruhetag

Unter dem Hügel von San Daniele, herrlicher Prosciutto aus eigener Erzeugung und warme Küche in einer netten Atmosphäre.

Antico Caffè Toran
Via Umberto I, 10
San Daniele
Tel. 0432/957544
Montag Ruhetag

Traditionelles Lokal vis-à-vis des Domes, klassisch mit Schinkengeigen dekoriert. Nicht nur für eine Schinkenjause, sondern auch friulanische Küche. Schinken von Testa e Molinaro aus der Gruppe Fantinel.

Ai Bintars
Via Trento e Trieste, 67
San Daniele
Tel. 0432/957322
Mittwochnachmittag und Donnerstag Ruhetag

Historische und sehr beliebte Osteria mit nettem Wirt, die bei ausgewählten kleinen Schinkenproduzenten einkauft.

Il Miccelaccio
Via Umberto I, 2 – 4
San Daniele
Tel. 0432/5419495
Dienstag Ruhetag

Nicht nur Prosciutto, sondern eine ganze Palette friulanischer Köstlichkeiten wie Käse, Lardo und San Daniele-Forelle und eine riesige Weinauswahl warten in der Enoteca mit der geschmiedeten Theke.

Gleich beim Dom.

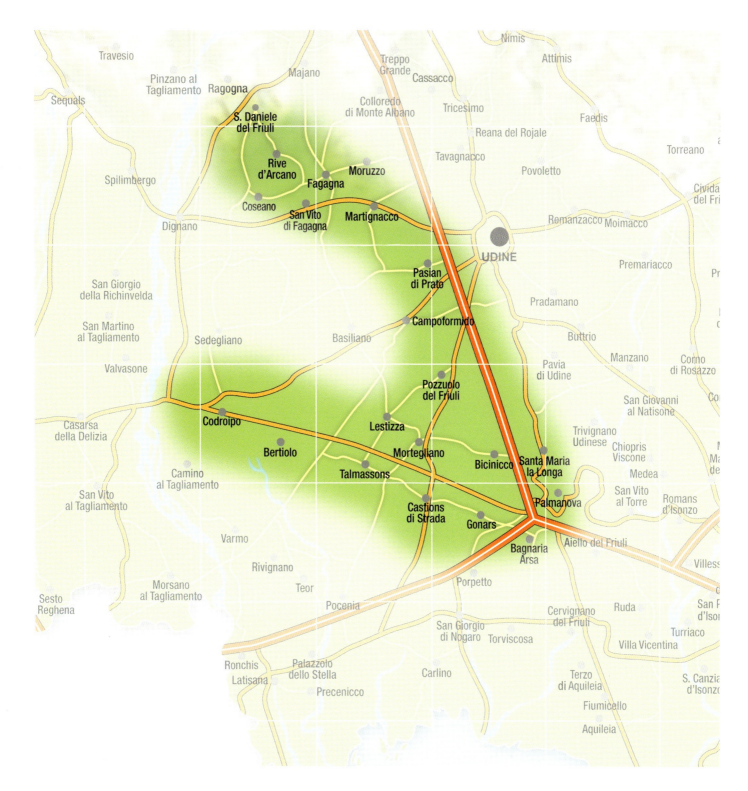

VON SPILIMBERGO NACH PORCIA
Route 9

SAN SIMONE

Familie Brisotto
Via Prata, 30
Rondover, Porcia
Tel. 0434/578633
E-Mail: info@sansimone.it
www.sansimone.it

WEINTIPPS:

Cabernet Sauvignon Nexus: ein modellhafter Rotwein für die sonst eher Weißwein-dominierte Grave-Region, in der Nase sehr feine Holzanklänge, reife Herzkirschen, Cassis und zarte Vanilletöne, am Gaumen feiner Schokotouch, perfekt integriertes Holz, sehr elegant mit Kern.

Gute klimatische Bedingungen ermöglichen San Simone eine Selektion der allerbesten Trauben, die in der Weinserie *Prestige* ihren Ausdruck findet:

Der fruchtintensive und elegante *Chardonnay* präsentiert sich in einem hellem, blanken Gelb mit zartem Bouquet, sortentypisch und einem Hauch von Nuss. Er wird noch getoppt vom Pinot Grigio mit seinem betörend würzigen Duft und dichter, komplexer, aber frischer und einladender Struktur. Die schönen Fruchttöne werden von einer frischen, einschmeichelnden Säure noch betont und machen den Wein gerade an heißen Sommertagen zu einem Erlebnis.

Viel Aufmerksamkeit widmet man den Frizzante und Spumanti, die zu einem wichtigen Wirtschafts- und Renommeefaktor für San Simone geworden sind.

Die Edelprosecco-Selektion *Il Concerto* hat Fans in aller Welt gefunden: Sie wird mit Reinzuchthefen aus der Champagne vergoren und präsentiert sich hellgelb, herrlich prickelnd, von zarter Stilistik. Elegant, verspielt mit charmantem Duft nach grünen Äpfeln und Mandelblüten und von außergewöhnlicher Feinperligkeit und Leichtigkeit.

Die mehr als 50 Sorten des Weinprogramms von San Simone würden wohl den Rahmen dieses Weinbuches sprengen, nicht unerwähnt bleiben dürfen allerdings die duftenden und weichen *Grappe* aus Chardonnay (elegant) oder Cabernet Sauvignon (strukturiert).

San Simone, das ist Family-Teamwork mit ungemein viel Sinn für Ästhetik, Kunst und natürlich für Wein auf konstant hohem Niveau.

Die neue Generation Antonio, Anna und Chiara haben den Betrieb übernommen. Vater Gino und die tüchtig und elegante Mutter Liviana verstarben leider allzu früh, ihre Schaffens- und Willenskraft scheinen aber immer noch allgegenwärtig. Sie hinterließen nicht nur eine wohlbestellte Azienda, die in ihrer Art im Grave einzigartig ist, sondern auch ein Vorbild an Fleiß, menschlicher Wärme und fachlicher Unbeirrbarkeit.

Im Zeichen der kleinen „Chiesetta" von San Simone entstand unter Ginos Regie ein dynamischer, moderner Betrieb, der sich auf hervorragende Weine und Prosecchi spezialisiert hat. San Simone besitzt im Verhältnis zur produzierten Flaschenmenge kaum eigenen Reben, ein Umstand, der schlau zum eigenen Vorteil genutzt wird: Da den Brisottis im weiten Umkreis jeder m² Rebfläche bekannt ist, sind sie in der Lage, die besten Grundweine aus den DOC-Gebieten zu kaufen; die ausgewählten Lagen werden von ihnen das ganze Jahr über genauestens kontrolliert.

Die Vinifikation erfolgt in einem neuen, unglaublich schönen, sienaroten Kellerkomplex, der mit seinen blitzenden Stahltanks vor Sauberkeit nur so strahlt. Eine breite Stiege führt hinunter in das Allerheiligste, den Barriquekeller, der einem Wohnzimmer eher gleicht als einem Fasskeller und in dem Selektionen der edelsten Rotweine ausgebaut werden.

VISTORTA – CONTE BRANDOLINI D'ADDA

Brandino Brandolini
Via Vistorta, 82
Vistorta, Sacile
Tel. 0434/71135
E-Mail: vistorta@vistorta.it
www.vistorta.it

Von Spilimbergo nach Porcia/Top-Winzer 219

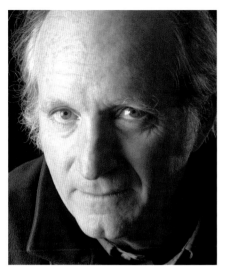

WEINTIPPS:

Pomerol im Friaul? Der Duft von dunklen Waldbeeren, Sauerkirschen und Efeu strömt tänzelnd beschwingt aus dem Glas, alles andere als gemächlich ruhig fließend, sondern eher frech, fast „farouch". Auch am Gaumen zeigt der Wein Charakter. Die schöne Frucht wird getragen von präsenten Tanninen, sehr elegant – ein echter Langstreckenläufer!

Die Familie der Brandolini D´Adda entstammt dem venezianischen Adel; das Stammhaus der Brandolinis steht am Canal Grande mitten in der Serenissima. Dem Landgut in Vistorta steht die ehrwürdige Abstammung gut zu Gesicht, auch wenn die Optik des Ortes und des Gutes schon etwas vom Zahn der Zeit in Mitleidenschaft gezogen wurde. Es ist ein herrschaftliches Gut hinter starken Mauern – von außen übrigens nicht kenntlich gemacht und daher leicht zu übersehen – in einem prachtvollen Park, das seit seiner Errichtung im Jahre 1800 für die Landwirtschaft bestimmt war. Schon 1850 kam dann die Weinkellerei dazu. Ein Vorzeigeobjekt ist der massive Heuschober, geadelt durch eine meisterliche Deckenkonstruktion, in dem Reihen von mittelgroßen Holzfässern lagern.

Zum Reich der Familie gehört daneben auch die Cantina Conte Brandolini in der Via della Vigna in Cordignano.

Brandino Brandolini hat die Weinmacherei zur Leidenschaft seines Lebens erkoren – mit einer solchen Gründlichkeit, dass heute sein Merlot als viel gerühmtes Spitzenprodukt friulanischer Weinmacherkunst mit etwas frankophilem Stil gefeiert wird.

Brandino gab das ertragreiche Carsarsa-Reberziehungssystem zugunsten neuer Rebflächen mit extrem dichter Bepflanzung auf und pflanzte nach französischem Vorbild Merlot – und (beinahe) nur Merlot. Sein technisches Rüstzeug hatte sich Brandolini in den Vereinigten Staaten und in Frankreich geholt, insbesondere Frankreich war dabei eine prägende Erfahrung, lernte er doch dort nicht nur seine beiden Berater George Pauli und Samuel Tinon kennen und schätzen, sondern brachte von dort auch Merlot-Klone mit, mit denen er seine 40 Hektar Weinland bepflanzte.

Die Nähe zu Frankreich prägt übrigens auch sein Privatleben. Seine Ehefrau ist mit Eric Rothschild, seines Zeichens Herr über Chateau Lafite-Rothschild, verwandt – kein Wunder also, dass das Weingut Vistorta einem Chateau französischen Stils nahe kommt.

Auch die Böden und Klima weisen Verwandtschaft mit denen des Bordeaux und dem Medoc auf. Sie sind lehmig und schwer, die Sommer warm und trocken – Eigenschaften, die den *Merlot* zu Höchstform auflaufen lassen.

EMILIO BULFON

Via Roma, 4
Valeriano bei Spilimbergo
Tel. 0432/950061
E-Mail: bulfon@bulfon.it
www.bulfon.it

Eigentlich müsste der Friulaner Weinbauernverband Emilio Bulfon ein Denkmal setzen – und die Regierung Friaul-Julisch Venetiens gleich dazu! Emilio Bulfon ist ein Winzer, der sich gänzlich den autochthonen Sorten verschrieben hat, und zwar den alten, fast schon verschwundenen Sorten, deren Namen kaum noch bekannt sind. Der Kampf um deren Erhalt hat sich allemal gelohnt, denn damit erlangt Emilio auch die Alleinstellung seines Weinportfolios in einer oft monoton gewordenen Weinwelt mit immer uniformeren Weinen. Zu schade, dass der kleine Familienbetrieb nicht größere Menge produziert …

Auf 10 Hektar hat er seltene Trauben angepflanzt wie den *Sciaglín* (aromatisch-würziger und fruchtiger Weißwein mit toller Frische), den *Piculit Neri* (ein weicher, kräftiger Rotwein), den *Cordenossa* (rot) und den *Ucelùt* (ein Süßwein, dessen Trauben früher die Vögel – uccelli – verspeisten und der mehr an Vin Santo als an Picolit erinnert). Er beschrieb sie auch und hat sie offiziell in das italienische Rebsortenregister aufnehmen lassen. Sein Forscherdrang ist ungestillt, weitere Entdeckungen sind nicht ausgeschlossen. Die neuen alten Sorten werden in markanten Flaschen mit dem Bild des letzten Abendmahls abgefüllt – ausführliche Erklärung zur Rebsorte gleich inklusive!

ALESSANDRO VICENTINI ORGNANI

Vicentini Orgnani Allessandro
Via Sottoplovia, 21
Valeriano bei Spilimbergo
Tel. 0432/950107
E-Mail: vicentiniorgnani@libero.it
www.vicentiniorgnani.com

Seit den 60er Jahren besteht das schmucke Weingut in der Hügellandschaft in unmittelbarer Nachbarschaft zu Emilio Bulfon in Valeriano, wo die letzten Ausläufer der nördlichen Carnia dem Land noch bergigen Charakter verleihen. Die eigene Marke existiert jedoch erst seit 1988. Umfangreiche Strukturierungs- und Umbauarbeiten prägten das letzte Jahrzehnt der einladenden Azienda, die jetzt Früchte zu tragen beginnen. Die ursprüngliche Fokussierung auf heimische Rebsorten wich zum Teil der einen oder anderen internationalen Sorte.

Dennoch, der weiße, rare *Ucelot* bleibt der symbolträchtigste Wein Alessandros: ein edler Süßwein, der fast bernsteinfarben im Glas blitzt. Durch die Trocknung der spät gelesenen Trauben duftet dieser fast weihnachtlich-zimtig, mit Nelkenpulver, kandierten Früchten, Feigen, etwas Karamell und Amaretto. Der beste Vertreter der internationalen Rebsortenfraktion ist einmal mehr der blitzsaubere und frische *Chardonnay*. Doch auch die Rotweine finden beste Voraussetzungen vor, allen voran der Merlot mit einem erstaunlich günstigen Preis für die herausragende Qualität.

FANTINEL

Gruppo Vinicolo Fantinel
Via Tesis, 8
Tauriano, Spilimbergo
Tel. 0427/591511
E-Mail: fantinel@fantinel.com
www.fantinel.com

Fantinel tritt den Beweis an, dass nicht jeder, der in großem Rahmen produziert, Massenweine abliefert: Mit 250 Hektar Rebland ist er ein „Big Player" unter den italienischen Weinproduzenten, seine Latifundien liegen nicht nur im DOC Grave, sondern auch im Collio und in den Colli Orientali. Mario Fantinel, genannt „Paron Mario", seines Zeichens begnadeter Gastronom und Hotelier, gründete das schneeweiße Anwesen vor den Kulissen der Berge 1969, um seine eigenen Weine zu produzieren, die mittlerweile in die ganze Welt gelangen. Bei dieser unglaublichen Fülle an Weinen und Linien diverser Landgüter verliert man nur allzu leicht den Überblick …

Die *Linie Sant'Helena* (Basis aus dem Collio) stellt die repräsentativsten Weine von Fantinel dar. Ebenfalls aus dem Collio ist die Linie *Vigneti Santa Caterina*, die Linie *Borgo Tesis* ist hingegen aus dem Grave.

Unter den *Super Wines* versteht man die höchste Qualitätsstufe der Fantinel-Weinfamilie. Die *Trilogy* ist eigentlich ein Collio Bianco, genauer gesagt aus den Rebbergen in Vencò unmittelbar an der slowenischen Grenze. Tocai Friulano, Sauvignon und Pinot Bianco sind die Protagonisten dieser Cuvée aus dem Barrique.

Das rote Pendant bildet der *Barone Rosso Platinum*. Dieser Rosso, einer der bekanntesten Exportweine Friauls, wurde zu seinem 30-jährigen Jubiläum nochmals geadelt: Der *Platinum* ist das Resultat bester Selektionen von Merlot, Cabernet Franc und Refosco. Er wird 12 Monate in Barriques ausgebaut und liegt sehr kraftvoll, samtig-weich und warm am Gaumen.

PLOZNER

Lisio Plozner
Via delle Prese, 19
Fraz. Barbeano
Spilimbergo
Tel. 0427/2902
E-Mail: plozner@plozner.it
www.plozner.it

Der wachsende Erfolg der Weine beflügelt, oder ist es der neue Schwung der nachfolgenden Generation um die junge Sabina, deren Ziele moderner und höher gesteckt sind? 55 Hektar Weinland auf Schwemmlandkies der DOC Grave gehören zum Plozner Anwesen. Seit den 60er Jahren arbeitet die Familie kontinuierlich an ihrer persönlichen Vorstellung von Wein, die vor allem auch die Persönlichkeit des Landes widerspiegeln soll. Die Weine nehmen eine ganz besondere Stellung innerhalb dieses DOC-Gebietes ein und die Namen der styligen Etiketten sind genauso originell wie avantgardistisch. Bemerkenswert die Edel-Linie *Piedi per terra, testa per aria* (Füße auf der Erde, Kopf in der Luft). Der Bastiano ist ein 100 % Refosco, jedoch modern interpretiert, mit mehr Eleganz und fruchtbetonter Süffigkeit. Der Moscabianco besteht aus 100 % Tocai, ein pfiffiger Weißer mit Nerv und erfrischender Struktur.

Gelungen die Merlot-Interpretation *Pecora Nera* und der Sauvignon *Quattroperuno*.

BORGO DELLE ROSE

Ivana Cimolai
Via San Rocco, 79
San Quirino
Tel. 0434/919373
E-Mail: info@borgodellerose.it
www.borgodellerose.it

In unmittelbarer Nachbarschaft zu einem der besten Restaurants des Landes, La Primula, liegen am Fuße der Bergausläufer die 43 Hektar des Gutes, das mit den neuesten Technologien ausgestattet ist. In seiner Geschichte beruft es sich auf die Weinbautradition der Templer, die hier im Mittelalter Zufluchtsstätten für Pilger unterhielten. Kein Wunder, dass die frommen und wehrhaften Ordensbrüder in den Weinnamen der Azienda verewigt wurden – nämlich im edlen *Rosso dei Templari* aus Cabernet Sauvignon und Franc, Carmenere und Merlot, dessen Farbe von rubin- ins granatrot übergeht. Zarter Eichholzflair liegt über den Noten Bitterkakao, Nelkenpulver und frisch geröstetem Kaffee. Die weiße Version, der *Bianco dei Templari* aus 100 % Pinot Grigio, zeigt im Duft getrocknete Blüten, Zitruskonfitüre und Haselnuss. Am Gaumen ist er sehr ausgeglichen mit mineralischen Noten und runder Saftigkeit.

Die Familie Cimolai setzt auf die Guyot-Reberziehung mit einem Ertrag von nur 1,2–1,5 kg Trauben pro Rebstock und einer Dichte von bis zu 5.000 Setzlingen pro Hektar.

Das macht sich natürlich in der Qualität bezahlt, wie z.B. bei dem grundsauberen *Merlot*, der an Weichseln erinnert, aber auch Himbeer- und Lakritznoten hat und mit einem schönen Trinkfluss am Gaumen aufwartet. Der Ausbau im Stahltank erhält dem Wein seine fruchtig-frische Natur.

RUSSOLO

Iginio und Rino Russolo
Via San Rocco, 58A
San Quirino
Tel. 0434/919577
E-Mail: info@russolo.it
www.russolo.it

Vor 30 Jahren legte Iginio Russolo den Grundstein zur Azienda: Die 16 Hektar Kiesböden profitieren klimatisch von der Nähe der Berge, die sich hinter den Ebenen der Weinzeilen imposant aufbauen. Die höheren Temperaturunterschiede von Tag und Nacht ergeben elegante und angenehme Weine, die nicht unbedingt Grave-typisch sind. Iginio und sein Sohn Rino entwickelten gemeinsam die neue Cantina und brachten sie auf den Stand der heutigen Technik. Russolo gehörte übrigens zu den ersten Gütern, die im Friaul Barrique einsetzten.

Eine Besonderheit stellt der im Friaul eher seltene *Müller Thurgau* dar, der hier eine große Rolle spielt: ein frühreifer, herrlich duftender Weißwein, mit fast schon exotischen Fruchtnoten nach Orangen, Marillen, aber auch Rosenblättern und mineralisch-spritzigem Abgang. Top der weiße Blend *Doi Raps* aus ausgesuchten Trauben von Sauvignon, Pinot Grigio und einem Hauch duftigen Moscato mit glockenklarer Textur. Der Moscato Rosa *Prato delle Rosa* hat ein unglaublich langes Finish und eine zart tanninig unterlegte Frucht nach Wildrosen, Walderdbeeren und Himbeeren.

Zuverlässig auch die Rotweine wie der typische Pinot Nero *Grifo Nero*, der Cabernet *Ronco Calaj*, der Merlot *Massarac* und der würzige Refosco dal peduncolo rosso *I legni*.

PRINCIPI DI PORCIA E BRUGNERA

Via Zuiano, 29
Azzano Decimo
Porcia
Tel. 0434/631001
E-Mail: porcia@porcia.com
www.porcia.com

Mehrere Güter bilden die Basis für diese Azienda, die insgesamt eindrucksvolle 150 Hektar bebaut: Das Schloss von Porcia beherbergt schon seit dem Mittelalter eine Cantina, über 300 Hektar Land gehören dazu, Wein wird auf 33 Hektar des DOC Grave-Gebietes angebaut. Neuzeitlicher Provenienz ist die Tenuta di Azzano Decimo zwischen Grave und Lison Pramaggiore, hier wird neben dem Weinbau auch Ackerbau und Viehzucht betrieben. Salvarolo, drittes Gut im Bunde und nah bei Azzano Decimo, hat seine 45 Hektar im DOC Lison - Pramaggiore, dessen Sandsteinböden sich besonders für Rotweine anbieten. Ungewöhnlich in der Reihe der *Principe di Porcia*-Weine ist der *Malbeck*, ein sehr trockener, aber auch „weiniger" Rotwein mit eleganter Struktur. Beachtlich die umfangreiche *Spumante*-Produktion mit einem hervorragenden Prosecco und die typischen *Grappe* der Region.

VIGNETI LE MONDE

Piergiovanni Pistoni
Via Garibaldi, 2
Le Monde, Prata di Pordenone
Tel. 0434/622087
E-Mail: info@vignetilemonde.com
www.vignetilemonde.com

Dort, wo sich Livenza und Meduna treffen, liegen die Ortschaft Le Monde und das gleichnamige Weingut aus dem 18. Jahrhundert. In diese Gegend investierten früher gerne betuchte Venezianer – sowohl in idyllische Landsitze als auch in Landwirtschaften wie eben Vigneti Le Monde, deren Produkte sich auf dem Wasserweg problemlos nach Venedig bringen ließen.

Neben Vistorta ist Vigneti Le Monde die einzige Azienda der weiten Ebene des Grave, die es im Gambero Rosso zur Höchstnote der 3 Gläser gebracht hat – und zwar mit einem fabelhaften Pinot Bianco: Er ist wahrlich ein Prachtexemplar mit seinen typischen und fruchtintensiven Sortenmerkmalen und seiner angenehmen Frische!

Der *Pinot Grigio* präsentiert sich mit herrlichen, grünlichen Noten, reifer, voller Frucht und dezenter Mineralik. Der Tocai *Vasi* wurde zu einem wichtigen Baustein der Qualitätspyramide des Gutes: Das besonders reife Traubenmaterial hat sehr langen Maischkontakt, vergärt in offenen Gärbottichen und wird weitgehend unfiltriert auf die Flasche gezogen. Das Ergebnis: voll, kräftig, viel reife Fruchtnoten.

Durch die Fluss-Anschwemmungen sind die Böden hier lehmig-kalkig und fördern kräftige Rotweine wie z.B. die beiden beachtlichen *Cabernets*, wobei der *Cabernet Franc* mit intensiv rotbeerigem Duft aufwartet und sich schon fast ausladend-üppig und weich bis ins Finale gibt.

VILLA FRATTINA

Via Palazzetto, 68
Ghirano, Prata di Pordenone
Tel. 0434/605911
E-Mail: villafrattina@averna.it
www.villafrattina.it

Wieder einmal steht eine herrliche, weiße Herrschaftsvilla mit atemberaubendem Interieur im Mittelpunkt einer groß angelegten Weinproduktion. Der Besitz gehört mittlerweile dem Konzern Averna, der nicht nur den gleichnamigen Kräuterschnaps, sondern auch Konfekt und andere Leckereien produziert. Die Weingärten gehören zu den raren Lagen, die im DOC Lison - Pramaggiore liegen. 50 Hektar sind es insgesamt. Bedeutende Önologen und sogar Wissenschaftler wie der berühmte Professore Lanati aus dem Piemont sorgen für das optimale Gelingen der Weine. Lanati ist einer der kompetentesten Weinmacher Italiens und mit dem Friaul durch viele Weingüter, wie z.B. Torre Rosazza, eng verbunden. Dabei bleibt jedoch die Ausbauweise individuell und auch die Weine von Villa Frattina wirken niemals uniform.

Neben einem komplexen *Tocai Italico* mit florealem Duft und Anklängen nach Akazienhonig sind Müller Thurgau (muskierend-aromatisch), *Pinot Grigio* (elegant), Chardonnay und Sauvignon von unerwartet konstantem Qualitätsniveau. Topweißwein ist der *Digale*, eine gut ausbalancierte Cuvèe aus Chardonnay und Pinot Gris, die mit Pfirsich- und Apfelnoten geradezu charmant wirkt.

Das rote Pendant ist der *Corte dell'Abbà* aus Cabernet Sauvignon, Refosco, Merlot und kleinen Teilen von Cabernet Franc, würzig und komplex und mit reifen Weichselnoten in einem langen fruchtigen Finish ausklingend. Der *Merlot Cru Faé* ist einer der beachtlichsten Interpretationen dieser Rebsorte im Lison Pramaggiore, dicht gefolgt von den Rebsortenweinen Cabernet Sauvignon, Refosco und Cabernet Franc.

TERRE DI GER

Gianni Spinazzé
Via Meduna
Frattina di Pravisdomini
Tel. 0434/644452
E-Mail: info@terrediger.it
www.terrediger.it

Großer Wein wächst nun mal im Weingarten, das ist zwar kein Geheimnis, aber ein Bekenntnis von Gianni Spinazzé, der sich langsam an das eigene Weingut herangetastet hat: Zuerst bestellte er fremde Weingärten, produzierte und vertrieb dann Zubehör. 1986 entschloss er sich zu einem eigenen Betrieb, bei dem sich 1999 auch Sohn Roberto eingeklinkt hat.

Die Qualität wuchs ebenso wie das Land. Heute sind es schon fast 50 Hektar, die bepflanzt sind, zum Teil allerdings noch sehr jung und noch nicht voll im Ertrag. Der Name „Ger" setzt sich übrigens aus den Anfangsbuchstaben der Familie zusammen: Giovanni, Ehefrau Edda und Roberto.

Bemerkenswert ist auch die Unterstützung von Alessio Dorigo, dem rührigen Sohn des Meisterwinzers aus Buttrio, der für die Kellerarbeit verantwortlich zeichnet.

Der *Limine* ist eine kuriose Kombination aus Verduzzo und Chardonnay, der trocken ausgebaut wird und recht kraftvoll am Gaumen liegt. In Form auch der *Chardonnay* (grünliche Reflexe), der *Pinot Grigio* (frisch-elegant) und der primärfruchtige *Sauvignon* (intensiv). Bei den Rotweinen fällt immer mehr der *El Masut* auf, eine Alliance von Merlot, Cabernet Sauvignon, Cabernet Franc und Refosco mit toller Weichheit und aromatischem Finale.

TENUTA PINNI

Francesco und Roberto Pinni
Via Sant'Osvaldo, 3
San Martino al Tagliamento
Tel. 0434/899464
E-Mail: info@tenutapinni.com
www.tenutapinni.com

Ein wunderschönes Herrschaftshaus aus dem 17. Jahrhundert ist Sitz dieser Cantina, die die Brüder Francesco und Roberto Pinni seit nunmehr 10 Jahren mit stets wachsendem Erfolg betreiben. Lag anfangs der Schwerpunkt mehr bei den Roten, steigern sich auch zunehmend die weißen Kreszenzen der beiden Brüder zu bemerkenswerten Qualitäten.

Die Erfahrung ihres langjährigen Önologen und Wegbegleiters, Roberto Facca, kommt den beiden Brüdern sehr zugute. Die Weingärten wurden rigoroser bearbeitet und auf dichteste Bepflanzung umgestellt, was eine verstärkte und höchst willkommene Konzentration an Aromen, Duft und Komplexität brachte. Gerade der Grave Rosso aus Cabernet Sauvignon mit einem Touch Cabernet Franc profitiert davon mit einer enormen Duftentfaltung im Glas, einem komplexen Körper und schmelzend weichen Tanninen.

Ebenso beeindruckend der Sauvignon mit seinen Holunder-Minzenoten und der fruchtigen Präsenz von Weingartenpfirsichen. Bemerkenswert der hohe Qualitätsstandard bei dem typischen Rebsortenspiegel der Region wie zum Beispiel der zitrusfrische, elegant verspielte Chardonnay.

Im Reich der Serenissima

Der Westen Friauls stand nach der Zeit der Patriarchen unter dem Einfluss der Venezianer. Die Ausnahme war Pordenone, das immerhin 200 Jahre eine Habsburger Enklave war, aber durch die darauffolgende Herrschaft der Serenissima deutlich venezianisch geprägt ist.

Im Gegensatz zum Osten, wo sich die Habsburger redlich um das Fortkommen ihres südlichen Kronlandes bemühten, war der Provinz Pordenone die venezianische Herrschaft wirtschaftlich nicht besonders zuträglich, denn die Venezianer freuten sich zwar an den Früchten des Landes, waren aber nicht sonderlich hilfreich, was das Fortkommen vor allem der Landwirtschaft betraf. Besser erging es den Städten, und der einnehmende Baustil der Serenissima hat viele bezaubernde Orte und Städte hinterlassen wie z.B. das wasserreiche Sacile ganz im Westen des Landes oder das entzückende Spilimbergo.

Auf den Spuren des Weines erreicht man Pinzano über San Daniele nach der Überquerung des Schotterbettes des Tagliamento. Es ist ein hübsches Dorf, dessen ländlicher Charakter von dem hier noch bergigen Umfeld rührt. Nur wenig weiter liegt das kleinere Valeriano, an dessen Ortsanfang gleich die Aziendas von Bulfon und Orgnani in unmittelbarer Nachbarschaft liegen.

Nur wenige Kilometer weiter wird das Land flach und weit – die friulanischen Dolomiten bilden nur noch eine ferne Kulisse für die bretterebenen Weingärten des Weinriesen Fantinel in Tauriano und von Plozner in Barbeano, die sich auf den durchlässigen Kalkböden der Magredi zwischen den weiten Maisfeldern ausdehnen.

Spilimbergo ist das erste kulturelle Highlight dieser an sehenswerten Städtchen reichen Route. Speziell der Dom und seine Burg haben den Ruf des 11.000-Seelen-Städtchens begründet, aber auch die traditionsreiche Mosaikschule prägt das Image der Stadt.

Etwas südwestlich von San Martino al Tagliamento liegt der Rebschulort Raudesco, der mit der Osteria Al Favri auch kulinarische Gründe für einen Abstecher bietet. Bis zur Hauptstraße hin ziehen sich die Pflanzungen mit den kleinen Rebsetzlingen.

EINKEHREN UND EINKAUFEN
SPILIMBERGO

La Torre
Piazza Castello
Spilimbergo
Tel. 0427/50555
Montag Ruhetag

Die Top-Gourmetadresse im Palazzo Depinto: stilvolles Ambiente, kreative Spezialitäten, beste Weinauswahl und – gehobenes Preisniveau.

Da Afro
Via Umberto, 14
Spilimbergo
Tel. 0427/2264
Sonntag Ruhetag

Traditionelle, holzgetäfelte Osteria außerhalb der Torre Occidentale. Die Küche ist friulanisch-bodenständig vom Bollito misto bis zum gefüllten Täubchen, gute Weinauswahl.

Macelleria De Rosa
Corso Roma
Spilimbergo

Die besten Salame und Salsicce weit und breit!

Valvasone liegt auf direktem Weg in den Süden. In dem kleinen Örtchen mit dem aus vielen Bauten zusammengestoppelten Kastell findet sich eine Trattoria, die ebenfalls einen Stopp wert ist – das „La Torre" direkt im Kastell. Für Kulturfreunde lohnt sich auch ein Besuch im neugotischen Dom, in dem wie in Spilimbergo eine kostbare venezianische Orgel aus dem 16. Jh. steht – die älteste Friauls, die noch bespielbar ist. In der Nähe liegt auch das Weingut Borgo delle Oche (Arzene, Tel. 0434/899398), das nicht nur wegen seiner eigenen Weine bemerkenswert ist, sondern auch deshalb, weil der Besitzer Nicola Pittini ein bekannter Önologie ist, der auch andere friulanische Aziendas betreut. In Valvasone arbeitete übrigens Pier Paolo Pasolini, der berühmte Filmemacher, Dichter und Hüter der friulanischen Sprache – und zwar als Lehrer. Als unerwünschter Homosexueller trieb ihn die Spießbürgerlichkeit des Landes jedoch bald in die Anonymität der Großstadt Rom. 1975 wurde er dort von einem Strichjungen ermordet – seine Mutter hat ihn in Casarsa begraben, wo er seine Kindheit verbracht hat und auch sie mittlerweile ruht.

Die eher reizlose, zersiedelte und flache Umgebung von Pordenone, der westlichsten friulanischen Provinzstadt mit so bedeutsamen Industriebetrieben wie Zanussi und anderen riesigen Elektronik- und EDV-Unternehmen, sollte nicht davon abhalten, sich auf der verkehrsreichen Staatsstraße bis zum Zentrum vorzukämpfen – der Lohn ist eine bezaubernde Innenstadt venezianischen Gepräges mit dem schmalen, aber schönen und überaus quirligen Corso Vittorio Emanuele II als Herzstück. Unter schützenden Arkaden stellen die Geschäfte ihre Ware zur Schau, der Verkehr ist verbannt und prachtvolle, zum Teil mit Fresken geschmückte Bauten aus allen Jahrhunderten zieren den Corso. Der Dom San Marco, dessen romanisch-gotischer Campanile zu den schönsten Italiens gehört, ist eines der Hauptwerke des berühmten Malers Giovanni de Sacis „Il Pordenone" (1483–1539) zu bewundern, die „Madonna Misericordiae". Der Künstler wurde hier geboren und galt zu seiner Zeit als schärfster Konkurrent des großen Tizian.

Die Aziendas von San Simone, Vigne le Monde, Villa Frattina, liegen südlich von Pordenone in Rondover bzw. Prata di Pordenone. Auch Principi di Porcia hat eines seiner Güter im Süden, in Azzano Decimo. Ein besonderes Juwel der Gastlichkeit liegt auch in dieser Gegend – nämlich das Hotel-Restaurant Villa Luppis in Rivarotto di Pasiano, das einst ein Kloster war und dem man dies dank der liebevollen Restaurierung im positiven Sinne noch immer anmerkt. Es ist eine Adresse für besondere Anlässe mit einem besonderen Restaurant, edel und kreativ. (Villa Luppis, Via San Martino, 34, Rivarotta di Pasiano, Tel. 0434/626969, www.villaluppis.it). Schon näher bei Portogruaro als bei Pordenone liegt das „Terre di Ger" in Pravisdomini.

EINKEHREN

Osteria Il Favri
Via Borgo Meduna, 12
Richinvelda, Raudesco
Tel. 0427/940-42
Ruhetag Sonntagabend und Mittwoch

Eine typisch friulanische Osteria, in der man sich gut aufgehoben fühlt. Die Küche fährt mit allem auf, was das Land und die Jahreszeit zu bieten hat – vom Lardo und formaggio salato über köstliche Pasta, Schweinebraten und Baccalà bis zur Schokoladesalami als Abschluss.

Trattoria La Torre
Piazza Castello, 11
Valvasone
Tel. 0434/898802
Dienstag Ruhetag

Gianna Cuzetta und ihre Familie hat die historische Osteria im Kastell zu einem schönen Wirtshaus mit einem dicht verwachsenen Eingang gestaltet, in der man im Sommer im romantischen Garten herrlich sitzt. Serviert wird alles, was Saison hat und der friulanischen Küche verbunden ist.

EINKEHREN UND EINKAUFEN

PORDENONE

La Vecia Osteria del Moro
Via Castello, 2
Pordenone
Tel. 0434/28658
Sonntag Ruhetag

Eine gepflegte Osteria mit Kreuzgewölben in dem ehemaligen Kloster. Man speist gut auf friulanisch, gute Weinauswahl. Im August zu!

Al Gallo
Via San Marco, 10
Pordenone
Tel. 0434/520996

Im ehemaligen Pferdestall gleich hinter dem Dom wird grundehrliche friulanische Küche zu fairen Preisen aufgetischt.

Peratoner
Corso Vittorio Emanule, 22
Pordenone

Bekannte Pasticceria mit unwiderstehlicher Auswahl an Schokoladen und anderen Süßigkeiten.

EINKEHREN
SACILE

Café Commercio
Piazza del Popolo
Sacile

Das Café, in dem Sie den besten Überblick und den besten Kaffee genießen können.

Ristorante Il Pedrocchino
Piazza IV Novembre
Sacile
Tel. 0434/70034

Einer der bestsortiertesten Weinkeller Italiens. Sehr elegantes Lokal mit Schwerpunkt auf Fisch, kunstvoll dekorierter Innenhof, überdachte Terrasse. Einige Zimmer zum Übernachten.

La Piola
Piazza del Popolo
Sacile
Tel. 0434/781893
Dienstag Ruhetag

Nette Enoteca mit regionaler Küche in der Passage neben dem Café Commerio, mit regionaler Küche.

Trattoria Cavour
Via Cavour, 31
Sacile
Tel. 0434/71489
Ruhetag Samstag und Sonntag

In einem schönen historischen Gebäude untergebracht, kann man sich hier zwischen dem eleganten Ristorante und der unkomplizierten, netten Osteria an der Straße entscheiden.

Ristorante Cellini
Via della Pietà
Sacile
Tel. 0434/72868
Ruhetag Montag

Der beste Grund hierherzukommen ist die romantische Terrasse mit der Steinbalustrade über den Wasserläufen. Wer mal Lust auf eine knusprige, dünne Pizza hat, ist hier jedenfalls richtig. Den offenen Wein meidet man aber lieber!

Wer schon in dieser Gegend ist, könnte auch einen Abstecher zum schönen Kloster in Sesto al Reghena machen, der einst mächtigsten und gut befestigten Benediktiner-Abtei des westlichen Friaul mit dem mächtigen Turm, der den Innenhof bewacht. Heute finden hier Kulturveranstaltungen statt und der Bürgermeister hat Einzug in das schönste Gebäude am Platz gehalten. Den Höhepunkt bildet aber die wunderschöne Kirche, die sich äußerlich bescheiden in eine Ecke schmiegt und die man unbedingt besuchen sollte – die Deckenkonstruktion, die alten Fresken und die Krypta mit den Anastasia-Reliquien sind von beeindruckender Würde und Schönheit.

Der westlichste Abstecher auf dem Weg zum wahrhaft fürstlichen Gut Vistorta des Conte Brandino Brandolini d´Adda führt uns nach Sacile, einem der hübschesten Städtchen Friauls, das auf zwei Flussinseln der Livenza entstand und dementsprechend von Wasserläufen und viel Grün geprägt ist. „Giardino della Serenissima" nannten es einst die Venezianer, die sich hier gerne aufhielten und venezianische Paläste, stille Kirchen und blühende Gärten hinterließen. Auf dem Weg von Sacile zurück in den Nordosten gelangt man nach San Quirino, einem hübschen Örtchen, das von den Römern gegründet wurde und im Mittelalter Station für Kreuzritter, Pilger und Kaufleute war.

Es gibt neben der ebenfalls bemerkenswerten Azienda Russolo einen weiteren Anziehungspunkt, nämlich das elegante Ristorante Antica Trattoria „La Primula", das als eine der ersten Adressen des Landes gefeiert wird, mit der angeschlossenen Osteria „Alle Nazioni".

DAS WEINLAND

Das riesige Gebiet des DOC Grave – es ist mit 7.000 Hektar das größte DOC Gebiet Friauls – wird vom Tagliamento in zwei Zonen geteilt, deren westliche die Ebene von Pordenone ist. Hier liegen auch die Weingüter, die die Eckpunkte unserer Route bilden: vom Raritätenwinzer Emilio Bulfon und Orgnani in Pinzano al Tagliamento über San Martino bis hinunter nach Pravisdomini in den Süden zu Terre di Ger, in den Westen über Prata di Pordenone, Porcia und Sacile mit Vistorta und wieder zurück in den Norden über San Quirino mit Russolo und Borgo delle Rose. Noch eine zweite DOC-Zone spielt in die Route herein: Lison Pramaggiore, das zum Großteil im Veneto liegt. Nur rund 300 Hektar von insgesamt 2.300 der DOC-Zone Lison Pramaggiore mit den Provinzen Venedig, Treviso und Pordenone gehören zu Friaul–Julisch Venetien, oft werden diese Lagen noch unter dem DOC Grave geführt. Villa Fratina in Pravisdomini und Principi di Porcia e Brugnera in Porcia zählen zu den Betrieben, deren Weingärten zumindest zum Teil im Lison Pramaggiore liegen.

Der Norden um Pinzano und Spilimbergo ist durch die Bergausläufer noch ausgesprochen hügelig, der Weinbau hat hier Tradition. Oft sind Terrassie-

rungen nötig, die Böden sind lehmig. Hier, wo Emilio Bulfon sich seinen Raritäten widmet, sind die Voraussetzungen ideal für frische, würzige Weißweine. Die süffigen Roten sind von kräftiger Farbe und feinem Duft, gut gelingt der Merlot. Um Tauriano und Barbeano, wo das Land flach und weit wird und Fantinel und Plozner ihre Latifundien haben, liegt das Gebiet der „Magredi", der trockenen, mageren Böden. Meduna, Cellina und andere Flüsse haben Kalk aus den Dolomiten in die Ebenen geschwemmt. Dieses Material kann das Regenwasser, das hier an sich nicht zu knapp fällt, nicht speichern – es rinnt ab in tiefere Schichten und speist die Wasseradern im Süden. Das Klima ist rauer als im Süden, kein Wunder, sind die Berge der Friulanischen Dolomiten doch nah.

Keine Gegend für Rotweine also, aber die Weißweine fühlen sich hier wohl: Sie produzieren ausgewogene Säure, sind charaktervoll und süffig. Es ist das Reich des Sauvignon, der hier reüssiert wie nirgends sonst im Friaul, aber auch Chardonnay und Pinot Grigio geraten wunderbar. Südlich der Magredi liegen die kiesigen Böden um San Quirino, das sowohl bei den Weißen als auch bei den Roten punktet. Rund um Casarsa della Delizia verschiebt sich der Schwerpunkt bedingt durch die schwereren Böden zu den Roten, vor allem zu einem kräftigen, gut lagerfähigen Merlot und sortentypisch grasigen Cabernet Franc – und zu einem körperreichen Tocai. In Sacile dominieren die Roten: Vistorta ist bekannt für seine Merlots (siehe Brandolino d´Adda oben), auch dem Cabernet Sauvignon gefällt es hier. Der Süden der Route Azzano bis Pravisdomini ist ideal für Rotweine, insbesondere den Merlot. Bei den Weißweinen hat sich der Tocai als führende Traube etabliert, gut gelingt auch der Chardonnay.

Die Rebschulen von Rauscedo

Liegt die Wiege der friulanischen Rebschulen bei Aquileia, so gehört die Gegenwart dem Ort Rauscedo südlich von Spilimbergo. Hier erreichen die Temperaturen die höchsten Werte des gesamten Grave und so ist es kein Wunder, dass auf den sandigen und kiesigen Böden die Schösslinge früher austreiben als anderswo. Schon am Ortschild wird darauf hingewiesen: „Le radici del vino", die Wurzeln des Weins sind hier zuhause. Dabei könnte sich Rauscedo noch mit ganz anderen Superlativen schmücken: Weltstadt der Rebstecklinge (barbatelle) z.B. wäre keine Übertreibung. Tatsächlich ist der kleine Ort Zentrum einer unglaublichen Produktivität: Größter Betrieb sind die Vivai Cooperativi Rauscedo (VCR), die schon in den 60er Jahren 20 Millionen veredelte Stöcke in die ganze Welt verkauften – mittlerweile ist die Gesamtproduktion auf ca. 80 Millionen angestiegen, haben doch noch viele andere Aziende Agricole der Region auf diese erfolgreiche Schiene gesetzt. Und damit erklärt sich auch die „Weltstadt der Barbatelle", denn immerhin stammt ein Viertel des Weltbestandes aus friulanischen Gefilden!

Ristorante Antica Trattoria „La Primula" und Osteria „Alle Nazioni"
Via San Rocco, 47
Tel. 0434/91005
San Quirino
Sonntagabend und Montag Ruhetag

Von außen fallen erst mal die riesigen Figuren an der Fassade des Stadthauses bei der Chiesetta auf, die Osteria „Alle Nazioni", der alteingesessene, einfache Teil des Lokals, gibt sich schräg und witzig mit grünen Gartenstühlen, gemauerter Theke, allerlei Kunstwerken und kunstvollen Freskenmalereien. Chef Roberto Canton kümmert sich hier um das Wohl der Gäste.

Klassisch und elegant hingegen präsentiert sich das gefeierte Ristorante mit dem gepflegten Innenhof, bekannt als eines der besten weithin – natürlich mit gehobener, kreativer Küche und exzellentem Weinkeller mit über 1.600 Etiketten. Man kann hier auch übernachten – acht komfortable Zimmer stehen bereit.

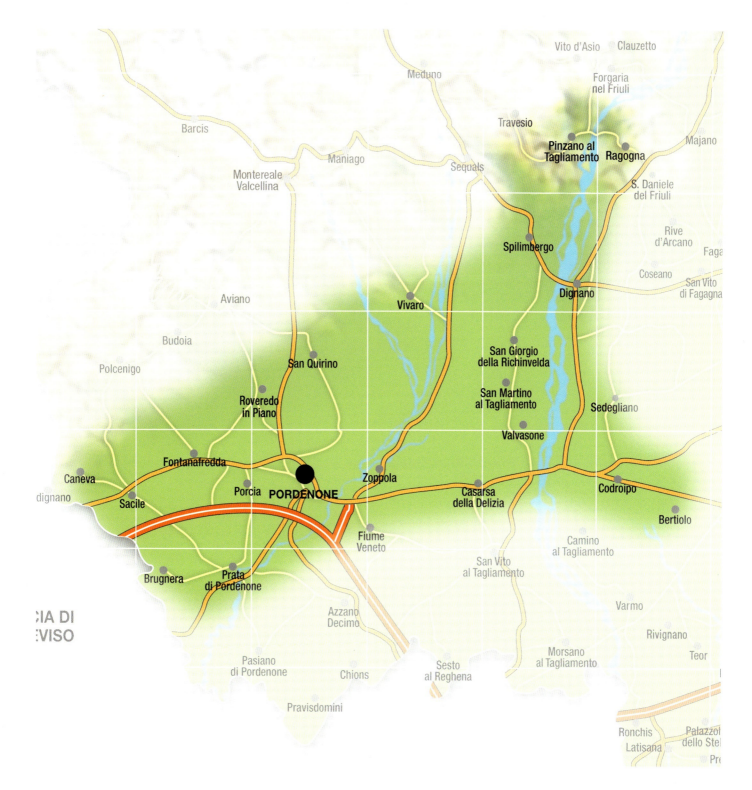

Ort	Betrieb Winzer (= fett)	Seite
Aquileia	Ca'Tullio	186
Aquileia	Donda Giovanni	186
Aquileia	Distilleria Aquileia Di Flavio Comar	191
Bagnaria Arso	Tenuta Beltrame	203
Bagnaria Arso	Mulino delle Tolle	203
Bertiolo	Cantina Cabert	200
Boscat di Grado	Alla Buona Vite	191
Buttrio	Dorigo Girolamo	66
Buttrio	Meroi Davino	70
Buttrio	Castello di Buttrio	71
Buttrio	Conte d'Attimis	72
Buttrio	Buiatti	72
Buttrio	Scacciapensieri	73
Buttrio	Miani	73
Buttrio	Al Parco	83
Buttrio	Al Castello di Buttrio	83
Buttrio	Enoteca di Buttrio	84
Buttrio in Monte	Petrucco	71
Capriva del Friuli	Russiz Superiore	90
Capriva del Friuli	Villa Russiz	94
Capriva del Friuli	Castello di Spessa	107
Capriva del Friuli	Schiopetto	170
Capriva del Friuli	Vidussi	108
Capriva del Friuli	Roncus	108
Capriva del Friuli	Vinnaeria alla Baita	112
Capriva del Friuli	Taverna al Castello	113
Carlino	Bortolusso Emiro	186
Cervignano del Friuli	Tenuta Ca'Bolani	182
Cialla de Prepotto	Ronchi di Cialla	40
Cividale del Friuli	Moschioni Davide	44
Cividale del Friuli	Rodaro	45
Cividale del Friuli	Il Roncal	46
Cividale del Friuli	Enoteca de Feo	58
Cividale del Friuli	L'Elefante	59
Cividale del Friuli	Taverna Longobarda	59
Cividale del Friuli	Osteria Ai Tre Re	59
Cividale del Friuli	Caffe Longobardo	59
Cividale del Friuli	Destillerie Domenis	59
Codroipo	Vigneti Piero Pittaro	198
Colloredo di M. Albano	La Taverna	208
Colloredo di Prato	Antonutti	204
Cormons	Borgo del Tiglio	98
Cormons	Raccaro	100
Cormons	Ronco del Gelso	100
Cormons	Borgo San Daniele	100
Cormons	Princic Doro	101
Cormons	Colle Duga	101
Cormons	Ronco dei Tassi	101
Cormons	Subida di monte	102
Cormons	Toros Franco	102
Cormons	Cantina produttori	102
Cormons	Keber Edi	103
Cormons	Polencic Isidoro	103
Cormons	Polencic Aldo	104
Cormons	Caccese Paolo	104
Cormons	Branco	104
Cormons	Le Vigne del Ribel	105
Cormons	Carlo di Pradis	105
Cormons	Drius	105
Cormons	La Boatina	106
Cormons	Roncada	106
Cormons	Sturm Oscar	106
Cormons	Schinken Osvaldo	113
Cormons	Al Giardinetto	113
Cormons	Osteria all'Unione	113
Cormons	La Subida	113
Cormons	Enoteca di Cormons	114
Cormons	Osteria Caramello	114
Cormons, Brazzano	Felluga Livio	92
Cormons, Brazzano	Kitzmüller Thomas	99
Cormons, Brazzano	Vosca Francesco	99
Cormons, Brazzano	Terra & Vini	112
Corno di Rosazzo	Perusini	76
Corno di Rosazzo	Visintini	76
Corno di Rosazzo	Gigante Adriano	77
Corno di Rosazzo	Ai Quattro Venti	84
Corno di Rosazzo	Collavini Eugenio	77
Dobrovo	Scurek	130
Dobrovo	Bjana	130
Dobrovo	Movia	131
Dobrovo	Vinarstvo Simcic	131
Dobrovo	Klinec	132
Dobrovo	Vinothek Brda	137
Dobrovo	Weinkellerei G. Brda	137
Dobrovo, Medana	Gostilna Buzinel	137
Dobrovo, Medana	Belica	138
Dolegna di Collio	Jermann	96
Dolegna di Collio	Cà Ronesca	97
Dolegna di Collio	Venica & Venica	97
Dolegna di Collio	La Rajade	97
Dolegna di Collio	Aquila d'Oro	112
Dolegna di Collio		
Dolina, Trieste	Sancin	170, 174
Duino	Al Cavalluccio	174
Duino	Alla Dama Bianca	174
Duino Aurisina	Kante Edi	164
Duino Aurisina	Zidarich	166
Duino Aurisina	Skerk	168
Duino Aurisina	Lupinc	169
Faedis	Comelli	43
Farra d'Isonzo	Borgo Conventi	146
Farra d'Isonzo	Tenuta Villanova	149
Farra d'Isonzo	Casa Zuliani	149
Farra d'Isonzo	Bressan	150
Farra d'Isonzo	Colmello di Grotta	150
Farra d'Isonzo	Borgo Colmello	157
Frattina/Pravisdomini	Terre di Ger	224
Gagliano di Cividale	Dal Fari	45
Gagliano di Cividale	Bastianich	47
Godia (bei Udine)	Agli Amici	83
Gonars, Udine	Di Lenardo Vineyards	203
Gorizia	Al Tajeto	155
Gorizia	Vito Primozic	155
Gorizia	Alla Delizia	155
Gorizia	Ca di Pieri	155
Gorizia	Osteria L'Alchimiste	155
Gorizia	Alla Luna	155
Gorizia	Vecia Gorizia	156
Gorizia	Rosenbar	156
Gorizia	Garibaldi	156
Gorizia	Caffè del teatro	156
Gradisca d'Isonzo	Felluga Marco	151
Gradisca d'Isonzo	Blason	152
Gradisca d'Isonzo	Sant'Elena	152
Gradisca d'Isonzo	La Serenissima	158
Gradisca d'Isonzo	Mulin Vecio	158
Gradisca d'Isonzo	Osteria alle Viole	158
Gradisca d'Isonzo	Al Ponte	158
Gradiscutta di Varmo	Da Toni	208
Grado	All Androna	191
Grado	Santa Lucia	191
Grado	Trattoria alla Borsa	192
Grado	Alla Marina	192
Ipplis di Premariacco	Ermacora	46
Ipplis di Premariacco	Scubla	47
Ipplis di Premariacco	La Tunella	48
Ipplis di Premariacco	Rocca Bernarda	48
Lenzuolo Bianco	Al Ponte di Calvario	136
Loneriacco	La Baloterie	56
Loneriacco	Osteria di Villafredda	56
Lucinico	Conti Attems	148
Manzano	Torre Rosazze	68
Manzano	Midolini	73
Manzano	Ronchi di Manzano	74
Manzano	Colutta	74
Manzano	Abbazia di San Pietro	84
Manzano, Rosazzo	Le vigne di Zamo	75
Manzano, Rosazzo	Ronco delle Betulle	75
Marano Lagunare	Trattoria alla Laguna	192
Mariano del Friuli	Vie di Romans	144
Mariano del Friuli	Tenuta Luisa	150
Mariano del Friuli	Masut da Rive	151
Mariano del Friuli	Le Dune	157
Mariano del Friuli	Al Piave	157
Mels	La di Petros	208
Mortegliano	Trattoria Da Nando	209
Mossa	Trattoria Blanch	157
Nimis	Coos Dario	42
Nimis	La Roncaia	42
Nimis	Trattoria Ramandolo	57
Nimis	I Comelli	57
Nimis	La peschere	57
Nimis	Destilleria Ceschia	57
Oslavia	Gravner	122
Oslavia	Radikon	124
Oslavia	La Castellada	126
Oslavia	Fiegl	126
Oslavia	Primosic	126
Palazzolo dello Stella	Isola Augusta	184
Palmanova	La Campana d'Oro	208
Palmanova	Jolanda de Colo	210
Paradiso di Pocenia	Villa Caratti	188
Paradiso di Pocenia	Al Paradiso	192
Passariano	Ristorante del Doge	208
Pavia di Udine	Pighin	70
Pavia di Udine	Scarbolo	70
Percoto	Destilleria Nonino	84
Porcia	San Simone	216
Porcia	Principi di Porcia e Brugnera	223
Pordenone	La Vecia	
Pordenone	Osteria del Moro	228
Pordenone	Al Gallo	228
Pordenone	Peratoner	228
Povoletto	Raiz Teresa	43
Povoletto	Aquila del Torre	43
Prata di Pordenone	Vigneti le Monde	223
Prata di Pordenone	Villa Frattina	223
Precenicco	Zaglia Giorgio	188
Prepotto	Vigna Petrussa	49
Prepotto	La Viarte	50
Prepotto	Le due terre	50
Prepotto	Iole Grillo	51
Prepotto	Ronco dei pini	52
Prepotto	Trattoria da Mario	60
Prepotto, Albana	Petrussa	52
Ramandolo, Nimis	Dri Giovanni	36
Ramandolo, Nimis	Ronco Vieri	42
Ravaiarina	La Ravaiarina	192
Richinvelda, Rauscedo	Osteria Il Favri	228
Rive d'Arcano	Bidoli	202
Ronchi dei Legionari	Tenuta di Blasig	153
Ruda	Azienda Agr. Altran	191
Sacile	Café Commercio	229
Sacile	Ristorante Il Pedrocchino	229
Sacile	La Piola	229
Sacile	Trattoria Cavour	229
Sacile	Ristorante Cellini	229
Sacile, Vistorta	Vistorta Conte Brandolini d'Adda	218
Sagrado	Castelvecchio	168
Sagrado	Milic	173
San Daniele	Al Paradiso	210
San Daniele	Antico Caffè Toran	210
San Daniele	Ai Bintars	210
San Daniele	Il Miccelaccio	210
San Dorligo della Valle, Trieste	Starec Danilo	174
San Dorligo della Valle, Trieste	Ota Roberto	174
San Dorligo della Valle, Trieste	Kocjancic Rado	174
San Floriano del Collio	Zuani	121
San Floriano del Collio	Il Carpino	127
San Floriano del Collio	Conti Formentini	127
San Floriano del Collio	Gradisciutta	127
San Floriano del Collio	Humar	128
San Floriano del Collio	Tercic	128
San Floriano del Collio	Terpin Franco	129
San Floriano del Collio	Ascevi Luwa	129
San Floriano del Collio	Golf-Hotel Formentini	136
San Giovanni/Natisone	Ronco del Gnemiz	97
San Giovanni/Natisone	Livon	98
San Lorenzo Isontino	Lis Neris	148
San Lorenzo Isontino	Pecorari Pierpaolo	148
San Martino al Tagliamento	Tenuta Pinni	224
San Michele del Carso	Devetak	158
San Pelagio, Prepotto	Ristorante Gruden	174
San Quirino	Borgo delle Rose	222
San Quirino	Russolo	222
San Quirino	La Primula	230
Sgonico	Skerlj	173
Sgonico	Zagrski	173
Spilimbergo	Plozner	221
Spilimbergo	La Torre	227
Spilimbergo	Da Afro	227
Spilimbergo	Macelleria De Rosa	227
Stregna	Sale e Pepe	58
Tarcento	Enoteca Tarcentino	55
Tarcento	Al Mulin Vieri	55
Tarcento, Segnacco	Al Gjal Blanc	56
Tarcento, Zomeais	Trattoria Da Gaspar	55
Tauriano/Spilimbergo	Fantinel	221
Tavagnacco	Al Grop	209
Tavagnacco	Locanda Al Parco	209
Terzo di Aquileia	Brojli	186
Togliano di Torreano	Volpe Pasini	38
Torreano	Jacuss	44
Torreano	Chiosco al Ponte	58
Torviscosa	Casa del Traghetto	192
Tricesimo	Trattoria Boschetti	82
Tricesimo	Enoteca Enoos	82
Triest	Caffè degli Specchi	175
Triest	Caffè San Marco	175
Triest	Caffè Tommaseo	175
Triest	Café Pirona	175
Triest	Café Torinese	175
Triest	Illy Bar	175
Triest	La Bomboniera	175
Triest	Enoteca Bischoff	175
Triest	Rex	176
Triest	Enoteca Nanut	176
Triest	Buffet da Pepi	176
Triest	Re di Coppe	176
Triest	Da Giovanni	177
Triest	Toni da Mariano	177
Triest	Scabar	177
Triest	Antipastoteco dell Mare	177
Triest	El Fornell	177
Udine	La Ghiaccia	78
Udine	Al Fagiano	78
Udine	Rialto	79
Udine	Giardinetto	79
Udine	Ars Bibendi	80
Udine	Al Capello	80
Udine	Buca di Bacco	80
Udine	Da Pozzo	80
Udine	Speziaria pei Sani	81
Udine	Betrame	81
Udine	Café Contarena	81
Udine	Caucigh	81
Udine	Vitello d'Oro	82
Udine	Vecchio Stallo	82
Udine	Alla Vedova	83
Valeriano/Spilimbergo	Bulfon Emilio	220
Valeriano/Spilimbergo	Vicentini Orgnani A.	220
Valvasone	Trattoria La Torre	228